臺灣歷史與文化 研究輯刊

十 七 編

第 9 冊

尋找主體性
——王安祈的國光「新」劇研究（2004～2016）

林黛琿 著

花木蘭文化事業有限公司

國家圖書館出版品預行編目資料

尋找主體性——王安祈的國光「新」劇研究（2004～2016）
／林黛琿 著 — 初版 — 新北市：花木蘭文化事業有限公司，
2020〔民 109〕
目 2+238 面：19×26 公分
（臺灣歷史與文化研究輯刊十七編；第 9 冊）
ISBN 978-986-518-073-7（精裝）
1. 國光劇團 2. 京劇
733.08   109000557

ISBN-978-986-518-073-7

9 789865 180737

臺灣歷史與文化研究輯刊
十七編　第 九 冊   ISBN：978-986-518-073-7

尋找主體性
——王安祈的國光「新」劇研究（2004～2016）

作　　者　林黛琿
總 編 輯　杜潔祥
副總編輯　楊嘉樂
編　　輯　許郁翎、張雅淋　美術編輯　陳逸婷
出　　版　花木蘭文化事業有限公司
發 行 人　高小娟
聯絡地址　235 新北市中和區中安街七二號十三樓
　　　　　電話：02-2923-1455／傳眞：02-2923-1452
網　　址　http://www.huamulan.tw 信箱 hml810518@gmail.com
印　　刷　普羅文化出版廣告事業
初　　版　2020 年 3 月
全書字數　211011 字
定　　價　十七編 11 冊（精裝）台幣 22,000 元

尋找主體性
——王安祈的國光「新」劇研究（2004～2016）

林黛琿　著

作者簡介

林黛琿。

福建省金門縣烈嶼鄉人。

現職—國立金門大學通識教育中心專任助理教授兼身心健康中心主任。

學歷—國立臺灣師範大學國文研究所博士。

研究領域—古典戲曲、當代戲曲、女性文學、性別教育。

代表著作—《中國古典戲曲之末角與外角研究》（花木蘭出版社，2011 年）
　　　　　散文集《島嶼時光》（金門縣文化局，2012 年）

提　　要

　　本文援引西方女性主義之「後現代女性主義文學批評理論」，並參酌相關女性主義文學論述，以文本閱讀、文本分析、田野訪談的方式，針對女性劇作家王安祈自 2004 年起迄 2016 年止，為國立國光劇團編創的戲劇，含括王安祈與他人合編之劇作進行研究。著重此一階段王氏劇作於作家主體意識、作品思想內涵與形式結構上具備「新的構思與角度」，包含劇本的觀照視角、主題意識、思想內涵、人物塑造以及劇作的表現形式、結構手法，皆呈現出有別於劇作家前期（1985～2000）創作之特色，故名之曰「新」劇。

　　本文除緒論與結論外，共分四章探討。第一章自西蘇的「陰性書寫」與伊瑞葛來「女人言說」的角度爬梳王安祈的創作歷程與編劇特色，初步建構王安祈的女性書寫風貌與其主體展現。第二章自性別政治角度，析論王安祈國光「新」劇中有關父權政治與家國論述的表現。第三章由西蒙·波娃的「第二性」理論、西蘇與伊瑞葛來對陽具中心思想的批判模式與解構思維，強調女性情慾的再現、書寫、自我完成，以及克莉斯提娃對女性邊緣地位、母性系譜的重視等角度，切入觀察王安祈劇作中女性人物的主體追尋與自我建構。第四章以王安祈國光「新」劇中的多元書寫為觀察重點，分析其劇作中以後設、諧擬、互文、內旋等方式建構的寫作筆法與表現形式。最後，由劇作家、文本、演員三角度總結王安祈國光「新」劇的女性主體性意義，並由此出發，論述當代台灣京劇新美學的特色，同時提出本文之侷限與未來可供研究發展的方向。

緒　論

第一節　研究動機、範圍與文獻探討

一、研究動機

　　中國戲曲是將文學、舞蹈、音樂、說唱、雜耍、傳奇小說等多種藝術形式熔於一爐的藝術綜合體。劇本既是劇作家概括生活、創造形象的文學完成品，又是多種藝術門類進行二度藝術創作的規範與起點，因此它同時具有文學性與劇場性雙重的性質。儘管構成戲曲藝術的手段豐富多元，然歸根結柢，戲曲的靈魂當屬「劇中人物」，而塑造出劇中人物的「劇作家」亦同樣重要。劇作家將欲傳達的思想內涵、主題意韻鋪排成故事情節，塑造人物形象，再根據人物性格安排關目與排場，人物是劇作家與觀眾之間思想溝通的媒介，透過人物，抽象的思想成為具體的形象，並且具有說服力與感染力。綜觀傳統戲曲對於女性人物的形象塑造，角色之多，一如繁星滿天，許多人物譬如竇娥、鶯鶯、昭君、紅娘、寶釧、白娘子等等，不僅家喻戶曉，更已是特定生活情境中獨具代表性的典型人物。戲曲多搬演古人舊事，在父權體制社會下，劇中人物多由男性劇作家加以詮釋，戲曲內容也普遍反映男尊女卑的生活倫理，女性往往被物化、視為客體，成為男性慾望與期待的對象。猶記孩提時代廟會前的觀戲經驗中，台上陳三五娘、白蛇許仙依依的情愫，台下婆媽們專注動容的神情，曾讓我好奇與投入。王寶釧苦守寒窯多年，薛平貴乍返之際，輕慢地調戲起自己的妻子，我注視著身邊的婆媽們發出輕嘆，她們眼中似乎有淚，但臉上卻浮著笑意，年幼的我不解地想：阿嬤，平貴返家，您到底是歡喜還是不歡喜？透過台上才子佳人的劇情搬演，我的女性意識逐漸萌

芽，但尚不明確；成長後隨著生活中一點一滴累積對於性別的觀察與思考，同時回看傳統戲曲中的女性形象，卻發覺長久以來舞台上的「她們」始終沒有太大的改變，直到當代女性劇作家的著意關注與書寫，戲曲中的女性人物形象才有所轉變。傳統戲曲中男性劇作家也許關懷女性、同情女性，卻不可避免地用著男性世界的眼光窺看女性、批判女性或救贖女性。即如清末陳端生或邱心如等才女，藉由彈詞小說書寫女性情懷時，卻仍標舉著父權與貞節旗幟，孟麗君跨越性別的「擬男」表現，正突顯微弱女聲在男性世界中不得不採取的策略與手段。中國戲曲做為正統文化以外的邊緣與庶民性格，使得同樣居處邊緣位置的女性人物有機會成為主角，但邊緣性格以外，戲曲又受到儒家思想的教化制約，反映傳統社會對於女性的各種行為準則與要求；加以戲曲善惡分明的程式規範，使得傳統舞台上的女性往往僅能呈現「天使或惡魔」的單一形象，角色們內心深處幽微的低吟，較難有機會為世人所見。而相較於戲曲中女性角色之多如繁星，戲曲史上女性劇作家的數量，卻只可謂鳳毛鱗爪。在傳統西方社會中，寫作同樣被視為一種「非女性」（unfeminine）的行動，寫作傳統中女性角色的缺席，使得女性主義者高呼「發聲」的重要性，「書寫」本身就具有運動、甚而革命的積極顛覆意義。在中國文學範疇中，儘管明清才女輩出，女作家之寫作傳統明顯悠久於西方社會，但若自傳統戲曲的角度觀察之，長久以來亦仍屬男性作家一手建構與掌握；而戲曲文本中所反映古代社會的倫常與價值文化，更是父權制二元對立思想的深刻呈現。「女性主體」的建構從女性發聲開始，因此掌握書寫便為其中重要管道。從這樣的角度出發，本文自傳統戲曲範疇中原為少數的「女性劇作家」著手，以王安祈其人其作，進行其書寫態度、過程、策略以及主體的探尋與挖掘研究。

　　戲曲作品中女性意識的呈顯、女性主體的建立，是傳統戲曲於現代化過程中與社會思潮、時代脈動相互激盪淬煉後發展出的重要走向之一，〔註1〕台

〔註1〕 如王安祈《當代戲曲》中即明確指出台灣京劇創新體現了五大意義，其中一項「傳統戲曲與當代文化議題接軌」，所指即是「女性主義」與當代戲曲的結合。（《當代戲曲》（台北：三民書局，2002 年），頁 93）京劇之外，蔡欣欣《台灣歌仔戲史論與演出評述》亦提到：「隨著女性主義與婦權運動的興起，女性議題的多重探究也成為歌仔戲的新關注點。」（《台灣歌仔戲史論與演出評述》（台北：里仁書局，2005 年），頁 126）。另王安祈：《性別、政治與京劇表演文化》一書第四章〈京劇劇本的女性意識〉亦對此一現象與發展做了詳盡陳述，可參看。（《性別、政治與京劇表演文化》（台北：台大出版中心，2011 年），頁 126～121）。

灣當代戲曲的女性意識起步雖較中國爲晚，卻與台灣整體社會文化觀念之演進相契合，特別在諸多女性導演與劇作家的著意揣摩投入下，一系列劇本中獨具特色的「女性書寫」盪漾開展。女性劇作家處理各種層面的性別議題，投射個人對於時代議題的看法，塑造出不同於以往的女性人物，以「女人最懂女人」的姿態，深度勾掘女性劇中人的內心世界，開出了絢爛多彩的瑰麗花朵。在這一群各具特色的女性劇作家中，王安祈的作品，尤爲受人關注。二十一世紀以降，王安祈於其新編戲劇的觀照主題與思想內涵上，有意地擇取女性人物做爲主要刻畫對象，爲傳統戲曲中素來闇啞的邊緣人物發聲之意圖明顯可見，不僅在劇作之主題意識、人物形象、思想內涵、意識型態上有極大特色，於戲曲形式與表演藝術層面亦有許多突破與改變。

　　王安祈從未以女性主義者自居，但她依然清楚意識到戲曲世界中女性人物長久以來的闇啞無聲，也深刻瞭解傳統東方文化中的父權意識、家國書寫、性別壓抑及其在戲曲中的體現與面向。傳統戲曲的本質爲文學與藝術，就劇本內涵及人物特色而言，前者在取材上往往跳脫不出歷史和傳說故事的範疇，爲戲曲獨出機杼特意創作的人本來有限。明清之後，戲曲正式被宣判爲道德教化的工具，內容更是充滿了傳統的宗教信仰與儒家思想，普遍缺乏時代意義與人生內外層的深刻體會。寓教於樂的特質，使得戲曲特別重視「懲惡揚善」，加上受到說唱文學的影響，人物大抵只有類型而鮮少個性，多半「善惡對立、忠奸分明」，戲曲因此很少能有反應現實或寄遇深刻不俗的旨趣之作。〔註2〕在這種情況下，女性人物在戲曲中的面貌，自然亦是傳統父權意識下對女性要求與想像的投射，多半爲道德教化的工具而缺乏獨特個性與差異性。戲曲中的女性等同於古代現實人生中的「第二性」，她們往往面貌模糊，只能依賴男性而存在，其價值也多仰賴依附男性建構的世界而定；換言之，在傳統戲曲世界中，基本上是少有女性意識可言的。

　　兩岸京劇劇本女性意識的出現，都是由當代劇作家帶動興起的。1949 年中華人民共和國成立後，首先因應戲曲改革的政治目的，延續五四時代反封建的精神，戲曲中古代女性的處境被批判性的提出與改寫；文化大革命後新時期的劇作思想不再以反封建爲基調，劇作家個別的特色展現在各自不同的人生觀與價值取向之上，羅懷臻、王仁杰、陳亞先等人的劇作皆展現出對人性的根本探究與深刻體現，角色性格之塑造與劇本的思想內涵已與文革前有

〔註 2〕　曾永義：《戲曲本質與腔調新探》（台北：國家出版社，2007 年），頁 90～91。

所不同，亦且關注到女性人物的幽微隱私與複雜內心，《西施歸越》、《節婦吟》等可為例證。相較之下，台灣新編戲劇的女性意識則起步較晚。90 年代復興劇團鍾傳幸導演借用魏明倫《荒誕潘金蓮》之作並加入女性的視角重新觀照古人，是台灣新編京劇第一次強調女性意識的覺醒，其後《羅生門》也帶入了女性議題，但重點多仍在於與男權抗爭，而非關注女性自身的特質與感受。直到二十一世紀初，台灣新編京劇才逐漸走出傳統的男性視角，細膩開發女性人物內心幽微的真實感受。而其中，王安祈堪稱最重要的推手，無論是自己執筆、引介大陸劇作，或邀請劇作家新編，都以關注女性為明確的創作方向。王安祈說：

> 自 2002 年擔任國立國光劇團藝術總監以來，我很清楚的把創作導向京劇女性意識的開掘。……我知道女性在傳統戲曲裡的心聲抒發還不夠細膩，溫柔端莊的外表之下，難道不曾出現層層漣漪、迴波千旋？〔註3〕

而這樣的選擇與考量，除與台灣整體社會文化的演進息息相關外，更與「政治」有莫大的關聯。1995 年軍中劇團裁撤解散，行政院決議由教育部重新甄選成立國家級劇團，亦即國光劇團的成立。京劇回歸文教體系與國家級定位，絕處逢生的處境下，卻面臨了台灣本土聲浪對其身份與內涵的種種質疑。當時的京劇可說幾乎滅頂，氣氛低迷；團長為了生存，還得上立法院備詢，甚至為了表現京劇的在地性與本土化，先後推出了「台灣三部曲」。然而，整個氛圍卻是完全向政治輸誠、靠攏，並且毫無藝術性可言的。身為京劇愛好者的王安祈憂心焦慮，認為京劇好不容易脫離了軍隊、脫離了政治，正應該回歸文學、藝術本身，怎能夠再度成為政治的附庸？政治既喜歡宏偉論述、崇高命題，那索性就試著逆向操作——反其道而行，從「小」、從「邊緣」出發。什麼是「小」？若「男人」是「大」，那「女人」就是「小」；什麼是「邊緣」？若「家國」是「主流」，那「個人」就是「邊緣」；若「歌功頌德」是「大」、是「主流」，那「個人心底一抹難以言說的隱微心緒」就是「小」、就是「邊緣」。於是，王安祈造就出國光劇團一系列以「勾掘女性內心」為主題的邊緣書寫。簡言之，王安祈以女性為主題進行台灣京劇現代化與文學化的改革與切入角度，其最初目的正在「以小搏大」、「以邊緣對抗主流」，企圖以戲曲題

〔註 3〕 王安祈：《絳唇珠袖兩寂寞——京劇・女書》，〈自序〉（台北：印刻文學出版社，2008 年），頁 17。

材中的非主流內涵找回京劇的藝術本色，藉以擺脫戲劇的工具性與教化包袱。王安祈的「女性」不只是認同、是情感的投射，同時也是策略、手段，是刻意的選擇；因此，從劇作家的創作動機上言，很「政治」。當然，王安祈個人自小的觀劇體會與心路歷程，在在影響並成就了她對於京劇女性意識的關注、重探，以及透過創作逐步展現自我的發展。

　　1970 年代，美國女性主義學者蕭華特（Elaine Showalter）即致力於將女性作家當成一個群體來研究，其著作《她們自己的文學》可說是女性知識論建構的第一步。書中特別提到歷史上的女性作家是如何誕生，並以「陰性的」（faminine）、「女性的」（feminist）、「女人的（female）」三階段解釋女性於書寫的過程中由模仿男性範本到不滿、抵抗並嘗試摸索屬於自己的美學，最後終於完成屬於女人自己的文學，從而建構出女性的主體。〔註4〕王安祈自 1985 年編寫第一個劇本起，創作已逾三十年。其早期劇作著重於說故事的方法，尤針對傳統老戲的拖沓重複進行劇本結構上的重整、改良，雖為郭小莊改編多齣以女性為主角的作品，但人物形象與反映的價值觀與男性並無不同，更無女性意識與性別上自覺的考量。2002 年加入國光劇團以後，則致力於推動台灣京劇新美學的發展，充滿自覺地藉由創作提升台灣京劇的能見度與獨特性，其中尤以關注女性人物的內在幽微為劇本思想內涵的重點。學者指出二十一世紀後國光新京劇的藝術特點之一，在於突顯了一種女性劇作家／女演員期待藉由敘寫／展演來重新詮釋女性的「新角度」，尤值注意者，在於作品中除了展現女性劇中人「多元自我」的自覺，同時也展現了敘事者／劇作家抒情自我的多重性；更在劇作中展現了多重交響的「抒情的聲音」，以及破除性別規範，融合「主流」與「邊緣」的意識。〔註5〕由此觀之，王安祈雖非女性主義者，亦未提出任何相關於女性言說、陰性書寫或性別差異的理論概念，然自其創作的動機、態度及精神而言，實已以具體作為實踐了陰性書寫與破除性別規範的積極精神。對王安祈而言，面對傳統戲曲美學的傳承要求與走出台灣風格的本土意識之間，其創作面臨了哪些考量、掙扎與轉變？其創作態度與自我定位為何？主體性如何變化與彰顯？因此，本文以王安祈於國光

〔註 4〕 Moi, Toril（莫伊）著，國立編譯館主譯／王奕婷譯：《性／文本政治：女性主義文學理論》（*Sexual / Textual Politics: Feminist Literary Theory*）（台北：巨流出版社，2005 年），頁 55～56。

〔註 5〕 王瑷玲：〈經典性與現代性——論當代台灣京劇發展之美學新視野與其文化意涵〉，《中國文哲研究通訊》第 21 卷 1 期（2011 年 3 月），頁 25。

劇團時期的劇作為觀察對象，自女性主義文學批評的角度切入，一窺劇作家及主要演員魏海敏的女性書寫／表演、主體意識，以及藉由書寫／表演建構的女性人物主體之姿，以期梳理台灣京劇新美學的特色，建立戲曲女性劇作家的書寫脈絡之一。女性劇作家創作的過程曲折，女性文學誕生的歷程艱辛，女性文學史的建構如此繁複，值得我們重視與研究。

二、研究範圍

本文以「尋找主體性——王安祈的國光『新』劇（2004～2016）」為題進行研究。

首先說明「主體性」意涵。所謂「主體」，在拉丁文中乃是作為一切本質及行動之「基底」（Zugrundeliegt）之意，「主體」概念因此具有哲學及存有論的雙重意義。笛卡爾（RenéDescartes）名言「我思，故我在」，可謂主體理性的最佳代言詞。在傳統的認識論中，主體性（Subjectivity）常被認定為個體經驗和對「我」的定義進行思考的方式，主體即是「自我」：作為思維歷程的中心以及來源，主體乃意志及自由抉擇的所在。換言之，主體是指從事實踐活動和認識活動具有意識特性的人，人是自己一切活動的主宰者，具有自覺能動性、自主性、創造性與社會性。作為主體的人並不是先天確定的，人從自然世界中，辨識出自己與他者（other）的不同，並意識到自己可以主動地採取行動，在行動之初能夠模擬活動的形式與結果，這是人作為主體的自覺性。任何主體都是相對於客體而存在，沒有客體也就沒有主體的存在，主客之間互為預設的關係。

台灣有關主體性的論述在 90 年代後始為蓬勃，主要受到西方理論如後結構、後現代、女性主義、後殖民等思潮流行的影響，同時也與台灣本土政治的發展有關；尤其台灣意識的日益昂揚，更助長了主體論述在民間、學術以及政治場域的全面流行。然而主體性一詞在使用上卻往往出現歧義，常與同一性（identity）、獨立性（independence）、自律性（autonomy）等概念重疊，顯示主體性較難以單一的概念統括之。〔註 6〕主體性做為一種實踐與價值概

〔註 6〕吳豐維認為各種主體論述因應其所指涉的意涵與層次不同而會有不同概念的重疊與混用，建議將主體性視為一個「概念家族」，而不是一個單一概念。主體性可以統括許多子概念，但子概念彼此之間雖有差異，卻仍具有家族相似性。吳豐維：〈何謂主體性？——一個實踐哲學的考察〉，《思想》季刊第 4 期（台北：聯經出版社，2007 年 1 月），頁 63～78。

念，必包含「自由」與「正義」兩個基本核心價值，兩者高度相關，無法斷然切割。所謂自由，包含個人在抉擇與行動時不受干擾的自由，以及成就與實踐某種目標與使命的自由。所謂正義，是一種公平對待他者的責任、尊重他者的思維。強調自由的主體論述，採取內在的方式探討主體性意義，即由「我」或「我群」的角度切入探討：我（們）是誰？我如何成爲我（們）？強調正義的主體論述，則多採取以外在的方式探討主體性，更重視相互主體性、他者的重要性，思考我與他者如何共容？如何公平對待或被對待？

　　人的主體性是人作爲活動主體的質的規定性，是在主體與客體的互動中得到發展的人的自覺、自主、能動與創造的特性。沙特（Jean-Paul Sartre）肯定個人存在的獨特性，一切的思考必須從主體的處境開始，因此認爲所謂的主體性，乃是活生生的個人在自身獨特處境中的自我選擇、自我創造、自我承擔、自我體現。傅柯（Michel Foucault）主張主體是在話語中，透過話語實踐建構的，其中又與權力的作用緊密相關，爲使話語有效的實現，個人的能動性格外重要，因應權力關係的相對變化，主體也充滿流動性與建構性。從後現代的角度而言，主體往往處於滑動的狀態，它與客體的關係難有絕斷的區別，主客之間是不斷的轉換、改變彼此權力位置的，後現代因此有了「作者已死」的概念。書寫者於文本創造之際，可能同時存在；但是文本完成後，作者離去，留下的只是痕跡而已。文本不再有其不容置疑的絕對性，會隨著文脈的不同而有不一樣的發展方向，而完全對讀者開放，是爲主體的擴張與延異。

　　根據李澤厚的看法，主體性包括兩個雙重內容和涵義，第一個雙重是，具有外在的社會結構面（即工藝）和內在的心理結構面（即文化）。第二個雙重是，具有人類群體（又可區分爲不同社會，時代，民族，階級，階層，集團等）的性質，和個體身心的性質。四者相互交錯。〔註7〕就藝術或文學而言，主體性通常強調的是創作者或作品本身所具有的特質。藝術家透過自身主觀情感或意識形態投射於作品中，故其人和其作品有其自外於其他事物的獨立性，就康德的說法這些特質是先驗存在，是不容置疑的，不可經他者由經驗判定其正確性。由於主體具有變動與延異之特性，又因應其與客體之間不斷改變的關係而流動發展，因此本文企圖加以尋找、關注，著重的是女性劇作家王安祈／主要演員魏海敏及劇作家筆下的女性劇中人，如何透過劇作書寫

〔註7〕李澤厚：《我的哲學提綱》（台北：三民書局，1996年），頁119。

（創作）／展演的過程「展現其自覺能動性」與「自我意識」？尤其她們如何自主地選擇以何種態度、何種角度、何種方式去表達自我內在的體驗與主觀的情感，其選擇之路徑與所呈現出來的風貌、特色、價值與意義，爲本文所關心並期待論證之處。

　　以下說明「王安祈的國光『新』劇」所含範圍。本文研究標的爲王安祈自 2004 年起迄 2016 年止，爲國光劇團編創的戲劇，含括王安祈與他人合編之作。〔註8〕強調此一時期其劇作於思想內涵與形式結構上具備「新的構思」，包含在劇本的觀照視角、主題意識、思想內涵、人物塑造以及劇作的表現形式與結構手法上，呈現出有別於王安祈前期（1985～2000）劇作之特色，故謂之曰「新」劇。王安祈的編劇生涯自 1985 年正式開啓，早期爲民間劇團及軍中劇團編寫的劇作，多以老戲爲本，著重於劇本結構的剪裁精鍊、營造情節高潮與戲劇張力，而劇本內部的思想內涵與人物性格塑造皆傾向傳統，劇種的表現形式亦單純統一，未有突破規範或主題顛覆之作。然自其擔任國光劇團藝術總監一職後，開始有意識地將台灣京劇從傳統的敘事與故事脈絡裡，鋪陳出現代觀點的情節，及向內深掘的意涵，不論其故事取材爲原創或改編，著重的是劇本思想的現代性、文學性與個人性，特別是選擇以「女性視角」切入「女性議題」，重視「女性主體」，跳脫過去傳統的「大歷史、大敘述」，而以「女性個人內在的隱微幽思」爲深掘重點，一方面爲戲曲題材另闢蹊徑，一方面亦充分反映當代台灣的時代思潮與文化意義。2010 年後之創作更是潛入劇作家內心深處，從看別人的人生、說別人的故事，轉向自我經

〔註8〕　王安祈 2004～2016 間所創作之國光「新」劇中，由其個人獨立完成之作計有四部，其餘六部則分別與趙雪君、周慧玲、劉建幗、謝百騏、吳明倫等人合作完成。在合編之作中，如何區隔王安祈以及其他作者的主體性，爲本論文首先必須面對的問題之一。除於相關資料及訪談過程中盡量獲取有關工作分配、創作理念的說明以盡可能釐清王安祈與其他作者間的個人特色外，筆者以爲任一共同創作在其完成定稿之前，必然經過合作者之間相互激盪、溝通討論，而後獲致共識的過程；其中雖牽涉「何者的意見爲何？」等劇作「生產過程」的分工或歧見可能，但劇作完成後終究是以一完整的概念呈現，代表合作者彼此之間已對其成品具備相同的認知。筆者曾去信詢問與王安祈合作最多的趙雪君，得到「劇場工作屬於團隊合作，主體性劃分不易」之回應說明。本文囿於時間與能力，尚未能完成與王安祈共同創作合作者之田野訪談工作，故採取以王安祈個人獨力完成之劇作爲論述重點的寫法，而王氏與他人合作的作品亦不刻意迴避，依然同時參看。有鑑於對其他創作者之尊重，同時更能深入釐清劇本創作過程的演進變化，未來仍須逐步完成田野訪談工作，以補本文不足。

驗與內在情感的深度挖掘，呈現出高度抒情自我的美學體現。就劇作家的創作動機、觀照意識與劇作的思想意涵上言，皆是「新」的構思與角度。因應觀照視角、戲劇內涵與角色人物的塑造改變，戲劇的外在表現形式與書寫手法亦有所突破，由傳統的京劇向外延伸，進一步結合了其他劇種（如崑劇、舞台劇）、元素（如新編歌曲、樣板戲、獨腳戲）、跨文化、實驗劇場等，同時採取顛覆、嘲弄、重探、諧擬、內旋等寫作角度與筆法，企圖探索、建立台灣京劇新美學的各種可能性。就其表現形式與創作手法而言，亦皆「新」的嘗試。〔註 9〕因此本文所謂「王安祈的國光『新』劇」，旨在強調其於國光劇團階段編創之劇作內涵與形式具備新的構思、形式與精神之作。綜上，本文研究對象，包含以下作品：

編號	劇　　名	首演年份	演出劇團	備　　註
1.	王有道休妻	2004	國光劇團	（前有《御碑亭》）獨立編劇／實驗京劇小劇場
2.	三個人兒兩盞燈	2005	國光劇團	（前有《征衣緣》）與趙雪君合編
3.	金鎖記	2006	國光劇團	根據張愛玲小說改編與趙雪君合編
4.	青塚前的對話	2006	國光劇團	獨立編劇／實驗京劇小劇場
5.	歐蘭朵	2009	魏海敏／美國意象劇場	原著：戴瑞・品克尼（Darryl Pinckney）戲曲版由王安祈與謝柏騏、吳明倫合作改編
6.	孟小冬	2010	國光劇團	獨立編劇／京劇歌唱劇
7.	百年戲樓	2011	國光劇團	與趙雪君、周慧玲合編／京典舞台劇

〔註 9〕 簡言之，王安祈早期劇作重點在「說故事」，主題仍以「政治」為主，強調劇本外部形式的修整（相對於老戲的拖沓冗長）。劇中人物仍以忠奸對立、善惡分明的形象出現，家國認同穩固，表演形式單純，著重戲的厚重度，而非思想的顛覆性。國光階段的劇作重點則在「挖感情」，刻意捨棄政治、歷史與家國主題，而以女性及個人為主，重視的是人物內在情感的深掘、勾勒與發聲，負面人物、小人物皆可為戲劇主角。著重思想的現代性，並嘗試表演形式的多方融合、多元可能。

8.	水袖與胭脂	2013	國光劇團	與趙雪君合編／京劇加崑劇
9.	紅樓夢中人：探春	2014	國光劇團	獨立編劇／以《紅樓夢》人物為本新編
10.	十八羅漢圖	2015	國光劇團	與劉建幗合編

三、文獻探討

　　以當代台灣新編戲劇為研究中心的專書、論文，近年來成果豐碩，以下簡單述評與本論文關聯性較高之相關研究方向與著作：

（一）以台灣新編戲劇劇作內涵為對象之研究

　　在專書部分，本文以遷台後台灣新編京劇作家及其劇作為觀察重點，因此王安祈《台灣京劇五十年》為京劇在台發展之主要參考資料。本書從戲劇史的角度爬梳京劇在台五十年（1948～2001）之發展演變，蒐羅詳盡之演出資料，提供劇團、演員之訪談內容，旁及劇目、劇場、文化藝術行政體系之介紹，相當於一部「台灣京劇戲曲志」。其中與本論文主要相關部分為「演進篇」中自 80 年代京劇創新轉型至 90 年代大陸熱與本土化交互影響時期台灣京劇發展狀況的說明，提供本論文瞭解王安祈早期創作階段的時代背景資料。王安祈《當代戲曲》一書，從大陸戲改論起，述及台灣 70 年代末起自雅音小集之後的戲曲創新歷程，延續王安祈於《傳統戲曲的現代表現》一書中的諸多觀察，為半世紀以來兩岸戲曲之發展流變提出精要而詳盡的理論。本書提出評騭當代戲曲之八項要點，涵蓋編、導、演三大面向，同時針對兩岸之傳統老戲與當代新編劇作，包含京、崑、越劇、黃梅戲、莆仙戲等地方劇種之個別劇作，進行了多面向的分析討論，充分結合理論與實務，為研究當代戲曲之後輩提供了極佳典範；同時為台灣針對中國大陸當代戲曲發展研究論述的重要著作，同樣提供本文瞭解大陸戲曲發展變化及其對台灣的影響。國立傳統藝術中心出版的《光譜・交映——國光二十光譜篇》與《鏡像・回眸——國光二十劇目篇》，綜論國光劇團在台二十年的發展、定位與劇作特色，統合國光劇團二十年之生命光譜，如同簡易查詢的國光工具書。書末羅列與國光劇團二十年間演出相關的各式評論與研究論文，提供充分資料訊息。學位論文方面，韓仁先《台灣當代新編京劇劇作藝術之研究（1949～2005）》（文化大學中文所博論，2005 年），著力於新編劇作之劇本題材、主題意識、排場配置、腳色行當等方面，做統整性的觀察與歸類；然對於新編劇

作內容部分只有簡略說明，缺乏深入分析。劉浩君《90 年代台灣京劇新作及
其社會文化意涵研究》（清華大學中文碩論，2000 年），針對 90 年代復興劇團
與國光劇團之京劇新作，進行劇作內容與社會文化關聯性之討論，頗能掌握
京劇在時代與文化議題上的反映。林俐慈《從現代小說改編的台灣京劇研究
（1990～2008 年）》（台師大國文碩論，2009 年）自編、導、演三方面整體觀
察六部改編自現代小說之新編京劇之藝術表現，其中《金鎖記》亦爲本論文
觀察對象。林俐慈論文從改編後之思想內涵提出編劇刻意加入對曹七巧「同
情的渲染」，是較原著更慈悲之處，但未對劇情及唱詞部分做更細膩的分析。
張瀛鐸《國光劇團二十一世紀初愛情京劇之研究》（高師大國文碩論，2010
年）鎖定愛情主題，其中對於《三個人兒兩盞燈》、《青塚前的對話》、《王有
道休妻》、《金鎖記》四劇之故事有詳盡之脈絡梳理，重點放在故事流變及其
考證、對比，提供筆者相關的背景知識，但對劇本的思想內涵論述亦不夠深
入。紀聖美《國光劇團跨文化京劇的改編與詮釋》（台北教育大學碩論，2013
年）以《艷后和她的小丑們》及《歐蘭朵》爲例探討國光劇團跨文化的嘗試
與實踐，以爲其意義在於呈現戲曲載體的包容度與京劇在台灣的新表現方
式，將戲曲程式之美應用於劇場表演，提高編導演職能，並於一連創的實驗
性中，帶來反身性思考。

（二）自性別意識、女性主體性切入之戲曲相關研究

結合「性別議題」或「女性主義」理論討論戲曲作品的研究尚少，少數
專書如李祥林之《性別文化學視野中的東方戲曲》、《戲曲文化中的性別研究
與原型分析》二書，由性別學與文化學的雙重視角對中國大陸的傳統戲曲進
行跨學科的研究。李書〈性別意識在戲劇創作中的兩種體現〉一文認爲當代
舞台之女性形象塑造及性別話語同時具有「以歷史題材爲現代燭照」與「當
代文本的傳統視角」之正反現象，並提出大陸戲改後從魏明倫、羅懷臻到王
仁杰、陳伊薪等人的劇作爲例加以探討；但文中未針對作家性別與文本關聯
做進一步的討論或比較，同時在戲曲之外，亦穿插電影及話劇作品，屬於比
較寬泛的論述，但有助於瞭解大陸戲劇作品中反應的性別面向。王安祈《性
別、政治與京劇表演文化》分自腳色、演員、劇本、導演等面向探討京劇百
年歷史中潛藏的性別特色，其中第四章〈京劇劇本的女性意識〉論及傳統老
戲與當代新編京劇之女性意識表現，由於作者近年來戮力實踐以「女性主體」
爲京劇創作主題，其以親身創作經驗所做之剖析中肯而可貴，同時文中援引

眾多戲評、論述，深具參考價值。

　　期刊論文方面關注「當代戲曲與性別關係」之作尚稱豐富。近年來持續以性別爲研究重點的王安祈，先後有：〈京崑女性塑造比較初探〉〔註10〕、〈性別、表演、文本：京劇藝術研究的一個方向〉〔註11〕、〈京劇梅派藝術中梅蘭芳主體意識之體現〉〔註12〕、〈京劇與性別〉〔註13〕、〈「乾旦」傳統、性別意識與台灣新編京劇〉〔註14〕、〈京劇表演與性別意識──戲劇史考察的一個視角〉（與李元皓合著）〔註15〕等文。其嘗試由「演員、劇中人、觀眾、劇作家」的不同角度，分別自京劇、崑劇表演及文本間的關係進行剖析，然皆未嘗自女性主義文學批評的視野切入。國光劇團近年來著意寫「女人」，因此與此相關之論文或劇評亦多；如梅家玲〈女性主體與抒情精神──國光新編京劇的文學特質與文學史意義〉〔註16〕提出近年來國光新編京劇自《王有道休妻》至《孟小冬》等劇作所體現之「文學史意義」，同時肯定女性劇作家於戲曲文學中的自我發聲，及古典抒情與傳統敘事的現代轉化深義。陳芳英〈臨水照花，無奈悲歡觸緒來──探索國光新編戲曲的女性主題〉及〈絳唇珠袖之外──從幾部新編戲曲思考新典範的可能〉二文，以「女書書女」指稱《三個人兒兩盞燈》等五部劇作，並由編、導、演角度切入論析這五部戲於典範建立的可能性與部分檢擇依違之處，剖析精闢入理，極具參考價值。與戲曲演出及劇本之相關評論亦多，如：李惠綿〈情慾流動與性別越界〉〔註17〕，以《三個人兒兩盞燈》與明代雜劇《男王后》相互觀照。認爲兩齣戲都探觸了人類情感異於常軌的另一種類型，且各有其社會結構與文化風潮爲故事背

〔註10〕發表於「世界崑劇與台灣腳色──2005 年崑曲國際學術研討會」，後收錄於洪惟助主編：《名家論崑曲》（台北：國家出版社，2010 年 1 月），頁 441～483。

〔註11〕《婦研縱橫》第 72 期（台北，2004 年 10 月），頁 1～8。

〔註12〕見《明清文學思想裡的主體意識與社會會議論文集》及氏著《爲京劇表演體系發聲》二書。原發表於「中央研究院中國文哲所「明清文學思想裡的主體意識與社會國際學術研討會」。

〔註13〕見《讀書》期刊（中國北京，2005 年 10 月），頁 29。

〔註14〕見《文藝研究》期刊（中國上海，2007 年 9 月），頁 96～106。

〔註15〕見《漢學研究》第 29 卷第 2 期（台北，2011 年 6 月），頁 153～183。

〔註16〕見《中國文哲研究通訊》第 21 卷 1 期「新世紀‧新京劇──二十一世紀台灣京劇新美學與國光劇團」專輯（台北：中研院文哲所，2011 年 3 月），頁 43～50。

〔註17〕原載《戲劇學刊》第 2 期（台北：台北藝術大學戲劇學院出版，2005 年 6 月），後收入氏著《戲曲表演之理論與鑑賞》（台北：國家出版社，2006 年），頁 307～343。

景，呈現不同的美學意境。汪詩珮〈文人傳統與女性意識的對話：《青塚前的
對話》中的兩種聲音〉〔註18〕一文，關注內化於劇作家內心的「文人傳統」
如何與其萌發的「女性意識」進行對峙與磨合，雖企圖穿越作家個人之學術
背景與作品間之聯結與矛盾，卻未能眞正勾陳劇作家內心的聲音。尤麗雯〈幽
微的聲音——論王安祈四部新編女戲的藝術價值〉〔註19〕藉由對王安祈四部
「反映女性心聲」之新編京劇劇本之分析，歸納劇作家使用的藝術手法，並
嘗試尋找出以女性爲關懷重點的劇作在編劇角度上更多的可能性。作者認爲
四部戲皆著重於描寫女性的情慾，男性角色相對而言扁平稀少，其結語中特
別指出站在戲曲推廣與觀眾接受的角度來思考此一現象，揭示出當代新編戲
曲於女性意識亮麗展演的背後，另一個同樣必須關注的可能危機。康韻梅〈有
道休妻、無路傳情：試析《王有道休妻》中男／女／人的困境〉一文〔註20〕，
由劇中反思人間情感之生滅無端，進而提出此劇對倫常禮法、社會規範的顛
覆嘲弄，與對女性心理的重探。以上論文多以王安祈或國光劇作爲對象進行
觀照，其切入之角度多元，唯尚無專以女性主義文學批評之視角針對作家及
其作品之女性主體爲研究路徑者。

　　學位論文方面，從性別意識的角度詮釋傳統戲曲的著作極多，早期多以
傳奇、雜劇作品中「女性人物形象」爲主要討論標的。〔註21〕其研究策略以
歸納、考據劇中女性人物之身份、形象、地位、境遇爲主，少數作品雖亦談
及劇作產生時代或故事背景中之兩性關係，多數僅觸及女性問題的外緣部
分，對於劇作家的父權意識對性別意涵的建構及其筆下女性人物形象的扭曲
等，未能提出直接的反省與批判。2000 年後，更多的研究者以西方女性主義
文學批評方法，重讀、新詮古典戲曲中之女性人物，或標舉傳統劇目中女性
人物於過去與現代形塑之差異，作爲檢視傳統戲曲現代化過程的方向之一。

〔註18〕見《民俗曲藝》第 159 期（2008 年 3 月），頁 205～247。
〔註19〕見《劇說・戲言》第 7 期（2010 年 4 月），頁 63～79。
〔註20〕見《婦研縱橫》第 72 期（台北，2004 年 10 月），頁 25～34。
〔註21〕如：李桂柱《明傳奇所見的中國女性》（台大，1970 年）、許瑞玲《六十種曲
　　　　的婦女形象研究》（台師大，1980 年）、賴雯卿《元雜劇中的婦女類型研究》
　　　　（輔大，1993 年）。元劇作品又以關漢卿及四大家筆下之女性最受關注，如：
　　　　盧乃愛《關漢卿雜劇中婦女研究》（政大，1989 年）、朱文慧《關漢卿旦本戲
　　　　主角之研究》（文化，1992 年）、高仁淑《元雜劇關馬白王四家作品中女性角
　　　　色研究》（文化，1993 年）、陳莉莉《元雜劇中女性意識之研究——婚戀關係》
　　　　（文化，1996 年）等；另也有針對清代地方戲劇目討論者，如：張佳禎《《綴
　　　　白裘》中女性形象的塑造》（台大，1999 年）。

此類論文多以鎖定單一作家作品、單一故事或單一劇中人物爲討論對象。
〔註22〕就當代戲曲而言，則有林淑薰《台灣新編京劇的主題、敘事技法與舞
台呈現之探討》（政大中文所博論，2009 年），其於〈台灣新編京劇的主題與
精神內涵〉一章，提及自雅音小集至國光劇團劇作中女性意識的呈現發展，
分由劇中人與劇作家之角度切入，並以公私領域界線之模糊形容女性主體意
識於戲曲中的表現。由於其討論之時間跨度自 90 年代迄 2010 年，提供本文
於台灣新編京劇女性意識發展歷程之諸多參考，若結合王安祈《當代戲曲》
一書中對於兩岸劇作中女性意識發展之論述，可提供本文重要之背景知識與
研究基礎，但由於著重就主題與思想內涵做統整性的歸納論述，亦缺乏個別
劇作深度的剖析。林胤華碩論《台灣新編京劇女性形象研究》（中央中文所，
2009 年），以《王有道休妻》、《三個人兒兩盞燈》、《金鎖記》及《青塚前的對
話》四劇爲討論文本，比較新戲與原本之間女性形象之重塑與重疊，以突顯
新編京劇形塑女性形象時展現的文化觀。王文伶《國光劇團新編京劇的女性
意識研究》（北市教育大學中文所碩論，2011 年）鎖定國光劇團新編京劇，輔
以女性主義陰性書寫理論，從女性觀眾／編劇／劇作三方進行京劇女性書寫
的檢視，惟其重點僅以劇作內容爲主，對於劇作家及主要表演者的主體意識
論述尚淺。本文希冀在其基礎之上，增加國光劇團 2011 年後的新劇以及編劇
與主要演員的訪談內容，而有更深入的論述開展。

（三）以王安祈及其劇作為對象之研究

　　除上述自性別視角切入王安祈劇作之相關期刊論文外，在學位論文方
面，則有：廖秀霞《戲曲虛實論研究——以王安祈劇作爲例》（台師大國文所
碩論，2000 年）、張芳菱《論王安祈與台灣京劇發展》（逢甲大學中文所，2009
年）等以王安祈劇作爲主的碩論研究。此外，王安祈本人亦曾多次自剖其與

〔註22〕如：藍玉琴《《牡丹亭》人物杜麗娘的女性研究》（中山，2001 年），以「女性
　　　　讀者」的身份閱讀《牡丹亭》，自文本論與接受美學角度探討杜麗娘人物形象
　　　　之構成及其女性意識。許淑子《性別、主體、對話：重讀關漢卿旦本戲》（台
　　　　師大，2003 年）以「女性中心論」重讀關漢卿旦本戲，傾聽關劇中的女性聲
　　　　音，認爲關漢卿能超越男性視野、挑釁以男性爲主的意識型態，著力於對女
　　　　性人生的關懷理解，顯露出女性意識的萌芽價值。陳美惠《中國女性悲劇使
　　　　命的歷史承載——從《漢宮秋》到《王昭君》》（佛光，2008 年）則以馬致遠
　　　　《漢宮秋》、郭沫若《王昭君》、曹禺《王昭君》三文本相提並論，探討女性
　　　　意識與女權關注問題。以上作品或援用接受美學、性別研究、女性閱讀等文
　　　　學批評方法，但所討論者仍限於傳統劇目及男性劇作家之作品。

京劇之因緣、其編劇歷程甘苦、創作經驗，乃至於對個人作品之創作說明（主要收錄於《絳唇珠袖兩寂寞──京劇・女書》及《水袖、畫魂、胭脂──劇本集》二書），凡此都爲本文重要參酌之一手資料，將與田調訪談內容交融消化後援引化用於文中。

第二節　研究理論與研究方法

　　本文以文本閱讀、分析、田野訪談的方式進行研究與論述。主要參考西方女性主義之「後現代女性主義文學批評理論」，同時參酌其他相關的女性主義論述，以分析劇作家及其文本中人物形像展演、對自我生命歷程之觀照體悟、主體之彰顯，以及劇作欲傳達體現的思想意涵與書寫策略。

一、女性主義文學批評理論概述

　　女性主義文學批評是當代批評理論發展中極具生命力的一支隊伍，它以性別爲基本視角，認爲性別之不平等來自於文化的構造，同時由「男性視角」支配了知識領域，形成了固定的範式與方法。因此，女性主義學術自婦女解放運動中汲取動力，創造性、批判性地吸納了各種文論思想，除了對女性解放具體目標的追求，更著力於解構深層社會意義、思維習慣、文化符碼等機制。西方第二波女性主義運動浪潮後，女權運動者除致力於社會改革，更將普遍的政治行動擴大到知識領域；她們認爲，在支配群體與被支配群體組成的世界中，主動／被動、權威／服從的關係滲入了一切領域。如以創作與閱讀的活動而言，作者顯然代表了權威，而讀者則屬於從屬的狀態。過去代表權威、擁有寫作權者一直是男性；女性被迫只能站在閱讀與接受的角度，並且以男性批評家建立的觀看方式理解作品。男性中心的文學批評建立了解釋與評價作品的權威，即使女性作家產量漸增，其作品卻並未受到應有的肯定與尊重。同時，女作家開始意識到性別身分與寫作的關係，進而提出自己創作上的親身經驗，認爲性別限制使其於寫作上總是遇到各種障礙，如從外在條件妻職、母職對女性寫作時、空的限制，到內在自我之不能坦陳自己的身體經驗、不敢輕易觸及情慾問題等困境，於是女性主義文學批評之概念於爲興起。〔註23〕

〔註23〕一般以爲女性主義文學批評勃興的原因有三：1.與 6、70 年代歐美女權主義運

　　西方女性主義文學批評大約經歷三個發展階段。60 年代末至 70 年代中期爲第一階段。主要重點是對於男性作家與作品的抨擊與解構，尤以男性作家筆下所寫的「女性人物形象」爲首要批評目標。蕭華特（Elaine Showalter）名之爲「女性主義批評」，即以女性主義者的視角，考察文學作品，特別是男性作品中，對女性形象的扭曲以及父權意識對性別意涵的建構。70 年代中期至 80 年代中期爲第二階段，批評重點轉向女性作家及其作品之研究。主要策略爲挖掘被埋沒的女作家並大量出版她們的作品，以及重新解釋和評價很多被曲解和被貶低的女性作品，稱之爲「女性中心批評」。無論女性主義批評或女性中心批評，都意圖改變傳統的範式，重新界定文學的歷史時段，恢復女性視角、重構經典。80 年代後期則是女性主義文學批評發展的第三階段，此一階段重新思考文學研究的基本概念，發展出一種跨學科、跨性別的女性主義文化，興起了對「性別差異」進行比較研究的性別詩學，特別是顛覆了文化傳統中「求同劃一」的思維模式，而以突顯與尊重多元及差異爲重要脈絡。

　　女性主義文學批評家認爲，性別差異所帶來的不平等是一個現實，其蹤跡同時銘刻在文本的生產、接受與文學歷史之中。換言之，婦女獨特的歷史處境，使得女性文學、女性文學史，甚至女性閱讀接受史，始終是女性主義文學批評理論的中心議題，也是筆者從自身之女性自覺中，選擇以女性主義文學批評理論途徑研究王安祈其人其作之重要因素。從感性的層面言，正如卡普藍（Janet Kaplan）所言：女性主義文學批評始於女性讀者對女性作者的個人感應，始於棄絕掉一切自稱客觀的批評態度。根植於我們認識到我們對於女性作家的愛。﹝註 24﹞而從理性之層面言，女性主義文學批評關注文學與意識型態的共謀關係，關注在文學形式、文體、規約、文類和文學生產的構成中，意識型態被刻寫的方式。台灣自 80 年代中期起開始引介西方女性主義

動有關 2.世界性的女性文學蓬勃興起 3.文學理論本身面臨了窘境，如新批評、結構主義之衰微；解構主義、接受美學之發展，爲新的社會學批評，特別是女性文學批評提供了發展機會。見 Moi, Toril（莫伊）著，國立編譯館主譯／王奕婷譯：《性／文本政治：女性主義文學理論》（*Sexual / Textual Politics: Feminist Literary Theory*）（台北：巨流圖書公司，2005 年）。林樹明：《多維視野中的女性主義文學批評》（北京：中國社會科學出版社，2004 年）。

﹝註 24﹞轉引自 Greene, Gayle（格林）和 Coppelia, Kahn（考比里亞）編，陳引馳譯：《女性主義文學批評》（*Making a Difference Feminist Literary Criticism*）（台北：駱駝出版社，1995 年），頁 29。

文學理論，並實際運用於文學作品之研究批評，所出版專著及論文集豐富多元，其中以小說、詩歌爲大宗，並偏重取材於近現代文學。〔註25〕傳統戲曲搬演古人古事，承載較爲傳統之性別關係與封建思維，欲自性別角度切入論述本屬不易，然而王安祈有意識地以切合現代人物情思之出發點創作當代新編戲，其戲曲劇本不唯是新興文學類型之一，其中涵蓋的思想、情感、反映與投射的時代、歷史、社會文化、人物風情、意識型態，尤其針對傳統父權論述中對女性人物形象與生命鋪陳之顚覆、解構與再現方式，不但具有極大的研究討論空間，更值得嘗試自女性主義文學批評之思維與角度切入觀察之。

二、後現代女性主義文學批評及其特色

　　筆者源於自身對性別的反思覺察，以及對王安祈劇作之認同喜愛而選擇以女性主義文學批評視角切入，相當程度符合女性中心批評論述。「女性中心批評」最大的特色在於將性別加入作者—文本—讀者—世界的關係中，並將性別置於牽動此四者交錯互動的樞紐位置，進而對男權中心的文學傳統做顚覆式的改造。此策略透露出「女性文本中具有女性主體心聲」，並以爲「女性作家作爲婦女的特殊經驗與歷史文化處境始終會影響到她的創作」，因此女性作家及其文學，有著自己的主題、意象與關注的類型，而透過作家之筆，作家與文本女性有機會打破沈默、命名自我、展露隱匿，女性出場，並且確證存在、引發共鳴。此爲筆者初始期望由王安祈的「女性」身分切入研究的角度。惟此一角度很難擺脫「作者中心的實證主義」傾向，因此本文主要仍以

〔註25〕 如：鍾玲：《現代中國繆司：台灣女詩人作品析論》（台北：聯經出版社，1989年）、鄭明娳主編：《當代台灣女性文學論》（台北：時報文化出版社，1993年）、張小虹：《後現代／女人：權力、慾望與性別表演》（台北：時報出版社，1993年）、林芳玫：《解讀瓊瑤愛情王國》（台北：時報出版社，1994年）、張小虹：《性別越界：女性主義文學理論與批評》（台北：聯合文學，1995年）、李仕芬：《愛情與婚姻：台灣當代女作家小說研究》（台北：文史哲出版社，1996年）、《當代文化論述：認同、差異、主體性：從女性主義到後殖民文學想像》（台北：立緒文化出版社，1997年）、邱貴芬：《仲介台灣、女人：後殖民觀點的台灣閱讀》（台北：元尊文化，1997年）、鍾慧玲主編：《女性主義與中國文學》（台北：里仁書局，1997年）、梅家玲主編：《性別論述與台灣小說》（台北：麥田出版社，2000年）、劉乃慈：《第二／現代性：五四女性小說研究》（台北：學生書局，2004年）、黃雅歆：《自我、家族與散文書寫策略：台灣當代女性散文論著》（台北：文津出版社，2013年）等。

「文本」爲觀察重點，以避免落入生物本質的性別論述，並採取後現代女性主義文學批評理論做爲觀察視角。

「後現代女性主義」深受德希達（Jacque Derrida）解構主義與拉岡（Jacques Lacan）對佛洛伊德（Sigmund Freud）精神分析重新解讀之後結構主義的影響，偏好反擊傳統價值中以眞理爲絕對標準的單一性思想。其思考脈絡與論述重點在於「去中心化」與「突顯差異」，企圖解構以陽性價值爲主導的社會／政治理論，爲女性的諸多壓迫尋求合理的解決之道。其中代表人物之一埃蓮娜·西蘇（Hélène Cixous）認爲，女人若要脫離男性加諸於她身上的秩序，就得要爲女人寫入意義，亦即「陰性書寫」（Écriture féminine）。因爲有聲音的女人才會有路可走。陰性形式不像陽性形式倚賴征服與掌控，它可以接受混沌，它尊崇、頌揚差異。儘管作者的性別與其作品是不是陰性書寫並無一定的關係，但女性還是由於一些歷史、文化的原因，而比男性較能夠理解與肯定自身與母親／他者的延綿牽繫、更接近陰性的法度。同樣的，心理分析師出身的露西·伊瑞葛來（Luce Irigaray）也指出女性語言與癡呆症患者語言在內在結構上的相似性：被談論多於談論、被表述多於表述、不是一個發言的眞正主體，其被動與模擬關係，正是女性相對於陽物理體中心主義（phailogocentrism）話語的寫照。伊瑞葛來因此認爲：女性近乎失語的狀況，正是因爲父權文化對女性全面的圍剿，爲此而身陷男性中心的語言／象徵體系中的女人，要嘛必須保持緘默，要嘛只能鸚鵡學舌、模仿男人的話語，而近乎歇斯底里。要打破男權同一邏輯，唯有讓被壓抑的陰性重尋一個主體的位置，重尋一個發言的位置；亦即「女人話」——女人爲自己言說，以顯示陽具能指體系的盲點與謬誤。女人話既是被壓抑的語言形式，必須自覺地去尋回並實踐它，而其實踐只能在父權象徵語言的縫隙中，以「戲擬、諧擬、模仿」等姿態展現。

吳爾芙（Virginia Woolf）曾經在《三枚金幣》（Three Guineas）中提到：「身爲女人，我沒有國家；身爲女人，我不需要國家。身爲女人，我的國家就是全世界。」〔註26〕這是早期西方女性主義者對於國家的基本態度。因爲在她的眼中，國家就是父權體制的同義詞，彰顯的正是女性爲父權政治排除在外的無奈與抗議之聲。父權文化習於把事物以「A」、「非 A」的模式分類，前者

〔註26〕Woolf, Virginia（吳爾芙）著，王葳眞譯：《三枚金幣》（Three Guineas）（台北：天啓出版社，2001 年），頁 56。

作為正面價值，後者則不是一個自給自足，擁有獨立內涵的名詞，要靠「不是 A 者」來定義。換言之，兩性的差異被化約為男性與他的否定面，女人在這個陽性主體自我再現的文化體系中，退居為客體的地位，被否定了主體性，是缺席、黑暗的大陸。這種相反對峙的關係正如同西蒙・波娃（Simone de Beauvoir）所說的：女人之於男人是「他者」。朱莉亞・克莉斯提娃（Julia Kristeva）也認為男性中心思維將女性邊緣化（位置），從男性中心的角度來看，女人佔據的是男人／象徵秩序與混亂渾沌的邊境地帶，女性具有邊境地帶所有令人不安的屬性，因此男性文化時而將女性妖魔化，代表暗夜與混亂；時而又以相反的眼光述說女人，賦予女人純粹美好的形象。而這不過是男性對女性邊緣化的一體兩面，端看他們把邊境看作是外在還是內在於他們所倚恃的那個象徵秩序。無論妖魔或聖女，都只是男性中心話語對女性的建構。若以此關係回看傳統戲曲「善／惡分明」、「忠／奸對立」，往往將女性人物粗略概分為「天使與魔鬼」的類型化二元文化觀，則邊緣人物譬如人格缺陷、沈淪脆弱、地位卑下或為尊父社會所忽視之母女連結，恐怕皆難有機會化身主角，而僅能陪襯英雄，或根本遭受踐踏唾棄。女性長期被邊緣化的結果，使其可能內化父權意識的崇高論述，或者選擇高度參與、積極介入，以實際行動取代被放逐的歷史定位；也或者以各種可能的選項取代或消解政治，以表達對父權政治的態度。

伊瑞葛來除以語言為其理論批判重點，同時也進一步批判佛洛伊德與拉岡的陽具中心思想。她以內視鏡作為隱喻，指控男性用它插入女性陰道並非想瞭解女性的真實面貌，而是以其作為一面反映鏡，去照出他們自己的影子。按佛氏的理論，女人的再現唯有倚賴男性的觀點／視覺（view），再加上以男性為存有的先決條件，才能對照出女人是何物。而女人究竟是何物呢？女性只不過是男性不完美的鏡中倒影，她們所代表的即是匱缺──缺乏陽具。伊瑞葛來套用解構思想，發現佛氏理論將女人當作放大男人自我形象的一面鏡子，從而反駁男性認定女人必然欣羨陽具的狂傲心態，並認為此一論述正暴露出男性的內在惶恐，因為他們無法忍受女人不去期望擁有陽具。透過對西方哲學的批判，伊瑞葛來企圖將男女的對峙衝突關係轉化為相異並存的互動，運用女性的觀點去解構父權論述中獨尊陽物理體的封閉思維。譬如女人的性，一向都被視為是基於男性特質為參數而衍生出來的概念。女人的命運注定是匱缺，陽具才是唯一有價值的器官。男人藉由慾望／論述／法律嚴重

抑制女性欲力（libido），禁止女性主動享受快感、壓抑女性的情慾實踐。從差異與邊緣出發，伊瑞葛來與克莉斯提娃更提出實際的語言及符號理論，進一步闡釋重省典律、顛覆傳統的策略，以及諧擬、互文、對話的複調書寫方式，作爲其爲女性發聲的具體實踐。

三、田野訪談

　　本文訪談對象爲劇作家王安祈教授及國光劇團女主演魏海敏女士。透過訪談劇作家，以了解其於編劇各階段、各方面的考量，包含其生命歷程、自我覺察、價值體現、情感投射、外在環境與其他因素之於「創作」的影響。訪談魏海敏女士，就其對角色人物的體會、塑造、詮釋，對表演的看法等面向進行瞭解，相關內容不獨立成章，而以穿插書寫的方式見於各章節之中，俾能適度呈現編劇與劇中角色之外，「女性演員」的創作觀點與主體意識。〔註27〕

四、研究目的

　　本文緣自對當代傳統戲曲、劇作家及表演者的深刻喜愛，復結合自身生命的體悟感觸而出，故嘗試自西方女性主義論述切入女性劇作家、女性角色及女性演員的主體性，進行觀察與研究。台灣戲曲女性作家的研究，目前仍屬開發階段，本文自王安祈其人、其作切入，一則爬梳台灣當代京劇新美學的文本特色，一則期待本研究或可作爲建立女性劇作家寫作系譜的重要切入點。又，近年來國光劇團致力於讓戲劇往文學的方向靠攏，戲劇不只是舞台

〔註27〕魏海敏，本名魏敏。台灣京劇專業演員，現任國立國光劇團主演。十歲進入中華民國海軍海光劇隊附設海光劇藝實驗學校學習京劇表演藝術，工旦行。1978年海光劇校畢業，一度參與電視影劇及電影演出，後專職京劇演出。1982年於香港觀賞了梅派梅葆玖、荀派童芷苓等大家演出，受到震撼，同時拜梅派票友包幼蝶爲師，開始接觸梅派藝術。1991年6月，於上海正式拜師梅蘭芳兒子梅葆玖，學習梅派戲，奠定其醇厚細膩之表演神韻與藝術特色。1980年參與台灣當代劇場創新戲《慾望城國》，演出反派角色「敖叔征夫人」，開啓魏海敏戲劇生涯從模仿到創新的腳步。此後持續與當代劇團合作，繼續其挑戰自我與學習改變之路。1995年國光劇團成立，魏海敏正式成爲國光一員，同年成立魏海敏京劇藝術文教基金會，致力於結合傳統與現代，推廣京劇藝術與教育活動。2002年，王安祈出任國光劇團藝術總監，《王熙鳳大鬧寧國府》即由魏海敏擔綱演出。其後陸續擔任《金鎖記》、《孟小冬》、《歐蘭朵》、《艷后和她的小丑們》、《百年戲樓》、《水袖與胭脂》、《紅樓夢中人：探春》、《十八羅漢圖》等系列新劇主要女角。

上的表演藝術，也是動態的文學精品；換言之，追求戲劇文本的可看性與價值性等同於一部經典小說，是當代台灣新編戲劇的目標之一，於此，戲劇文本獨立於演出之外的價值亦應有機會被專注看待、討論與定位。本文的研究主要針對文本而較少導演及舞美角度的探討，從某一面看也許是缺失，但筆者更希望彰顯的正是文本（以及編劇）自身的存在。

五、章節安排

　　本文除緒論與結論外，共分四章探討。第一章自西蘇的「陰性書寫」與伊瑞葛來「女人言說」的角度爬梳王安祈的創作歷程與編劇特色，初步建構王安祈的女性書寫風貌與其主體展現。第二章自性別政治角度，析論王安祈國光「新」劇中有關父權政治與家國論述的表現。第三章由波娃的「第二性」理論、西蘇與伊瑞葛來對陽具中心思想的批判模式與解構思維，強調女性情慾的再現、書寫、自我完成，以及克莉斯提娃對女性邊緣地位、母性系譜的重視等角度，切入觀察王安祈劇作中女性人物的主體追尋與自我建構。第四章以王安祈國光「新」劇中的多元書寫為觀察重點，分析其劇作中以後設、諧擬、互文、內旋等方式建構的寫作筆法與表現形式。最後，由劇作家、文本、演員三角度總結王安祈國光「新」劇的女性主體性意義，並由此出發，論述當代台灣京劇新美學的特色。

第一章　書寫的主體性：王安祈的創作歷程與主體展現

第一節　陰性書寫與女性言說的主體價值

　　女性主體性的建立是近代女性主義運動發展中極重要的一環。女性的「第二性」地位普遍而長久，中外皆然。亞里斯多德（Aristotélēs）的生理學理論認爲男性高於女性，女性是男性有缺陷的、發展不完備的型態。男人天生高貴，女人天生低賤，男人統治，女人被統治。盧梭（Jean-Jacques Rousseau）提到：「沒有女人，男人仍然存在，沒有了男人，女人的存在便有問題。女人依靠男人的感覺而活，依靠男人對她們的吸引力、對她們的美德所設定的價值而活。」叔本華（Arthur Schopenhauer）的思想深邃，卻同樣充滿父權意識。他認爲「女人從本性上來說意味著服從，即每一位處於完全獨立的非自然位置上的女人，都要直接依附於某個男人，使自己接受他的統治與支配。這是因爲她需要一位元丈夫和主人。」除此之外最具代表性的論述，當屬佛洛伊德與拉岡的「陽物理體中心主義」（Phalloogocentrism）。佛洛伊德藉由臨床治療發展出一套潛意識理論，揭示了男性「陽具」的優越，與女性主體位置的「匱缺」。拉岡接受佛氏的伊底帕斯情結論述，進一步發展出鏡像理論與象徵秩序之說。所謂鏡像階段是指兒童（6～18 個月）由辨識自己於鏡前的形象從而逐漸認知自己身分的統一性，瓦解原本對身體爲支離破碎的想像的主體意識過程。兒童離開鏡像階段，確立自己的主體性之後，便進入伊底帕斯情結階段。此階段的男孩出於閹割恐懼，遂將對母親的慾望轉移到父親身上，而具有陽具的父親建立依循的法規，兒童不得不就範。於是父親所代表

的象徵秩序就是現象的秩序，是我們有意識的以性別主體而生活其中的社會與文化秩序。

　　以陽具爲中心而發展出來的性別主體理論，除了賦予女人一種永恆的欠缺感與對陽具的渴望外，更提出女人必須進入男性建立的文化體系中才能建立眞實的主體。然而此一主體毋寧仍是男性身影的投射，女性終究無法進行自我再現，而一步步將陽物理體中心的價值觀內化於心，將自我的認同定位於附屬的客體位置。面對這種「被制定」的女性困境，始於 1960 年代的第二波女性主義浪潮，伴隨著後結構主義思考的開展，不再只是站在人皆生而平等的立場執著於選舉權、參政權的爭取，而是進一步思考「傳統知識論」究竟出了什麼問題？法國女性主義者於是從語言結構切入，帶來了極大的知識風暴。此階段最具代表性的文本有二，一是波娃（Simone de Beauvoir）的《第二性》（Le Deuxième Sexe），一是米勒（Kate Millet）的《性政治》（Sexual Politics）。《第二性》中明言：「一個人，不是天生就是女人，而是逐漸變成女人。」波娃試圖呈現男性如何處於優勢地位對女性在心理、經濟各層面加以掌控，使女人淪爲「第二性」；並從文化、歷史、經濟、生物學、心理分析等各種角度分析女性處境。具體而言，女人在社會化的過程中，藉由男性的規範慢慢被形塑成爲權力要求的形象。因此，作爲一種象徵：女性是「他者」，母親也是「他者」，男性作爲主體，將女性視爲慾望與觀視之客體，甚至因爲恐懼母性的力量而以母職職務的給予來掌控女性。波娃的論述意圖自社會建構的角度批判本質主義之思維模式，具有相當重要的歷史意義。

　　而《性政治》則展開了女性的「再閱讀」策略，針對四本男性作者所寫的情色文學，仔細考察其中的權力位置，從而找出小說情節中男性權力如何氾濫，以及女性如何受到支配與使喚。透過再閱讀，米勒得到結論：性宰制是最爲具體可見的意識型態，也是男性權力支配的基本範式。文學史上所有的愛情故事，其實都是男性依照他們的慾望與想像建構延伸而來；歷史上所有的女性形象，都是依照男性的需要而量身打造的。女性主體的挖掘與建構，因此必要從論述與語言的方向切入，才有可能一舉打破知識建構史上長期爲男性權力專斷所造成的盲點、迷思與偏見。

　　簡瑛瑛早期研究有關 1970 年代美國、英國、法國女性主義文學評論，爬梳出一個概觀的面貌，其謂：

　　受到女權運動和女性主義的影響，一九七○年初女性主義文學批評

　　崛起，在美國由於較注重實用、先驗，講求有系統的理論化，是以
　　該處女性文學批評最具學術傾向；英國由於受到馬克思主義與社會
　　主義的影響，較偏重性別和階級系統的關係，以及意識型態的探討；
　　法國女性主義文學批評受到佛洛伊德和拉岡心理分析，以及語言
　　學、結構主義和解構主義的影響，比較注重心理、潛意識以及女性
　　身體、語言和女性作品的探討，反對女性主義的理論化。〔註1〕

莫伊（Toril Moi）也認為，除了少數的例外，法國的女性主義評論者，喜歡從
語言、文本、心理分析等角度探討性別問題，可見法國女性運動有其與文學
文化關係密切的傳統。但法國女性主義者並不將焦點集中於重編文學史或發
掘被湮沒的女作家與作品，其目標直指整部人類歷史，意圖重審男性建構的
歷史，迫切體認到女性自行創造「她的歷史」（her story）的重要意義。海德
格（M. Heidegger）說：「語言是存有的屋宇」（Language is the house of being）。
對女性主義者而言，女人的存在一直被男人忽略，或視而不見。從語言來看，
女性存有的屋宇—語言—從來沒有被播種，也沒有機會開花結果。因此對法
國女性主義者而言，如何用語言再現女性經驗、表達女性慾望、彰顯女性主
體及特質，遂成為最重要的議題。

　　女性主義者欲尋求文化認同的首要步驟即是檢視「過去」。而所謂的「過
去」，包含整部歷史、文化均係以父權中心發展衍生而出的產物，女性在其中，
只是點綴般的邊緣人物，有效地被父權體系消音，更從未是歷史的主體。對
法國女性主義者而言，人類歷史的全部歷程皆建立在壓制她者的聲音；借西
蘇之言，就是建立在「謀殺她者」上。西蘇因此提出「陰性書寫」（Ecriture
Feminine）概念，思索如何創發出屬於自己的語言、書寫或形象，在七〇年代
的法國獨領風騷、影響深遠。

　　西蘇所提出的陰性書寫概念，標舉的積極目的之一，正是寫出「她者的
歷史」。西蘇在「女性身處何處」（Where is She？）的標題下，列舉一連串階
級化的二元對立關係，最後總結到男女二元對立根本層級：主動／被動、太
陽／月亮、文化／自然、白天／黑夜、父親／母親、智識／情感、理性／情
緒、語言／書寫、高／低……男／女。因此西蘇認為任何正反價值觀，最後
皆可找到背後隱藏的男／女對立體系，此乃父權價值系統或理體中心論，也
是西蘇立論首先要破除的意識型態。傳統父權體系認為「女性必為被動，否

〔註1〕　簡瑛瑛：《何處是女兒家》（台北：聯合文學出版社，1998年），頁195。

則她不存在」，因此女性要翻身，必須從反思、瓦解男性建構的語言思想開始。西蘇乃以德希達的解構觀念強調書寫的差異與延異，建立「陰性書寫」概念並親身實踐之，作爲女性獲取說話地位的根本策略。西蘇不斷透過各種語言實驗，探索實踐陰性書寫的各種可能性，其旨在動搖傳統陽物中心論述，打開封閉對立的二元對立關係，歡愉於開放式文本書寫遊戲之中。希冀透過書寫偏離陽物理體中心論述，並闡發陽性象徵秩序下被邊陲化、被緘默化與被壓抑的女性特質。

西蘇闡揚陰性書寫的文學概念，提出其本身具有極強抗拒定義的本質，因此要將陰性書寫理論化，即需面對極高的困難度與（不）可能性。但即使如此，並不表示她（陰性書寫）不存在。陰性書寫並非建構在生物或自然本質上，而是建構在語言文化意識型態差異上，因此可以由男性或女性創作，主要是閱讀起來可以明顯的展現陰性之慾流。對西蘇而言，即使是「陰性書寫」或「女性書寫」一詞都令她不能滿意，因爲如「陽性」或「陰性」這類詞彙本身就將我們拘禁在二元邏輯之中，侷限在兩性對立的經典視野中。「一種可謂是陰性的書寫」其重點並非作者的實證生理性別，而是書寫展現的性別，一種書寫的種類。西蘇寫道：「陰性書寫要小心避免名稱之陷阱，因爲一個作品簽上女性的名字並不一定保證該書寫即爲陰性的，也有可能爲陽性書寫。反之，一個作品簽上男性之名字，也不能排除其爲陰性書寫之可能。」〔註2〕在規避定義陰性的同時，西蘇提出「另一雙性（other bisexuality）」（黃淑嫻將之譯爲「新生陰性」）〔註3〕的書寫與論述建構立場。因爲父權階層二元對立關係中使女性臣服於男性所強調的「異中求同」，事實上即爲判女性死亡。在陽物中心主義（Phallocentrism）背後，書寫一直被當成替男性利益服務的工具，爲父權律法中既存的性別不平等觀念背書。爲此，西蘇提出另一雙性。此另一「雙性」並非完美無瑕，而是融合兩者的差異，容許分歧，在分歧中發展。「書寫是雙性的體現，它可以消除差異」，〔註4〕雙性是流動、多

〔註2〕 Moi, Toril（莫伊）著，國立編譯館主譯／王奕婷譯：《性／文本政治：女性主義文學理論》（*Sexual / Textual Politics : Feminist Literary Theory*）（台北：巨流出版社，2005年），頁128～129。

〔註3〕 黃淑嫻：《女性書寫：電影與文學》（香港：青文書屋，1997年），頁7。

〔註4〕 Cixous, Hélène（西蘇）著，黃曉紅譯：《梅杜莎的笑聲》（*The Laugh of the Medusa*），收錄於張容選編：《法國卷・第二性》（中國：河北教育出版社，1995年），頁580。

變、進展中的，深具活力的性別角色。西蘇企圖藉陰性書寫，以建立女性主體性，強調差異，以肯定女性，反擊男性於同中否定並壓迫女性存在的意識型態，以建立女性自我認同。

　　西蘇既希望從重讀、改寫精神分析典律中，透過創作直接書寫出「陰性氣質／女人心性」的想像外，還希望透過書寫女人的身體，探討出多元情慾婦女或包容同性戀的各種可能性。而與西蘇此一概念相呼應者，尚有法國女性主義另一代表人物：露西・伊瑞葛來。

　　伊瑞葛來是當代最負盛名的法國女性主義哲學家之一，兼具精神分析師及語言學家的資歷。其對女性主義的理論與實踐主要表現在二方面：1.對與女性有關的一些既有的定義與再現問題提出質疑，尤指經由對西方形上學的理解而提出其批判。2.試圖創新語言，使這種新語言能更貼切的描寫女性主體性，且賦予女性新的面目。傳統西方形上學是非常男性的，亦即德希達所稱的陽物中心主義（Phallocentrism）與理體中心主義（logocentrism），二者皆強調真理、超越、上帝、陽具、象徵性秩序。在這個邏輯中，女人被視為他者，被排擠於哲學、文化、心理學與社會、歷史背景之外。在父權制度認可下的「女性特質」，代表「非理性、瘋狂」，是屈就於男性期待下的扮裝，受限於一切皆須標準化與僵化的二元對立，只強調對稱性的父權階層。這樣的思維模式，壓抑了性別差異，只承認單一男性主體的合法存在，卻帶來無窮的後患。1974 年，伊瑞葛來完成並出版了第二本哲學博士論文《另一個女人的內視鏡》（*Speculum de l'autrefemme*），因為內容隱然批判拉岡學派，因此遭文森大學解聘。

　　伊瑞葛來之所以受到拉岡學派的放逐，正因為她以女性觀點檢視心理分析的結果，提出「女性的身體在男性心理分析過程中常常被扭曲」。她反對以男性價值為中心的父系社會所建構的交換體系，錯誤表達女人／他者，因此伊瑞葛來要用自己的身體來自我表述。她要求男性重新反省、批判其所建構的象徵交換體系，以期能與之溝通。換言之，伊瑞葛來企圖鬆動以父之名為基礎的心理分析與文化模式，打破官方一言堂的論述。在以父權為中心的社會中，女性像是次等公民（第二性）；男性依據勞力分工原則，將女人歸類為結婚生子的再生產工具，只有男人是主體，女人形同客體／物品。因此，女人必須走出沈默、屈從，走出附庸地位，讓自己擁有自己的身體，而不再成為滿足男人慾望的工具。

　　根據伊瑞葛來的分析，心理分析家所根據的一個無歷史性、普遍性、先驗的規律——伊底帕斯情結，它陳述了一個女兒永遠回不到母親的事實。女性因為是「匱乏」、「黑洞」、「黑暗大陸」，只有男人才有陽物，因此女性會對男性的陽物產生欣羨。而這其實是男性典型莫須有的、一廂情願的投射，根本太過天真。伊瑞葛來反對完全依男性的投射和中介所表達出來的女性形象和女性慾望。由於佛洛依德與拉岡心理分析皆提倡女兒必須放棄對母親的愛，俾能走入父之名的象徵秩序中；伊瑞葛來因此建議我們不要成為謀殺女性／母親的共犯，相反的，應該主張女性系譜學，堅持、追尋女性系譜，找出女性的身份，將女性寫進歷史文化中，讓被壓抑的女性永恆回復。

　　西蘇與伊瑞葛來皆採取「解構」的策略將西方以父權為中心的哲學、心理學和文學加以去中心化。雖然解構本身並沒有反轉女人成為主體的事實，因為男人並不會檢討自己，而女人被視為異己乃是文化系統使之然：母親只是一個沒有臉的配角，雖然一切生命的源頭來自母親，又回到母親／大地之母，但母親卻殘存於深淵之中。李文納斯（Levinas）將女性定義為「樸實」，一種「見光死的存有形式」。女性被描寫成男人追求光明的反面，是陰影，是男人的「異己」。而伊瑞葛來認為這純粹是男人的文化，是個完全由男神壟斷的天國，女人只能「被愛」，成為男人慾望的投射，無法變成「情人」，作為慾望的主體。為此，女人唯有走出沈默，邁向群眾、邁向世界才能讓女人的聲音、女人的書寫被聽見、被看到（既然男人不會檢討他們自己，與其等他們改變，女人何不將主權操控在自己手上？讓自己為自己定義？）。類同於西蘇提出的「陰性書寫」，伊瑞葛來也提出女性特有的語言，稱之為「女人話」（le parler femme）或「女性言說」（woman speak），強調多元、流動、觸摸以及開放的特質，很明顯也與女性自身的身體構造與慾望息息相關。西蘇與伊瑞葛來不約而同地歌頌女性身體、書寫身體，肯定身體，以反擊傳統將女性身體及慾望視為不潔與邪惡的作法，建立女性自我認同。尤以伊瑞葛來歌頌女性性歡愉的方式，事實上是為反抗男性論述中對女性身體及性樂趣的輕視與壓抑，以此建立女性自信與自尊的認同政治。傳統上女性一直被視為匱乏、退化或具有陽具欣羨情結，她們的快感來自於性交時包覆、按摩陽具的動作，換言之，只有陽具才具有正面肯定的價值，女性的存在完全依賴於男性，而本身的性歡愉亦完全被否定。為反駁此種論述，伊瑞葛來強調女性的性歡愉有別於男性的單一統合的性樂趣，是多元、複雜、無限延伸的，因為女性的

性器官本身的結構，非由單一組成，而是兩片，因此含有自身以及他者。女性自身，已非單一，而是二者，互相撫慰對方，永遠是兩者並存，永遠是多數，永遠構成半開放之門檻，永遠歡迎差異或他者，不會企圖同化、簡化或吞噬。換言之，從女性性欲力之多元與開放對照男性性歡愉的單一，伊瑞葛來提供了由女性器官作爲「隱喩」或「轉喩」的潛力，強調並反映了解構、延異的概念，以及肯定異己、強調雙性、包容多元的特質。

雖然和前一輩的法國女性主義大師波娃同樣承認社會文化建構使得「女性是男性的他者」，但伊瑞葛來卻並未視此「他者」身份爲絕對的劣勢；其積極性在於認爲文化應由男人與女人共同建立，而男女之間無可泯滅的「性別差異」，攸關長程的意識型態與努力方向，才是比盲目追求平等更應該被重視的。或謂：不論西蘇或伊瑞葛來，將認同建立根植於女性身體及特有的性別意識上固然值得肯定，但也不可避免地陷入壓迫性認同邏輯中，而忽略了其他差異，有落入本質主義的危險。〔註5〕所謂陰性書寫可能只是女性書寫，只是以替代性的女性價值體系對抗男性價值體系而已？德希達將女性視爲一種態度、一種風格，他認爲女性是不能定義的，因其不可捉摸，才保有其誘惑性，女性主義者若將女性固著於性別意識上去歌頌女性眞理，反而是放棄誘惑（顛覆）的力量。對於這樣的「本質／反本質」之爭，朱崇儀以爲並無意義。固然性別的社會建構論蔚爲主流，但是否間接否定了女性之間仍舊有不容抹煞的共通點？先天與生俱來的性別果眞沒有任何差異或意義嗎？伊瑞葛來意圖破解完全由男性界定的女性特質預設，但並不對之加以重新界定。相反地，她強調的是尊重個別差異，尊重她（他）者。〔註6〕林松燕也認爲女性形構學並不是生理決定論，而是一個對身體做出想像與象徵再現的解釋。伊

〔註5〕 類似評價主要來自英美學界，如莫伊即引用孟妮卡（Monique）的說法，認爲伊瑞葛來的女性形構學隱喩指的是純粹的生理結構，依舊無法跳脫父權意識型態，是披著羊皮的狼。見 Moi, Toril（莫伊）著，國立編譯館主譯／王奕婷譯：《性／文本政治：女性主義文學理論》（*Sexual / Textual Politics: Feminist Literary Theory*），頁176～177。林松燕〈身體與流體經濟：伊瑞葛來的女性形構學〉一文中也提到一般批評家對伊瑞葛來的幾項誤讀：1.本質主義者，深化傳統的二元對立。2.強調陰性導致女性退回到想像的鳥托邦，認爲伊瑞葛來不切實際又視野狹隘。3.理論著重哲學層面，缺乏對於女性現實的物質性分析。《中外文學》第31卷第2期（台北：台灣大學外文系，2002年7月），頁9～38。

〔註6〕 朱崇儀：《伊瑞葛來——堅持性別差異的哲學》（台北：台大出版中心，2014年），頁4～5。

瑞葛來根據女性的身體形象為女性想像的基礎，在社會與象徵層次上，重新構築另一種基於女性形構想像而成的女性再現空間。〔註7〕黃逸民則認為從文化屬性的雙重性，即認同與差異來思考為另一途徑。一個人在特定的文化屬性／認同中生活，就必須涉入包括思想與情感在內的文化脈絡裡，才能加以批評、顛覆或轉化該文化。〔註8〕所謂的文化屬性則具有雙軸或雙重性：一軸是類同與延續，一軸則是差異與斷裂，因此，個人在建立自我屬性時，即具有潛在的矛盾性。找到認同感當然是必須的，一個人必須有一個根源，從一個地方出發，才有說話的餘地。換言之，不論「陰性書寫」或「女人言說」，為替弱勢女性找到聲音、找到歷史，建立認同政治，從本質出發無可避免，但認同感的建立只是開始，是手段、策略，而非終極目的。除了認同，不可忽略的還有差異，女性之間除了共通性，還有獨特性，女人即使遭受迫害也並不盡相同，因此應該放棄做為女性遭受迫害之代言人的宏觀大論述，而應探討女性問題在特殊歷史時空中的獨特性與差異性。即使一切目的在於抗爭，都應該「從地方開始」，而後「放眼天下」。換言之，借用性別議題或女性身份是顛覆的開始，也是必要的策略，但其實文化的深刻與人生的價值終究在於人性的反映，在於人類相異的際遇下仍舊相通的情感與體會。

此一論點恰與法國女性主義另一代表人物茱莉亞‧克莉斯提娃的觀點相近。有別於西蘇，克莉斯提娃不贊成陰性僅歸女人專屬。她認為將生物性別差異僵化的套在男女身上，終究又掉入父權制度中的兩性敵對模式。克莉斯蒂娃也不贊成把語言與生理結構混為一談，認為這樣無異於將兩性再一次放入陽物理體中心二元對立模式中。對她而言，女人特質不是天生的本質，而是一連串選擇的結果，因此克莉斯蒂娃宣稱「婦女就其本身而論並不存在」。雖然「女性特質」並非本質的存在，但它仍是「父權話語」邊緣化婦女的手段，所依賴者來自於「位置」與「關係」。男性中心思維將女性邊緣化（位置），從男性中心的角度來看，女人佔據的是男人／象徵秩序與混亂渾沌的邊境地帶，女性具有邊境地帶所有令人不安的屬性，因此男性文化時而將女性妖魔化，代表暗夜與混亂；時而又以相反的眼光述說女人，賦予女人純粹美好的形象。而這不過是男性對女性邊緣化的一體兩面，端看他們把邊境看作是外

〔註7〕 林松燕：〈身體與流體經濟：伊瑞葛來的女性形構學〉，頁21～27。
〔註8〕 黃逸民：〈法國女性主義的貢獻與盲點〉，《中外文學》第21卷第9期（台北：台灣大學外文系，1993年2月），頁15～16。

在還是內在於他們所倚恃的那個象徵秩序。無論妖魔或聖女，都只是男性中心話語對女性的建構，而兩種建構都不代表女性本質的「真理」。但在現今婦女的實際處境中，以女性為訴求仍是策略上之必要。然因無法給予「女性」任何確定、先驗的意涵，因此，女人只能是「否定」的存在，意思是以拒絕男性中心思想所給予她的一切定義為存在。克莉斯提娃將女性置於邊緣性位置，因看見其中潛在的顛覆性。如同她認為語言學研究應將眼光放在語言的「符號態」一樣，女性——符號態之間，雖無本質上的關係，兩者卻分享了同樣的「邊緣性」，以及「顛覆性」，因此，女人應該站在邊緣位置，重新尋找自己的身份認同，對有能力將根源於符號態的「歡愉」釋放出來，擾亂嚴謹的象徵秩序，是革命性主體的首要條件。

很明顯的，不論西蘇或伊瑞葛來，都認為書寫本身深具政治涵義，它既是一項工具，也是一種解放。克莉斯提娃雖未提出相似觀念，卻自女性的邊緣位置找到施力點，視邊緣或他者為一相對自由選擇的空間，得以有機會對根深蒂固的父權文化展開批判。女性主義理想的落實，除了從不同角度重新再閱讀與詮釋既有文本外，創造新的書寫是不可或缺的手段與策略。強調書寫本身對文化符碼、文學藝術乃至主體的創發性，接受書寫的召喚，以書寫開疆闢土的文本自我期許，透過持續性的書寫達到鬆解陽物理體中心主義對女性身心靈的禁錮，是陰性書寫承先啟後的關鍵。女性以及弱勢族群唯有憑藉書寫才能找回自己被壓抑的聲音，隱沒於歷史之中隱形人的身份，乃女性遭受迫害的主要形式，唯有藉由書寫，才能找回自我。書寫的另一目標，則是像土撥鼠般地挖掘男性父權意識型態論述與思想的牆角，從中顛覆、解構理體中心強調主從的二元對立關係，尋求一個逍遙游離於兩性之間的第三度空間，作為一替代性的論述。這個替代性的書寫論述強調對於「差異」與「他者」的開放，以區別於傳統男性否定、排除異己的同一論述，而主體性的開放與人我之間的關係，也才有機會從主／客的壓抑性轉換為主動／回應的互動性。

第二節　王安祈的戲曲因緣與早期創作

一、用戲串起的人生

由於母親王胡絳雪女士的喜好與影響，王安祈自小便接觸京劇。童年成

長歲月中，「介壽堂」、「三軍托兒所」、「國軍文藝活動中心」等同於下課後安親的場所，她在如同第二個家的「劇院」中一路長大。由於個性內向害羞，喜歡的又是同學朋友眼中非常「老派」的傳統戲曲，使得王安祈對於京劇又喜愛又矛盾，一方面忍不住地更加投入其中：劇場中看戲、回家偷聽廣播、剪報讀劇評、存錢買黑膠唱片，生活中唯一的興趣與休閒就是京劇。另一方面，彼時的王安祈雖也曾嘗試融入欣賞同學們時興的西洋樂曲與流行文化，卻始終感覺格格不入，終究還是回到了戲曲的懷抱。在戲曲世界中，母親是她的啟蒙者，她則是母親的知音，父親王紹恩先生雖不懂戲，卻愛看愛戲的妻女看戲，總在一旁靜靜地支持陪伴著她們。因此儘管對一個孩子而言，這樣的興趣很「另類」，在同儕中常感寂寞，但與父母浸淫絲竹管弦、鼓板鐃鈸充斥的家庭氛圍中，仍讓王安祈感受到幸福。

年輕的王安祈身體裡彷彿住了一個老靈魂，在隨著戲臺上角兒們哭哭笑笑、心魂俱動之際，並不因此而滿足。小學四、五年級時，她興致勃勃邀請同學觀賞了老戲《趙氏孤兒》，這是一齣教忠教孝的大戲，王靜安先生曾讚其足以列入世界悲劇之林而無有愧色，可見其經典地位。然而王安祈的同學們面對這樣的傳統經典，並無擊掌叫好，反而提出質疑，巨大的反應差異，讓她在驚訝之餘不斷思考，並從此立定志向：傳統京劇一定要改革。〔註9〕年僅十歲的王安祈，憑著對京劇的熱愛，小小年紀便理智思考著京劇的未來，並且戮力朝著理想邁進。此後她每每看戲，便會注意到故事情節是否合理？怎麼修改才能讓結構緊湊一些？人物的作為、情感如何更符合人性？用功的王安祈在看戲、聽戲、讀戲之餘，已嘗試更進一步對劇本加以分析、檢討，隨筆就記下一些心得，為其日後走向戲曲研究與劇本創作紮下了基礎。

大量看戲的王安祈堪稱臺下最忠實熱情的京劇超級粉絲。她像海綿一樣汲取著京劇的美好感動，同時渴望著在傳統老戲之外，能看看現代人編的新戲。國、高中時，王安祈有緣觀賞到俞大綱教授新編的《繡襦記》與《王魁負桂英》，這兩齣都是愛情戲，描述青樓女子受限於社會環境與身份階級，卻因為愛情揮灑出驚心動魄的生命熱力。故事雖老，劇本唱詞蕩漾出的情感卻深刻婉轉，又因劇情結構壓縮衝突而突顯出了獨特品格，令王安祈於觀劇的

〔註9〕王安祈：〈我的戲劇探索之路〉，收入《一場追尋文學的旅程──「我的探索」文學系列講座》（台南：國立台灣文學館，2012年），頁155。

過程中感受到來自己身內在情感的巨大波動，久久不能自抑。那是一種「細膩難言、幽深怨悱」的人間情味，因著文字質地與內涵底蘊的深美閣約而撞擊出觀者自我生命的聯想與啟發，王安祈視之爲俞教授的戲曲現代化與女性書寫，深深爲之震撼動容。爲此，王安祈在一個月內追著俞大綱版《繡襦記》演出跑，整整看了九場，甚至將所有唱詞與內容都背了下來，一字一句寫成了一本獨一無二的王氏手抄本，足見其著迷之程度。《王魁負桂英》則是當年俞教授特地爲郭小莊女士量身訂做的劇本，依舊情節新編，全劇六場，精簡嚴密、結構緊湊，高潮迭起。尤以末場戲「情探」，一改過去鬼魅驚悚的活捉主題，而以死後的桂英依舊深情不悔爲中心，步步鋪陳女主角由懷抱相思、求終生相隨，卻爲王魁辱罵打擊，甚至揮劍砍殺，終究心碎現形，索討負心人命的心情與轉折。俞教授富含文學氣息的曲文、洞澈人心的情感體會，加上郭小莊精彩投入的演出，使得這齣戲獲得極大迴響。少年王安祈恭逢其盛，爲此深深迷戀俞大綱古雅深情的文字、迷戀郭小莊的扮相、嗓音，還有那迷離、深情的眼神。她說：「俞大綱的戲很靜、很雅，完全從中國情感出發，而且對這股情感非常有自信。他能夠用新的手法傳播，把情感詮釋得很精緻深刻，很能夠打動人心。」〔註10〕觀賞俞大綱教授的戲，「好像讓我找到潛意識裡面的感覺，而不像一般戲曲『蘇三離了洪桐縣』等是直述的，而是帶有一種文學性，不只有文采，還有幽約怨悱、恍惚難言。」〔註11〕對王安祈而言，看戲不只是聽好聽的嗓音、欣賞精湛的身段演出而已，更是要看一份「動情的戲」；性靈體現在作品中，情生意動、曲折婉轉、意境幽遠，加以詞句優美，很有中國文化的氛圍與美感，正符合王安祈的性情與風格。〔註12〕此時王安祈的心中已知自己未來的方向：鑽研戲曲，並讓戲曲朝「現代化」與「文學化」之路前進。王安祈自此立定志向，不僅以觀眾與粉絲的身份大量觀賞戲曲演出，更就讀台大中文系，一路研修戲曲專業，獲得博士學位。爾後以戲曲學者、教育者、劇評家、劇作家及劇團總監的身份，始終如一地實踐著她對戲曲的癡狂與愛戀。

〔註10〕王安祈：〈我的戲劇探索之路〉，頁95。

〔註11〕王安祈：〈我的戲劇探索之路〉，頁156。

〔註12〕王安祈曾表示：「我對音樂的感覺，乃至於情感的認同，都是很中國傳統曲藝類的。像是京韻大鼓、蘇州彈詞一類說唱文學的曲藝，……」她也愛讀中國章回小說：「那種中國的文化氛圍，中國的審美情趣，自己不但都能接受，而且由衷地喜歡。」見〈我的戲劇探索之路〉，頁94。

二、加入國光劇團之前的創作之路

王安祈《台灣京劇五十年》一書將台灣京劇發展歷程自 1948 年至 2001 年區分爲四期，分別爲奠基期、發展全勝期、創新轉型期、大陸熱與本土化交互影響期。2000 年後，以國光劇團爲主之台灣京劇，延續本土化之發展方針，2002 年王安祈榮膺劇團總監一職，續以本土化、現代化、文學化爲主軸的方向日趨鮮明，可以說歷經 90 年代兩岸交流震撼後，台灣京劇亦自沈潛自省，走出了一條非常具有台灣特色的道路。這其中，王安祈個人生命與戲曲的結合，幾乎也是隨著京劇演進的過程而逐漸變化的。京劇奠基、發展全盛時期，是王安祈大量看戲、吸納京劇各項元素的養成時期；80 年代後，一方面學業完成，結合興趣與專業之學識養成階段奠定其學術研究與戲曲評論之能力；二方面遇到志同道合的伙伴，王安祈的戲曲創作歷程因此伴隨台灣京劇之創新與實驗之路拉開序幕。90 年代後受到兩岸交流、大陸戲曲的刺激影響，王安祈一度返身沈潛，將近十年的時間暫停了劇本寫作，而將心力專注於研究與教學之上，直到接任國光劇團總監一職後，才又重出江湖，於 2004 年再度執筆創作。

倏忽之間，這條編劇之路，悠悠走了三十年。1985 至 1991 年間，王安祈主要爲軍中及民間劇團編劇，本文將之歸爲早期創作階段。1992 至 2002 年間則沈潛停筆、專心投入研究，以下擇要概述之：

（一）早期創作：民間劇團與三軍劇團時期

王安祈於 1985 年取得台大中文博士學位。通過博士論文口試當晚，「雅音小集」的郭小莊女士急如星火地帶著楊向時教授已編、卻因病未能完成的半本《劉蘭芝與焦仲卿》劇本找上了她，拉開了王安祈劇本創作的序幕。那個暑假，緊接著「雅音小集」的請託，名武生朱陸豪先生也央請王安祈爲「陸光國劇隊」的競賽戲編劇。彷彿冥冥中早已安排好了的，因緣際會中她從標準戲迷的身份闖進了戲曲創作的舞台。往後七年間，分別爲「雅音小集」、「陸光國劇隊」、「當代傳奇劇場」、「盛蘭劇團」編寫了十三個劇本，開啓她與民間劇團及三軍劇隊合作的因緣。

從 1985 年《劉蘭芝與焦仲卿》開始，王安祈陸續爲雅音續寫了《劉蘭芝與焦仲卿》，改編《再生緣》、《孔雀膽》、《紅陵恨》、《問天》、《瀟湘秋夜雨》等六齣戲。對王安祈而言，共同合作之前的郭小莊，簡直就是偶像明星般的人物；早自王安祈十二歲起，即陸續觀賞過郭小莊演出的《棋盤山》、《扈家

莊》、《大登殿》、《紅娘》、《勘玉釧》、《紅樓二尤》等戲，對其表演如數家珍；
雅音成立後推出的《白蛇傳》、《竇娥冤》與《梁祝》，王安祈一場也沒有錯過。
那個特別的晚上，郭小莊帶著改革戲曲的決心夜訪，一談數小時；王安祈義
不容辭地接下了續編《劉蘭芝與焦仲卿》的工作，自此展開與雅音的戲曲現
代化合作之路，也交出了自己編劇的第一張成績單。

　　與雅音的合作因緣，除天時、地利之外，人和亦為其中重要關鍵。所謂
人和，當指王安祈與郭小莊性格上的多情投合與對戲曲共同的熱愛與期望。
王安祈雖不只一次提及郭小莊女士的拚命三郎與積極煩擾，時常讓她難以招
架，但內心對於郭小莊女士的努力與衝勁，卻是油然敬佩的。早在彼此合作
之前，王安祈即敏銳地透過看戲的體會觀察到了郭小莊的多情細膩，並暗自
欣賞認同著。彼時的郭小莊雖仍年輕，卻能夠深入劇中人物的處境與心情，
將自己幻化為劇中女性而同喜同悲，細膩體會情感的層次，並藉由表藝、身
段、眼神等傳達而出。王安祈認為郭小莊深情的演出了品格、營造了意境，
把京劇帶入一個新紀元。〔註13〕又如更早之前郭小莊演出荀派花衫戲《勘玉
釧》（1968 年），一人分飾二角，特別是扮演千金小姐俞素秋時的細膩詮釋，
讓王安祈認定郭小莊定是多情之人，因為她能體會富家千金小姐的種種難
處，想突破世俗的約束侷限、追求自己的人生，卻陰錯陽差陷入悲劇的心情。
郭小莊潛入劇中人的內心幽微，劇中人轉而影響了郭小莊的生命走向，而這
樣的深情，王安祈看見了，並深深為之動容激賞。兩位多情之人，因著情感
頻率之契合，無形中拉近了距離。是以當王安祈連趕九場《繡襦記》，飢渴地
默寫曲文時，敏銳感受到自己性靈的開啟，清楚的意識到古典詩文的情韻與
幽微難言的情感在她心中已建立一方世界，她羨慕能親口一句一句唱出這些
曲文的演員，而內心說不清、攪不明卻又迫不及待想與人分享的一種深情，
在醞釀數年後終有機會與性靈相近的演員碰撞出火花——王安祈遇見了郭小
莊，激盪出雅音的女性之聲。

　　1995 年，王安祈首度引介大陸劇作家王仁杰的梨園戲《節婦吟》，改編為
《問天》由郭小莊演出，此舉反映出王安祈從事編劇以來，不斷向內自覺反
省與向外觀察學習的過程與心得。劇本雖是一劇之本，但創作過程中劇作家
絕不能閉門造車，或僅以個人好惡為依據，反而必須考量如何彰顯劇團特質、

〔註13〕王安祈：《光照雅音：郭小莊開創台灣京劇新紀元》（台北：相映文化，2008
　　　　年），頁 83。

演員風格、觀眾口味，以使表演者能發揮所長，並能結合時代思潮、引發觀眾共鳴。郭小莊之於雅音，可說身兼導演與主要演員，因此對於每一齣戲從題材的選擇開始，都積極參與，王安祈與之透過不斷地意見交流，充分瞭解劇團定位、表演者的特長，尤其郭小莊透過京劇想要傳達的價值理念、人生觀，以及社會觀感；雙方經深入討論與接納的過程，才能創作出彼此皆滿意的作品。中文系出身、自小浸淫在教忠教孝戲曲觀中的王安祈，有其傳統的一面，而看似走在創新及叛逆之路上的郭小莊，內在性格也有著非常傳統的部分，特別是在倫理道德與性別觀念上。因此，雅音的創新改革，主要在於引進現代劇場元素的技術層面與劇本結構場次等外在形式上，骨子裡仍是對傳統藝術與傳統道德觀的提倡，故而在劇本編寫、人物性格這一塊，並未有意識的顛覆或背叛。從《劉蘭芝》到《紅綾恨》，大抵都是這樣的方向。對王安祈而言，初期的合作由於經驗有限，亦且個人對於戲曲中的女性意識尚無特殊感受，故而多將重心放在精簡故事結構、強化表演特色等方面；至於故事中女性人物的思維、行止是否過於保守或單一、表象，彼時的王安祈並無太多思考或意欲突破的想法。然而合作多年後，王安祈終究敏銳的嗅聞到這層骨子裡不想背叛的本意，逐漸隨著雅音標舉的現代化與創新之旗幟而遭遇到許多質疑與挑戰了。作為劇團唯一的編劇者，王安祈深刻感受到來自各界的評論與衝擊。因此她深刻反省：如果只是劇本外部形式有新意，足不足以承擔現代化之標幟使命？京劇要新到什麼程度才叫新？而她自己有沒有能力幫助雅音走向下一波的改革？深自反省的王安祈，第一次強烈感受到自己的侷限，體認到自己必須暫停一下，於是建議郭小莊選擇大陸劇作家較具有批判與顛覆性的題材，促成了雅音《問天》的面世。

《問天》改編自王仁杰的梨園戲《節婦吟》。中國大陸改革開放以後，劇作家受到文學界的影響，戲曲創作的觀念逐漸產生改變。80 年代末 90 年代初開始，新的思想義涵浮現在新戲裡，對制度的批判漸少，對人性的挖掘漸深，劇作家個人的關懷與思考逐漸取代共同的批判與政治論述，而呈現出對人性幽微複雜面向的開拓與關注。因此，有別於傳統戲曲中人物性格與形象的忠奸二分、善惡判然，新時期劇本中的人物往往不是單一性格，《節婦吟》以女主角在禮教壓抑之下乍然湧現的真情與矛盾為描摹重點，深入刻畫古代女性內在隱微的情感與思緒。王安祈認為《問天》所表現者，不僅是女性追求第二春時的矛盾掙扎，不僅是封建社會禮教與真情的對抗，更是「以理殺

人」這個遍見於古今中外永恆悲劇的生動呈現。〔註14〕而這樣的主題是在任
何時代、任何國家都可能發生的。京劇應該暫時跳脫是非善惡的評判，僅從
更人性內在的面向加以探索、呈現，而《問天》是一個新的開始，尤其在戲
曲女性主體意識的開啓上，格外具有意義。故事雖取自大陸梨園戲，但王安
祈的慧眼引介與改編，功不可沒，尤其彰顯出王安祈身爲編劇的自覺與反省
思考，也看見兩岸戲劇交流帶給王安祈的衝擊與影響。爾後王安祈曾再次建
議郭小莊演出魏明倫的《荒誕潘金蓮》，但未被接受；1993 年王安祈引介大陸
劇作家羅懷臻的作品《西施歸越》（即《歸越情》），其主題比之《問天》更進
一層，將西施與范蠡從政治層面抽離出來，還原到「人」的主體上加以塑造，
完全顛覆傳統的價值視角。郭小莊雖然演了，但沈重的悲劇結局卻讓她的情
感難以承擔，不但請求編劇修改，更幾度哭倒在舞台之上。多年的合作相處
下來，王安祈深知郭小莊其實非常傳統，甚至比之王安祈更爲衛道；郭小莊
喜歡王安祈典雅、溫厚的筆觸與人物，喜歡對社會具有積極教化作用的主題，
大陸作家的顛覆與前衛讓她驚豔，卻也讓她不安。面對以「改革前衛」面貌
出現的郭小莊，骨子裡卻是如此傳統、保守，希望多在戲中豎立一些忠臣孝
女聰慧明智果斷的榜樣，使得戲劇演出能對社會有些道德啓示的教化作用，
王安祈雖能理解，卻未必完全贊同。王安祈說：

> 這種想法固然誠心可感，但純就藝術而言，過份強調「勵志」、「教
> 化」必將侷限其發展，而堅決不演妓女、妖魔或壞女人的想法，也
> 顯然未能掌握戲劇與人生的分際。而更重要的是：觀念上的保守有
> 可能侷限創新的格局。〔註15〕

與雅音多年的合作下來，王安祈體會到：由於郭小莊的明星光采、她的正面
形象與對戲曲思想內涵的傳統思維，都使得王安祈彼時若想寫女人內心的情
慾、猶豫、掙扎，或僅僅只是以一個負面女性做爲主角，都是不可能的事。
彼時身爲編劇的王安祈，在大量閱讀大陸劇本並自我反芻後，已進一步思考
台灣京劇創新的下一步，認爲創新不該只是劇場形式的改變而忽略了編劇理
念的調整；並且她也開始意識到自己的過於傳統而感到不安與不足，從而意
圖開始調整腳步。回顧這一段創作歷程，多年後王安祈選擇以「不一樣的女

〔註14〕原載《問天》演出節目單（1990 年 12 月），後收入王安祈：《曲話戲作》（新
　　　　竹：新竹市立文化中心，1993 年），頁 327～331。
〔註15〕王安祈：《傳統戲曲的現代表現》（台北：里仁書局，1996 年），頁 99。

性」做爲編劇主軸之意念，也許在雅音後期無法盡情揮灑的遺憾中早已悄悄埋下了伏筆。

在爲「雅音小集」編劇的同時，王安祈也擔任「陸光國劇隊」編劇，先後創作了《新陸文龍》、《淝水之戰》、《通濟橋》與《袁崇煥之死》四部戲。這四部戲都屬於競賽戲〔註16〕，基本上是以「鼓舞國軍士氣」爲前提，在選擇題材上自然有一定的規範與要求，但由於劇作家深刻瞭解陸光劇團的演員特質與劇團風格，同時對於戲曲現代化具有自覺思考，因此編劇時除盡量在劇情結構與人物性格塑造上有別於早期競賽戲的主題先行，更試著結合劇團最具特色的武打藝術（朱陸豪）與深情婉約（胡陸蕙）兩大戲路，盡可能在同一齣戲中融合表現。特別是吳興國自復興劇校畢業後隨即加入陸光演出，本身觀念新穎，後來自組「當代傳奇劇場」推出新戲嘗試時，許多演員皆來自陸光老同事。演員、劇團、編劇如此交錯重疊的影響，使得陸光雖屬軍中劇團，但新戲風格趨近於戲曲現代化的要求，可視爲民間劇團創新風格回流至軍中劇團的例證。

1989 年，王安祈同時爲「盛蘭國劇隊」新編《紅樓夢》，以寶玉、黛玉的愛情爲經，賈府興衰爲緯，二者交錯進行，呈現由情悟道的人生主題。編劇三度安排演員扮飾曹雪芹於劇中出現，一部紅樓興衰史，藉原作者三度現身的後設筆法點出主旨、轉變氛圍，並突出人生緣起緣滅、浮生若夢的滄桑唱嘆之感，深具文學性。此外，由吳興國與林秀偉創立於 1986 年的「當代傳奇劇場」，也於 1990 年邀請王安祈將莎士比亞經典《哈姆雷特》改編爲《王子復仇記》。「當代傳奇劇場」創立於 1986 年，在雅音改革創新的基礎上，更進一步提出蛻變的議題，企圖由京劇脫殼而出創發出另一新劇種，並開發新的表演體系。其策略爲取材西方作品，目的在於借重西方經典以補強傳統中國戲曲中深度較弱的思想性，並藉由陌生的題材以刺激轉化現有的表演體系。因此，《王子復仇記》雖然仍由京劇演員擔綱演出，但由於莎士比亞的故事情

〔註16〕台灣京劇發展全盛階段，軍中劇團陣容堅強，演出頻繁；各劇團多有各自的代表劇目與表演風格。1965 年國防部開始推動國軍新文藝運動，於每年十月舉辦國軍文藝競賽，國劇亦爲其中一類，一般即稱之爲競賽戲。1965 至 1974 年間的競賽戲，多以傳統老戲參賽，體現民族固有的倫理、傳統、道德觀念；自 1975 年開始，規定一定要用新編或修編劇本，不過一般而言，選材多仍以政治爲取向，主題掛帥。80 年代後，軍中劇團受到民間劇團戲曲現代化之影響，競賽戲敘事手法較爲多樣化，產生質變。以上內容見王安祈：《台灣京劇五十年》（宜蘭：國立傳統藝術中心，2002 年），頁 92～93。

節與導演的處理手法，使得此劇已偏離純粹京劇的軌跡，卻又尙未能定型爲一明確的新劇種，1990 年於國家戲劇院首演時，被歸類爲舞台劇，而其劇情仍以《哈姆雷特》爲本，缺乏王安祈的主體創見。

（二）停筆沈潛、專注研究時期

《瀟湘秋夜雨》之後，王安祈整整停筆十一年未有新作。〔註 17〕除了忙於教學、研究及家庭生活之外，主要還在於兩岸戲曲交流所帶給她的衝擊與反思。1992 年底，上海崑劇院來台公演，隔年北京京劇院帶著梅葆玖來台，兩岸開始頻繁交流。短短二、三年間，台灣掀起一股大陸熱，正宗的京劇大師、流派傳人都來了，台灣人演的戲怎還能滿足戲迷們的渴望呢？彼時老戲迷數量猶多，往昔心心念念，卻因政治因素未能一飽耳福與眼福的傳統老戲一旦登台，引起的情感激流與話題迴響之熱烈，令人咋舌。身兼戲迷、編劇與學者的王安祈，充分觀察了這一時期台灣劇壇受到大陸戲曲文化交流衝擊後所發生的影響變化，發覺除了傳統「流派藝術」的美感經驗受到觀眾重視，傳統劇本的抒情審美趣味重新獲得了評價外，大陸戲改的經驗也因此被帶到台灣，與當時民間劇團的創新心得相互結合，形成了多齣兼容海峽兩岸風格的新戲；而當時台灣京劇劇壇面對一波波的大陸衝擊，從演員到劇團，卻多處於迷惘徬徨，尙在劇團定位與未來發展間摸索不定的一種心情。〔註 18〕

對王安祈而言，由於彼時已較有機會大量閱讀及觀賞到大陸各劇種新戲，而大陸自戲改以來，首先在主題思想上要求符合政治要求，以批判揚棄舊社會封建思想爲根本宗旨，因此各劇種新編戲多以反封建、反傳統、敢於批判、挑戰權威爲主要特色，對傳統的「顛覆」與「諷刺」成爲新編戲的必要手段。相較之下，王安祈自覺自己的個性與作品皆過於保守與傳統，感受到自己在編劇上的創意與顛覆性不足，無法寫出像大陸戲一樣好的劇本，自

〔註 17〕1995 年國光劇團甫成立，擬以王安祈《陸文龍》作爲創團首演劇。爲此王安祈將這齣完成於 1985 年的作品再做了二度修編，尤在陸文龍的思想情感處有更多著墨，名爲《新編陸文龍：十六少年時》。參考王安祈：《當代戲曲》第二章之〈再改《陸文龍——老戲修編的思考》〉一文，頁 199～202。又，2002年王安祈接下國光職務之前，爲當代傳奇劇場修編《金屋藏嬌》，距 1991 年《瀟湘秋夜雨》後停筆長達 11 年。

〔註 18〕見王安祈《當代戲曲》第四章：〈當代戲曲的發展——台灣的戲曲創新〉，頁79～80。

然而然便停筆了。〔註19〕

　　減少了編劇、排戲的時間，卻有了更多研究的餘裕。1992 年後兩岸交流列車開跑，王安祈大量汲取大陸各劇種之養分，觀賞、比較、分析、研究之餘，結合長期對台灣劇壇的觀察體會，完成了以 1949 年後兩岸戲曲發展與創作為主體的《當代戲曲》，以及《台灣京劇五十年（上下冊）》二書。2001 年10 月，王安祈接受胡衍南專訪，提到十年前的停筆沈潛，以及十年間的比較反省，有了不一樣的體會：

> 以前覺得我們的戲老套，所以一看到他們的戲，就覺得很顛覆、很
> 有創意。但是今天看來，覺得他們也陷入其他的窠臼，台灣看大陸
> 寫帝王的私生活，覺得很顛覆，很有意思，其實他們也是奉行反封
> 建的口號。他們所謂的反封建，和我們提倡的復興中華文化，不都
> 一樣是教條嗎？所以現在看大陸戲，反而覺得沒什麼興奮，我覺得
> 他們在整個文學史上的成就仍是很侷限的。〔註20〕

當時的王安祈，比之戲曲同好更早接觸到大陸戲，也更早一步、更有能力看見許多大陸戲的本質：為政治及意識型態服務。洞察之後，不免心生惆悵，因為從小以劇場為家的她，竟不再那麼投入而熱切的看戲、啃戲了。王安祈以為，戲要演的畢竟是人，是一個一個血肉之軀的生存掙扎，如果一部戲只具備批評制度的功能性，如果只是一群概念化、僵化的人物表達對某一制度的批判，那麼無論對傳統的顛覆性有多大、多有創意，都不足以稱做好戲。正是內心這一份對好戲的期待、盼望與執著，成就日後王安祈進入國光劇團並重拾編劇之筆的內在動力。

　　時至今日，再一次反芻 2001 年王安祈對大陸新編戲的體會，許多看法依然成立。從當代戲曲文學（史）的角度言，二十一世紀後的台灣京劇，以現代化、文學性與個人性為前進目標，將新編戲以「動態文學」的面貌整體包裝呈現，已有了具體成績。然而大陸的京劇卻多仍以唱念做打的表藝為核心，不太重視文學性。當初王安祈所以為的大陸劇壇的前衛──反封建，其實也不過是服膺教條、政治操弄下的成果，最初的驚豔如花火乍現，只是誤會一

〔註19〕其中最讓王安祈佩服的作品為陳亞先的《曹操與楊修》，王安祈認為此劇已將其對戲曲現代化的所有理想都已達成，不僅情感力度、人物性格塑造都極深刻，敘述也明快緊湊。

〔註20〕見胡衍南：〈打從娘胎就開始看戲──專訪王安祈教授〉，《文訊》第 192 期（台北：文訊雜誌社，2001 年 10 月），頁 93～97。

場，亦可讓我們嗅出王安祈對於現代化過程中戲曲藝術流於政治工具或八股教條的一種反動姿態。

王安祈於〈一個京劇編劇的自學經歷〉一文中曾提到個人早期創作時所掌握的幾項原則，〔註 21〕筆者綜觀王安祈與民間劇團及軍中劇團合作期間的作品與編劇方式、編劇態度、原則，歸納為以下特色：

1. 題材多取自傳統戲曲、古典小說與民間傳說

故事內容改變幅度不大，強調劇本情節的份量與曲折度，重視結構之精鍊緊湊，營造情節高潮與戲劇張力，並提升曲文唱詞之文學性。

2. 彰顯劇團風格、發揮演員特長

雅音以郭小莊為主要演員，因此「正面女性人物」故事必然成為選材時之首要考量。其次，郭小莊之行當藝術、表演專長，乃至其個人氣質與人格特質，也直接影響了編劇在選擇角色時的考量。王安祈對陸光國劇隊演員戲路也有深入觀察，因此能在競賽戲不可避免的政治、歷史、英雄主題氛圍外，添加許多讓演員足以發揮其表藝與專長的劇情設計（譬如愛情色彩），一則緩和陽剛氣息，一則加強戲劇張力。甚至由於創作手法的現代化而造成新舊衝突時，曾特意為陸光老演員周正榮先生安排角色，以處理京劇轉型期審美觀轉變過程中帶來的必然的磨合。〔註 22〕

3. 郭小莊個人對劇本的高度參與，間接影響劇作家創作意識

身為雅音主演的郭小莊，在劇本編寫的過程中，不只是演員，同時也是導演以及劇團負責人。雅音標舉創新改革之姿，但郭小莊對於戲曲內在的價值與社會功能有其堅定的看法，因此對於劇本相當重視。要演什麼戲、講述什麼故事、情節中要加強哪些部分、達到什麼目的，甚至細微到連人物性格、內心思路、唱詞道白，也常常有其強烈而主觀的想法，因此王安祈在過程中，需時常與之討論磨合，以滿足所求。郭小莊曾明確表示只願塑造正面形象人物，以期對社會產生積極的教育作用、鼓舞人心，因此王安祈為雅音所編所選的人物，都是正面、積極、聰慧、健康、堅毅、勇敢的形象。透過戲劇，郭小莊企圖傳達的是她的人生理想、社會抱負與使命感，而這樣強烈的主體意識，直接影響了劇本的選擇、寫作，以及與劇作家的互動。換言之，在這

〔註21〕 王安祈：《為京劇表演體系發聲》（台北：國家出版社，2006 年），頁 414。
〔註22〕 王安祈、李元皓：《寂寞沙洲冷——周正榮京劇藝術》（宜蘭：國立傳統藝術中心，2002 年），頁 67～71。

樣的編劇過程中，王安祈深知「何者爲主」，同時當時整體環境仍較保守，劇作家個人對於自我及創作內涵的覺察也正在起步，尚未具體成熟，因此其個人主體表現在劇本上的特色主要便呈顯於故事結構、情節敘事等形式之鍛鍊鋪陳上，而於故事人物及思想內涵之開展上仍較爲有限與傳統。

4. 盡力保有創作的自覺、自省能力與強烈使命感

走入編劇這條路，是王安祈推動戲曲現代化的重要經歷。過程中除以其專業涵養（對劇團、演員、觀衆生態的多方瞭解）作爲編劇的重要參考外，她也始終自覺地提醒自己應創作出吸引年輕觀衆注意，讓京劇轉型的戲。因此她不斷反省，有機會就嘗試，也許前進的腳步緩慢，仍努力讓京劇在台灣一點一滴站穩腳步，並持續往現代化的方向前進。

早在王安祈加入雅音正式開始編劇工作之前，由於浸淫戲劇的年資超過二十年，又從小立志爲戲曲現代化努力，因此對於戲劇的發展走向、劇本的思考與要求很早即有主張，在其未與雅音合作前，即曾針對雅音四齣新戲提出看法與建言。〔註23〕任何的作品都要求劇本與表演兩擅其美，在演員中心的時代，以人保戲，故事情節不合理、結構鬆散拖沓，都不足以影響觀衆看戲，只要演員表藝精湛、唱做俱佳，戲迷一樣買單。但時代改變了，特別在台灣，由於師資的缺乏與社會變遷，追求以演員爲主的高度藝術層次已無法強求，若慮及青年觀衆的喜好與接受度，必然應從劇本的思想內涵與結構入手。因此，當時的王安祈即認爲若要使京劇光芒能永恆閃耀，根本之道，即是積極整編不合理的老戲，以合理的劇情、完整的結構、通暢的文字，使劇中的人性、人情得到闡發；那麼，曲終人散之際，劇本的藝術價值得以顯現，亦得以在文學史上留下永恆的印記。換言之，王安祈看見傳統戲曲在劇情邏輯或人性鋪陳上的缺漏，以及古老情思與當代人價值觀念上的落差，爲讓京劇如此美好精湛的表演藝術能繼續傳承發揚，必定要有所改變與突破，尤其是在劇本這一塊。創作的自覺性以及對京劇的使命感，成爲王安

〔註23〕王安祈以爲雅音的成立固然可作爲戲劇愛好者寄託理想的對象，意義不同凡響，但幾場演出似也顯得太過急切，每一齣戲都想把京劇的精華一股腦兒全掏出來給觀衆看見，卻反而落得過於重視技巧或太過新奇炫目。事實上傳統戲曲的博大精深與內涵價值不止於此，也不是在一兩齣戲中就可完全詮釋表現得了，觀衆也不是立刻能看得懂的。見王安祈：〈談雅音的幾齣新戲〉，原載《國劇月刊》，後收入王安祈：《曲話戲作》（新竹：新竹市立文化中心，1993年），頁384～394。

祈編劇歷程中始終明確而強烈的堅持。從《陸文龍》到《王子復仇記》，是此一階段王安祈一次次戲劇理念的嘗試與軌跡，作品雖仍以老戲整編為主，思想內涵也還有許多侷限，但「以京劇為本」，朝向「現代化」的努力方向已然確立。

第三節　國光劇團時期的「新」劇創作

一、劇本女性意識的開掘與表演形式的多元

　　2002 年 12 月，王安祈接受國光劇團邀請，出任藝術總監一職，為國光劇團確立「新編戲與傳統老戲並重演出」的方向，並與主要演員魏海敏、導演李小平等建立起長期合作關係。正式接下行政工作前，王安祈即與沈惠如合作修編了大陸作家陳亞先的《閻羅夢》一劇，並擔任該劇藝術顧問。2003 年後，除陸續邀請劉慧芬、施如芳、趙雪君等為國光編劇，同時採用大陸劇本外，本身也親力親為，新編了《王有道休妻》、《三個人兒兩盞燈》、《金鎖記》、《青塚前的對話》、《孟小冬》、《百年戲樓》、《水袖與胭脂》、《紅樓夢中人：探春》、《十八羅漢圖》等劇。作品主要收錄於《絳唇珠袖兩寂寞——京劇·女書》及《水袖·畫魂·胭脂——劇本集》二書中。〔註24〕

　　一直以來關心台灣京劇發展的王安祈，認為她進入國光劇團的時機十分恰當。1995 年軍中劇團解散，重整為國立國光劇團，京劇正式由軍隊退下，重回文教單位。然彼時台灣本土意識方興未艾，國光一成立就提出「京劇本土化」的宣示，推出臺灣三部曲：《媽祖》、《鄭成功》、《廖添丁》。本土化的方向與原則固然無誤，可惜政治宣示的作用依然明顯刻意，甚至比起軍中劇團時還要強大。作為喜愛京劇，認為京劇應以藝術為核心，不宜再次成為政治工具的王安祈，為此憂心忡忡，甚至因此對編劇感到厭倦。所幸經過幾年的磨合與耕耘，2002 年接任藝術總監一職時，國光已漸能擺脫尷尬處境，有能力以京劇為主體發聲。此時王安祈刻意將京劇強力扭轉回藝術本體，不談政治、不提家國，而專門選擇「女性主題」作為新編戲的創作方向。即

〔註24〕　《王有道休妻》、《三個人兒兩盞燈》、《金鎖記》、《青塚前的對話》收錄於《絳唇珠袖兩寂寞——京劇·女書》。《孟小冬》、《百年戲樓》、《水袖與胭脂》收錄於《水袖·畫魂·胭脂——劇本集》。《紅樓夢中人：探春》發表於《戲劇學刊》；《十八羅漢圖》則尚未正式發表。

便是引介大陸劇本，如 2002 年修編陳亞先《閻羅夢》，2003 年選擇陳西汀編劇的《王熙鳳》在臺首演，2004 年演出陳亞先的《李世民與魏徵》，這些特意挑選的劇本與主題，皆已隱然可見「陰性書寫」、「女性關懷」的企圖與角度。2004 年實驗京劇《王有道休妻》的嘗試，宣告國光劇團「女性情愛系列」與「女性書寫」的正式開演，由王安祈領軍啟航。爾後之創作不僅在劇本內涵上選定以女性人物內心的情感為關注重點，同時透過戲曲小劇場、跨界、多元的表演手法等形式展現國光「新」劇意圖掙脫傳統、反映時代、建立京劇新美學、新典範的企圖與努力。以下簡述王安祈自 2004 年至 2016 年為國光劇團編寫的「新」劇及其梗概：

（一）《王有道休妻》

本劇由傳統老戲《御碑亭》的架構中脫胎而出，以「戲曲小劇場」的策略性嘗試，挑戰京劇嚴謹的程式規範，並突顯創作與時代的關係。劇情走向及團圓結局與原劇無異，特殊處在於針對男女角色從內心到行為舉止的反應、變化、轉折有細微而深入的刻畫。於表演程式上刻意以青衣與花旦同飾一人，分別代表女主角內心理性與感性相互拉扯詰問的心聲。「御碑亭」也特意以丑行擬人化演出，增添舞台豐富性、趣味性與觀演互動性，帶入更多思維空間與討論議題。

（二）《三個人兒兩盞燈》

本劇原為王安祈編劇課堂上學生趙雪君之習作，王安祈在其中覓得了情感的契合，師生共同完成了這部劇作。以宮闈內苑中後宮佳麗的生活為題材，擺脫明爭暗鬥的算計俗套，而以三名女子的相依相持與情感追尋為脈絡，呈現古代女子的幽怨無奈，也點出人生永恆的主題——孤寂與深情。劇中書寫了極少在戲曲中被描繪的「同性」情慾，在後宮的「後」（陰性）裡靜靜流淌，是多元情感的一條細流與風景，也是人性的表彰及傳統戲曲中的新意。

（三）《金鎖記》

改編自張愛玲同名小說，以《金鎖記》曹七巧為主要原型，另擷取《怨女》中的藥鋪小劉一角作為「選擇」主題的對照。前半部（前三幕）為曹七巧加入了更為確實的心理動機及情感描寫。添寫七巧丈夫不僅體弱，並且性格暴戾，以金錢控制威脅換取七巧肉體的描述，以延伸出七巧對於健康、溫柔男子的渴慕與想像，合理化她對小叔季澤的情愛寄託。又捻出小劉一角，

提煉出「半是命運、半由自身」的省思。王安祈的目的並不在藉此劇批判禮教或控訴不公，僅僅想要呈現曹七巧這個人，著重的是曹七巧的貪嗔癡愛、愚昧瘋狂、困頓挫折、脆弱腐敗。刻意以一抹惡的風景，突破傳統戲曲的題材與人物選擇。

（四）青塚前的對話

本劇同樣以「戲曲小劇場」形式創作，刻意淡化故事性，將「情節性」轉化爲「思想性」，採用「後設」角度，安排歷史人物王昭君與蔡文姬跨越時空，進行一場心靈的對話與探索。有意借歷史人物、女性主角的自言自書，點出古代女子的生命困境，及對歷代文人的嘲弄，此外，更欲對「文學的創造力與矯飾性」做一番辯證，究詰歷史／文學／書寫的本質與人生的虛實真幻。

（五）《歐蘭朵》

本劇爲兩廳院「2009 台灣國際藝術節」活動，由國光劇團主演魏海敏與當代意象劇場大師羅伯・威爾森（Robert Wilson）合作完成的跨界跨文化作品。劇本改編自英國作家吳爾芙同名小說。中文戲曲版《歐蘭朵》之前已有德、英、法三種語言演出版本；中文版由魏海敏獨挑大樑，演繹歐蘭朵此一跨越四百年時空青春不死之身，由男人變成女人，見證四世紀時代風華與個人成長體悟之作。

（六）《孟小冬》

以近代京劇界被尊爲「冬皇」的坤生孟小冬一生爲架構，捻出「尋找聲音、完成自我」的生命課題，並以死前「靈魂的回眸」視角，藉孟小冬的自我回顧與觀看中，帶領觀眾進入其生命版圖。編劇未捨棄孟小冬與梅、杜之間的二段感情，但更強調孟小冬追隨余叔岩習唱的師生關係，以及藝術家透過聲音表現內在、追尋自我的歷程。本劇暗藏兩層寄託。第一是主演魏海敏的學唱經歷。第二則關涉王安祈個人編劇創作的心路歷程，也部分折射出台灣京劇的發展路向。〔註25〕

〔註25〕王安祈說：「我不贊成演一個人物定要用寫實的方式，因爲還原眞相是永遠不可能的。所有的歷史都是主觀的詮釋，沒有人能客觀的還原，因此此孟小冬也是我主觀的塑造，掌握聲音的追尋爲主觀塑造的主體。因爲孟小冬留下的是她的聲音，而我喜歡的也是她精醇、蒼勁的聲音。」見「台灣月：回眸與追尋——從《金鎖記》到《孟小冬》談女性視角新京劇」座談內容。2014 年

（七）《百年戲樓》

本劇以京劇與舞台劇結合的方式，讓伶人穿越時空，現身說法演自己的故事、說自己的歷史。以「背叛與贖罪」為主軸，前半部是劇藝的創新，也是對傳統的背叛，後半部則是政治壓力下人性的扭曲、無奈與呈現。劇本構思之初，閃過劇作家腦海的是「乾旦、流派、文革」三幕，其中第三幕，靈感來自於王安祈個人自幼迷戀旦角杜近芳的一段美麗往事，同時關連杜近芳與葉盛蘭這一對舞台上的最佳生旦組合在文革時期不得不然的背叛與贖罪。

（八）《水袖與胭脂》

本劇將焦點置於虛擬的戲曲「角色」，透過「角色」（劇中人）本身探究戲劇與創作的本質。站在高處（梨園仙山）的虛擬角色——太真仙子，透過她的雙眼觀看戲曲王國中伶人們各自由不同的角度演繹詮釋她生前的愛情故事。她並不只是沈默地看、被動地接受歷代劇作家賦予她的命運，而是不斷地、主動地尋覓屬於她自己心中的故事版本。本戲賦予「角色」獨立的生命與軌跡，就像每個人都在尋找自己的人生，也希望能主導自己的人生一樣，角色之於戲也擁有這樣的情感與力量。

（九）《紅樓夢中人：探春》

本劇以賈府探春及其母親趙姨娘間的關係為主線，演繹小說中並未特別強調的母女情結，尤重二人在事件衝突之外，內心情感的糾纏與揣摩。全劇分五場，主要情節來自《紅樓夢》第 55、56、72、73、74、100、102 回，一方面著重彰顯探春的「才精志高」與「敏慧重情」，一方面以其時常糊塗生事、鄙俗難堪的生母趙姨娘為鏡，幾番對比母女之間的矛盾衝突與難以割捨的情意糾纏、命運絲線。主題上延續對女性人物處境與內心細膩幽微處的刻畫與關懷，為了加強趙姨娘之陰微卑瑣，特意嫁接小說中幾段他人的情節到趙姨娘身上，〔註26〕可說是繼「曹七巧」後另一抹京劇舞台上的「惡風景」。

---

10 月 30 日。網址：https://www.youtube.com/watch?v=eHTBPjiolms。查詢時間：2015 年 5 月 20 日。及王安祈：〈回眸與追尋——《孟小冬》創作自剖〉，收入《水袖·畫魂·胭脂——劇本集》（台北：獨立作家，2013 年），頁 27～28。

〔註26〕譬如到廚房問柳媽要一碗燉雞蛋、撞見司棋與潘又安暗通款曲（原小說第 72 回為鴛鴦所見）；拾獲繡香囊因而引發抄檢大觀園一事（原第 73 回為傻丫頭拾得並交與邢夫人），抄檢時刻意翻出司棋的箱籠，間接導致司棋後來的死亡（原 74 回是周瑞家的看不慣王善保家的藏私護短進而動手）等。

（十）十八羅漢圖

本劇藉虛構的情節與時空，論藝術真諦、藉畫抒情。殘筆居士偶過紫靈禪堂，作十八羅漢圖。五百年後，紫靈殘破，只餘淨禾女尼一人。淨禾曾自山澗救起一孩童，取名宇青，隨淨禾參禪習畫。宇青長大，淨禾命他離去，宇青要求將十八羅漢圖修復後才下山。師徒二人輪流作畫，絕不見面，一畫一夜，彩霞相隔。一年後修復完成，淨禾卻發覺心事盡在筆鋒，因而不敢面對此圖，將畫送給宇青帶下山去。宇青下山，入墨哲城古董店凝碧軒工作，軒主發現宇青秘密，設計向赤惹夫人告密陷害。宇青因遭監禁十五年，出獄後造假畫報復，同時軒主少妻收藏十五年的真跡也完璧歸趙。老年的淨禾被請下山辨畫之真假。面對真跡，淨禾竟無法分辨是殘筆？還是你我？修復者的情感早已滲透其間，人間哪有真跡？畫雖假，情為真，淨禾將此畫帶回紫靈，因為其中有她不認識的宇青。

根據國光劇團研究員林建華觀察，「王安祈時代」的國光劇團大致分為三個階段：第一階段引用大陸名家之作，兼顧劇作的文學性與主角的表演，以穩固觀眾信心。第二階段由王安祈與趙雪君合力創作，推出富含女性主體意識的代表作如《三個人兒兩盞燈》、《金鎖記》等；第三階段則一方面向內追求深旋，因而有《伶人三部曲》，另一方面則大膽跨界、向外吸收養分，因而有《歐蘭朵》與《艷后和她的小丑們》。回顧國光劇團的第一個十年，京劇仍然不乏政治味，而 2002 年後的第二個十年，則以「向內凝視」的眼界、文學的筆法，開創出屬於台灣京劇的新美學。〔註27〕

二、台灣京劇主體性的建構與彰顯

踏上以「女性」為主題的創作軌跡，是王安祈國光時期創作的重要特色與貢獻。其中，自然有許多的考量。簡言之，大約有以下幾個原因：

（一）對國光劇團成立初期泛政治走向的思考與反省。〔註28〕

〔註27〕見《光譜‧交映：國光二十光譜篇》，國光劇團發行、陳淑英等人主編（宜蘭：國立傳統藝術中心，2015 年）。

〔註28〕王安祈接受筆者訪談時表示：「在國光沒有走政治題材這條路，最主要強烈的反制力就是來自對國光初期從氛圍到作品泛政治的痛心疾首。所以初接國光藝術總監職務時，我一方面很擔心，一方面又有一種使命感，我覺得自己至少有分辨好戲壞戲的能力，我知道演員不夠好，但若有一個好的劇本，應該可以翻轉當時臺灣京劇的劣勢。由於前期我已經練習過與政治相關的題材了，又由於對「台灣三部曲」的反制，我決心廓清這樣的陋習。這三部曲其

（二）過去在民間劇團、軍中劇團時期已嘗試過許多政治戲，當年未及書寫的「女性」早在劇作家心中潛伏醞釀著、伺機而動。

（三）台灣整體社會氛圍、環境的改變──家國、民族意識逐漸退燒，女性意識崛起。

（四）傳統戲曲中的女性太無聲、太弱勢。

（五）考量觀眾及劇團條件：女生的戲好看，有吸引力；而國光劇團的旦角演員也比生角演員多。

（六）崑劇「向內深旋」的抒情手法對劇作家的影響。

如果說早期與郭小莊、吳興國的合作，使得王安祈在戲曲故事敘事技法和整體情節節奏上有更為熟練的掌握，那麼王安祈在國光階段的創作，除明顯在主題意識上將方向導向「女性人物內在幽微情感」的開展挖掘外，更嘗試全面建構當代台灣京劇的主體創作動能與美學特色；透過王安祈與整體編、導、演與製作團隊的共同努力，其國光新劇及發展方向已然呈現出以下重要意義：

（一）視京劇為「主體」進行創作，打造台灣京劇「文學」劇場

對王安祈而言，京劇不是文化資產，也不是博物館中的遺產，它是現在進行式，具有熱騰騰活潑潑的生命力；但同時，台灣京劇發展長期處於邊緣與劣勢也是不爭的事實。傳統京劇看的是角兒、是流派，但台灣角兒有限，更無流派傳承，而面對現代戲劇、電影、舞蹈等藝術與娛樂形式，京劇的市場與生存更加困難。在缺少角兒，又必須考量觀眾的前提下，台灣京劇唯有「獨出機杼」，在劇本上透過「文學化」與「個性化」的召喚，讓劇本本身的現代性與京劇表演等量齊觀，才能開啟京劇的另一種可能性。王安祈：「台灣當代的創作，小說、詩歌、散文、電影、舞台劇、舞蹈、視覺藝術等各展新姿，為什麼不能把京劇納入創作領域？為什麼不能把京劇當作主體進行當代的創作？」〔註29〕換言之，京劇不應只是傳統藝術在現代的存留，而該是與

實並非因為政治主題而不好，但多數人會將其與政治傳聲筒直接連結，為了擺脫這樣一種包袱，因此我決定用另一個角度切入：從純粹的情感、女性的情感、個人的部份開始，來翻轉劣勢。」見附錄二：〈王安祈訪談紀錄〉，頁238～239。

〔註29〕吳岳霖：《鏡象‧回眸：國光二十劇目篇》（宜蘭：國立傳統藝術中心，2016年）。

台灣現代文化思潮能夠相互呼應的現代新興創作。當代觀眾進劇場看的不是角兒、不是流派，而是一場可以媲美電影作品的京劇動態文學呈現。所謂的文學性，不只是唱詞優美而已，更要有想像力、創造力，尤其是「深入人心、生動剖析人性」的思想體現；現代性也不是指手段上加強聲光效果、題材上表現現代生活，更重要的是體現一種「情感的現代性」與「作者的主體性」。〔註30〕走入劇場，觀眾期待戲劇在表現手法與文化內涵上有新的拓展；走出劇場，觀眾希望能感受到心靈的慰藉、情感的洗滌，進而透過藝術思索人生，將京劇與自我生命相互呼應與結合。

（二）在京劇本位上「以小搏大、反向操作」的策略手段

以「關注女性在特定處境下各種可能的心理狀態」作爲京劇文學劇場的主要切入點，爲的是擺脫大歷史、大論述，鉤掘女性內心的恍惚難言、幽約怨悱。傳統京劇中固然也有人性的描寫，但多半自男性觀點出發，關心的是男性世界中的家國歷史、宏偉論述，幾乎都是男性建功立業的事。而女性在傳統戲曲中的心聲抒發還不夠細膩，女子幽微的內在還有極大的開發空間，因此以向來被傳統劇場忽視的女性視角關注女性情境，作爲京劇動態文學的切入點，以此深入體現新編劇本中的新情感、新人物，作爲開拓新的觀照人物情感的現代視角，並引領觀眾重新思考女性對於情愛的想像、體會與描述。爲藉由不同於以往的人物形象塑造，建構不同於古典劇作理解人性的角度，人物的「性別」差異在此成爲必要的手段。〔註31〕除以女人的「小」對比男人的「大」外，同時以實驗劇場的「小」顛覆正統京劇的「大」。小劇場具實驗特質，本身即有「另類」、「顛覆」的意義，在規避傳統京劇程式規範的同時，自由發想與探索的空間更爲寬廣；同時也可吸引年輕的新觀眾走入劇場認識京劇。如同晚明小品的「小」，具有反宏大、反模仿、獨抒性靈、書寫自我內在之聲的積極反動意涵。

（三）以「內旋凝視」的方式進行創作，既是講他人心事，也是劇作家抒情自我與生命情感的探索與投射

對王安祈而言，創作的動力並不是知識而是情感。情節人物是劇作家心境的曲折投射，創作更是自剖心境、自抒己懷的過程。在面對台灣京劇尷尬

〔註30〕附錄二：〈王安祈訪談紀錄〉，頁 199～200。

〔註31〕王瑷玲：〈經典性與現代性——論當代台灣京劇發展之美學新視野與其文化意涵〉《中國文哲研究通訊》第 21 卷第 1 期（2011 年 3 月），頁 25。

處境的時刻，站在創作者的立場，她思考的不是學術理論，不是政策解救劇種，反而是「回看」自己愛上京劇的初衷。五歲時第一張《羅成叫關》唱片，讓她彷彿懂得了「人生的悲涼」，從此京劇成為她各種情感的出口，喜怒哀樂都要從京劇中找到共鳴與感動。因此王安祈相信一切的創作若能自人性出發、自情感出發，必能找到共鳴，從而與觀眾「交心」。有了共鳴，京劇就有不斷開展的可能性。因此藉由新編劇作，王安祈得以更深入而有意識地在劇作中表達她對於戲劇與人生的思考、體會、感悟，或將個人生命經歷中的諸多經驗轉化為劇情元素，或期待呈現「抒情自我」的心靈迴旋之音。創作、表演、觀戲、人生，本都是一種「向內在凝視、回看自我」的過程，也唯有從這樣的角度出發，劇作中的情感才能與觀眾交流，讓觀眾透過一齣齣勾動心底悸動的戲，與編劇、演員一同回看自我，反觀內在的生命。

（四）因戲制宜：因應每一齣戲不同的主題、內涵、調性、關注點與表演需求，多元採納不同形式的表演方式

譬如：京劇小劇場、結合京劇與歌唱劇、舞台劇、崑劇、意象劇場，以及採取今之視昔的觀點、後設、自我詰問、複調對話、諧擬、意識流、蒙太奇、鏡象、互文、戲中戲等書寫手法體現劇本的現代觀點與情感。同時，劇本創作過程亦考量演員特質，如為主要演員魏海敏量身打造「代表作」《金鎖記》、《歐蘭朵》、《孟小冬》等，目的不在強化或彰顯其流派規範，反而意圖藉由複雜多樣的人物性格塑造與表演形式，激發演員的創作表演能量，同時建立當代京劇舞台的新經典人物。另為新秀黃宇琳編寫《探春》一劇，提供年輕演員演出機會、傳承舞台經驗。並且結合其他編劇之力共同發想，藉由不同編者身上可能具備較為前衛、顛覆或另類的視角、觀點，彼此間相互激盪。

做為一位對戲曲無限熱愛的劇作家，眼見台灣京劇隨著時代的改變恐有滅頂、消逝之虞，王安祈一路走來始終戰戰兢兢，卻從未放棄。70 年代台灣社會急遽變化，京劇人已開始思考：台灣京劇與北京原鄉的關係該如何看待？台灣京劇應該如何自我定位？主體性在哪裡？80 年代後台灣京劇開始走向創新改革之路，在挨罵、破壞的過程中一步一步重新建立起自己的特色。經過許多的嘗試與努力後，如今戲曲界普遍認同京劇在台灣「因時制宜」、「因地制宜」、「因戲制宜」的發展，大陸更將台灣京劇目之為「台灣京劇新美學」。京劇一定要姓「京」嗎？台灣的政經環境、文化氛圍、觀眾需求明顯

與大陸不同，台灣京劇界也無法在名角與流派的光環下發展，因此更必須因
時、因地做出調整改變。表演藝術之美要保留，而創新、創作正是維繫藝術
生命不死的不二法門。2004 年後王安祈的國光「新」劇作，除因應其個人對
台灣京劇的關懷、觀察而走向以文學化、個性化的現代化之路，劇作家的自
覺與主體性的彰顯，也隨著個人生命歷程的發展而逐步強烈的在作品中展
現。王瑷玲論述國光新編京劇之作的這段話，置於主要編劇者王安祈身上，
一樣適切：

> 二十一世紀以來的國光京劇，多聚焦於女性人物內在「幽微心事的
> 探索」與「女性形象的重塑」，突顯了一種女性劇作家／女演員，期
> 待藉由敘寫／展演，來「重新詮釋女性」或「書寫自我」的新角度。
> 當代女性主義已由二十世紀「解構」男權，演進到「重建」女性的
> 內在自覺。有別於「性解放」時期的狂放縱欲，當代女性真正關心
> 的女性主體性（female subiectivity），重點在於強調個別女性主動
> 的、自發的體驗，而非「性別特質」的獨立性；重要的是，女性必
> 須有機會去表達，並能自主地選擇以什麼方式、什麼態度去表達，
> 自己內心情愛的深層意涵。循此思路，從國光幾部重要的劇作，我
> 們看到了編劇者「主體性」（subiectivity）的自我展現。〔註32〕

小　結

　　每位劇作家都有其踏入創作的理由與因緣。一生浸淫戲曲世界的王安
祈，所看、所想、所愛都是戲，自然也用戲表達她對人生的體悟與感懷。關
於個人的戲曲創作，王安祈是這樣說的：

> 我覺得創作就是要掏心剖肺。不面對自己，創作就不真誠，就成不
> 了經典。如同《長生殿》中的唐明皇，若沒有掏心剖肺地正視自己
> 的情感，面對自己的錯誤與悔恨，他就感動不了人，成不了經典。
> 我認為創作是真誠對待自己的過程。自己心底有一些看不到的東
> 西，有些時候自己可能也不那麼了解自己，但透過創作，會知道自
> 己的潛意識。創作就是認識自己、看見自己的方式。那怕曲高和寡，

〔註32〕 王瑷玲：〈台灣京劇新美學的開展：《水袖與胭脂》及《十八羅漢圖》中之主
　　　 體展現〉，收入吳岳霖：《鏡象・回眸：國光二十劇目篇》，頁 8～11。

> 我找的是知音。……而這一切都是我看戲後的感受。我的感受不是
> 用散文、詩歌來寫，而是用一部戲來寫。我這一輩子除了戲沒有別
> 的，看戲的心得也必須用戲來回應。〔註33〕

而這樣的過程，是一步一步累積、試煉，在自覺自省中漸漸走出來的：

> 編劇對我而言，是一個歷程──越寫越走入內心的歷程。以前是我
> 講一個故事，這個故事適合郭小莊演、適合吳興國、朱陸豪演，我
> 的工作就是把故事講好，表演的部份要強，讓演員在舞台上有所發
> 揮；但我今天寫的東西，卻是打我心裡面長出來的一種情感境界，
> 而我必須找一個方法把它具體呈現出來。〔註34〕

即使是在編寫競賽戲及與民間劇團合作期間，王安祈仍有個人的不同幅
度與方向的創造與嘗試。這些意念與嘗試或許微小，但點滴都是創作歷程中
的覺察與反省。漸漸地，敏銳的王安祈面對劇壇與社會氛圍的改變，更進一
步意識到自己的傳統、保守與現代新觀眾之間的距離落差，而在心底種下了
日後改變的契機：

> 我清楚知道自己的個性很乖，很傳統，可是在傳統之外，我也知道
> 自己心中其實有另一個境界想要追求。別人的質疑或批評讓我知道
> 我還不夠好，還沒有到那個境界，所以我會將它放在心裡。雖然不
> 敢說有一天一定如何如何，但好像自然而然後來有機會就做了一些
> 調整了，說起來也非常幸運。現階段我創作的方式確實與雅音時期
> 說故事的方式很不同。現在國光的戲不是在說故事，而是一種心情
> 的抒發。而所謂一段心情的抒發，其實本來就是中國文學的抒情本
> 質，所謂詩劇、劇詩。陳世驤先生在《中國的抒情傳統》一文中曾
> 指出：「中國所有的文學傳統統統是抒情詩的傳統」，戲劇，當然也
> 無法自外於此一抒情傳統。我是聽戲長大的，傳統戲曲中有時只是
> 一段唱，我不用看前因後果，光那段唱，就能讓我想很多，情感上
> 得到很多抒發洗滌，所以我絕不會落入只說故事的方式；但我仍然
> 必須經過雅音的那個過程，因為當時傳統老戲的確有太多拖沓，還
> 是必須讓故事精簡，觀眾才會接受。但光如此我不能滿足，我一
> 定要回到我自己，回到我喜歡戲的初衷，喜歡戲的初衷是某一段唱

〔註33〕附錄二：〈王安祈訪談紀錄〉，頁203。
〔註34〕附錄二：〈王安祈訪談紀錄〉，頁202。

　　觸動我很深很深的情感，我自己也說不清，於是我就找一種我說得
　　清的方式：透過楊貴妃、透過孟小冬來說。……當然對我個人而
　　言，劇本創作時剖析自我的部分則更強烈了，觀眾也可以感受得
　　到。同時最難的也是這個部分，要把自己挖得夠深，看自己敢面對
　　到多深？〔註35〕

　　自書寫的角度而言，王安祈國光「新」劇刻意以女性為題，翻轉傳統京
劇之視角與論述，以邊緣對抗主流的動機及精神，確可與西蘇陰性書寫的精
神相比擬。西蘇將女性書寫視為挑戰陽物理體中心的策略與手段，同時也使
女性透過書寫得到解放的契機。同樣的，王安祈以女性視角書寫、關注女性
內在，使得傳統戲曲世界中的女性得以有機會發聲與現身。不過一路走來，
其劇作從對父權、歷史的顛覆嘲弄，到藉戲討論創作底蘊、生命價值、人生
抉擇、藝術真諦、真假虛幻等，王安祈本於深情，「內觀自省」的過程，不僅
僅彰顯陰性書寫的力量，更已進一步跳脫以抗議、嘶吼的姿態回應傳統京劇
規範與父權思維的侷限。對王安祈而言，顛覆的策略性意義是必要的手段，
但並非終極目的，其所強調重視者仍是京劇的傳續發展，並期待能走回中國
傳統抒情自我的本質與美感之中。這樣一條峰迴路轉的歷程，看似創新與背
叛，實則卻是回歸。王安祈本乎受戲曲牽引感動的初衷，竭力透過創作將這
份初心與觀眾交流分享。其創作從經歷情感高潮中暫時離開，走入情節高潮
的建構、營造，是京劇朝向敘事文學的過渡期；而後走回抒情自我，更重視
在敘事架構之上，抒情精神的展現；不只是劇中人性格心情的自我彰顯、點
滴形塑，更是劇作家個人自我與多重主體的深度體現。

―――――――――――――――――

〔註35〕附錄二：〈王安祈訪談紀錄〉，頁202。

第二章　王安祈國光「新」劇中的父權政治與國族論述

　　顧燕翎分析女性主義理論涉及的問題，以爲主要有四項準則：一是描述男女不平等的現象；二是以女性的觀點對社會文化進行分析；三是提出改革的方針，以達到兩性平等；四是進而探討宰制與附庸的權力關係。〔註1〕此四項準則與米勒的觀點不謀而合。米勒在其《性政治》一書中，提出以性別爲區分的「性別政治」，此處的「政治」不是一般政治學所討論的定義，指的是牽涉到「權力」的關係：一群人被另一群人控制的關係。「政治」一詞被用來形容兩性關係，主要即因它可以正確地描繪出兩性關係自古迄今的眞實面貌。理想的政治應該植基於大家彼此同意的、合理的原則上，但現實並不如人所願；同樣的，兩性關係本應平等且合理，但眞實的狀態卻遠非如此。米勒認爲自古以來，兩性關係就如同上司與下屬的關係，男人彷彿擁有宰制女人的與生俱來的特權，因爲我們的社會，是一個「父權社會」。「父權」原義指的是父親的領導，藉以指涉社會的各個面向都由男性所支配，從家庭、父親到社會律法與國家，都是由男性爲主導的結構，一切權力都握在男性手中。既然政治的意涵即權力，那麼「父權制度」一詞即可指涉世界上許多地方女性權益被邊緣化的現實，男人與女人之間的關係就是一種支配與附庸的形式。〔註2〕

〔註1〕顧燕翎主編：《女性主義理論與流派》「導言」部分，顧燕翎著（台北：女書，2000年）。

〔註2〕Millett, Kate（米勒）著，丁凡譯，顧燕翎刪修：《性政治》（*Sexual Politics*），收入顧燕翎、鄭至慧主編：《女性主義經典》第二章〈性別角色的反思〉（台北：女書，1999年），頁76〜77。

　　米勒進一步提出：性別政治經由對兩性的「社會化」取得父權政治對於氣質、角色和地位的共識。性別刻板印象源自統治族群的需要與價值觀，由統治者根據自身的喜好與特質而定，因此男性氣質被定義為強大、智力、武力與效率，女性則被定義為被動、無知、溫順、善良和缺乏效率。兩性行為準則與規範也由此延伸，將家務、育嬰之責交給女性，但事業、成就、興趣、野心、國家、歷史等個人主體與公領域事項則保留給男人；女性受限的人生角色使其停留在生理經驗的層次，且被侷限於僅能於私領域中活動。隨著這樣的角色分工，男性得以繼續保有其優越的社會地位，而女性則始終處於劣勢。〔註3〕米勒對父權制度（體制）的觀察、批判後來成為許多女性主義者共用的論述話語，意指父系社會在性別關係上對女性的一種壓抑機制：「男性特權通過其所建構的社會、政治、文化和經濟等組織，對女性進行宰割的一種體系」。更精確的說，父權體制指涉的是「父親的法律，把男女兩性在生物學上的差異，導入社會文化建構之中，並以性別觀念作為壓抑女性的基礎。」〔註4〕

　　在女性主義思維論述中，女人藉由怎樣的視角與觀點被呈現、被定義，歷史與書寫中呈現出來的女性形象為何，向來是備受關注的焦點。其背後隱藏著複雜的意識型態與權力對位，含涉著不平等與不利於女性的性別秩序。以男性為主體想像的國家論述，將民族精神、國家利益視為核心，當國家／民族凌駕於性別的範疇之上時，自然成為壓抑女性群體自覺的主因，因此在強調國家主體的框架下，個體社群的獨特性必然無從彰顯。在阿圖塞（Louis Althusser）〈意識型態與意識型態的國家機器〉一文中，曾指出官方歷史的建構便是屬於意識型態國家機器，涵蓋了歷史記憶重整與國家敘述建構的工程，發揮了高度政治性，而此種國家機器以國家體制為主體，使社會個體服膺於統治政權的合理性。若從性別觀點切入國家機器的運作中，則可突顯歷史集體的書寫中，屬於邊緣族群的女性被客體化的現實。生活在性別角色刻板化的父權社會中的女性，自幼在為男性掌控的環境中成長，男性將支配女性的意識型態合理化，成功地使女性接受僵固的性別角色，並服從於它，同

〔註3〕 Millett, Kate（米勒）著，丁凡譯，顧燕翎刪修：《性政治》（*Sexual Politics*），收入顧燕翎、鄭至慧主編：《女性主義經典》第二章〈性別角色的反思〉，頁78～79。

〔註4〕 林幸謙：《張愛玲論述：女性主體與去勢模擬書寫》「附錄三──術語簡釋」（台北：洪葉文化，2000年），頁324。

時，也使得女性被寫入歷史所依循的管道與男性大不相同。男性多必須以壓力或緊張爲代價，強化其男子氣概，以在公領域贏得光榮與尊敬爲目標，而女性則除了必然的克制與順從外，甚至必須以另一種剛烈的氣概，才有可能留名青史。〔註5〕

　　過往，男性以民族主義與國族立場爲中心建構歷史記憶，透過嚴密的教育體制、道德教化與龐大的宣傳系統，建立單音式的歷史記憶，在這樣的霸權支配下，被邊緣化的女性群體一律必須接受這樣強制性的、以男性利益爲中心的歷史認同。當女性開始擁有書寫之筆時，意謂著女作家得以有機會對歷史重新審視，也有機會進一步建構自我身份與女性的主體認同。以下，將由性別政治的角度切入，剖析王安祈國光「新」劇中的父權政治與國族論述。

第一節　父權政治下的閨閣困囿與兩性處境

一、女性生存與情慾的壓抑

　　以小說爲本的京劇《金鎖記》，希望藉小說的現代性思維、張愛玲筆下展現的市井慾望與人性脆弱，爲以教化爲主、習慣宏大論述的京劇提供另一種主題與視野。爲刻意深掘負面人物內心顫抖的哀音，爲傳統戲曲添一筆「惡的風景」，劇作家並不想透過本劇作爲工具去控訴禮教或抗議不公，而只專注於敷演曹七巧的貪嗔癡愛、愚昧瘋狂，因此曹七巧的人物形象，基本上忠實於張愛玲原著。然若只是將曹七巧的一生以有別於小說的載體於舞台上重新演繹，將如何體現編劇的主體與異於小說之處？在進入剖析京劇《金鎖記》中的父權政治書寫前，有必要先釐清劇作家在劇本中展現的主體意識。

　　筆者以爲可由京劇《金鎖記》在改編過程中提煉出的幾點方向，觀看編劇自我與主體意識的彰顯。首先，爲京劇《金鎖記》融合小說《怨女》中的藥鋪小劉一角，將之拉出作爲情節支線傳達了「選擇」的象徵性與戲劇改編的觀點。在小說《金鎖記》中，對七巧有意的是肉舖的朝祿，曾二度出現在七巧的回憶中；晚年的曹七巧獨臥煙榻，想起自己十八、九歲作姑娘的時候，

〔註5〕楊翠：《鄉土與記憶──70年代以來台灣女性小說的時間意識與空間語境》（台大歷史所博士論文，2003年），頁387。

「喜歡她的有肉店裡的朝祿，她哥哥的結拜弟兄丁玉根、張少泉，還有沈裁縫的兒子。喜歡她，也許只是喜歡跟她開開玩笑。然而如果她挑中了他們之中的一個，往後日子久了，生了孩子，男人多少對她有點眞心。」〔註6〕這是張愛玲在小說結尾曾提出的某種「想像」，但終究止於「如果」。小說《怨女》中的小劉比之朝祿原本更有機會成爲七巧（或曰銀娣，《怨女》女主角名）的丈夫，因爲小劉與銀娣不只互有好感，小劉更曾託了外婆前來提親。京劇《金鎖記》因此藉由小劉捻出「選擇」的象徵命題，揭露七巧人生的悲劇是「選擇」的結果，「半由運命、半是自身」，曹七巧「自己」也是要負責任的。這一點，與小說題旨本相符應。高全之指出：「張愛玲始終不曾盲目地把曹七巧一生的不幸完全歸罪於客觀環境。」〔註7〕張愛玲自己也曾說：「女人的缺點全是環境所致，⋯⋯可是把一切都怪在男子身上，也不是徹底的答覆，似乎有不負責任的嫌疑。⋯⋯單怪別人是不行的。」又說：「誠然，社會的進展是大得不可思議的，非個人所能控制，身當其衝者根本不知其所以然。但是追溯到某一階段，總免不了有些主動的成分在內。」〔註8〕可見劇作家深諳原著精髓的同時，特別將「選擇」意涵於戲曲中再提煉而出，其目的不僅暗示著「曹七巧人生的另一種可能」，更是藉由小劉的「幻影」，突出七巧「現實」處境的難堪，以及她在面對現實之際，「自我如何承擔」與「再選擇」時所展現的人格特質。換言之，「選擇」並非在七巧嫁入姜家後就停止了的，當面對殘病的丈夫與同性的傾軋時，七巧的選擇是什麼？當再度徘徊於情慾與金鎖兩端時，七巧的選擇是什麼？面對無辜的兒女媳婦，七巧的選擇又是什麼？人生一步步走向扭曲變態的過程中，七巧的命運絕非偶然，其中是有其主體與能動性的。是故在劇中四度出現於七巧「夢境」中的小劉，除開場藉由那

〔註6〕 張愛玲：《金鎖記》。收入《張愛玲典藏全集：短篇小說卷一》（台北：皇冠出版社，2001年），頁53～54。

〔註7〕 高全之謂：「從傅雷以降，論者多以曹七巧的瘋狂與魯迅〈狂人日記〉裡的狂人相提並論，這種說法並不妥當。⋯⋯〈狂人日記〉禮教吃人的觀念針對中國社會無所不包，是種一網打盡的控訴。這種純粹性與全然性未能盡釋《金鎖記》的錯亂失序。長安、長白、袁芝壽、絹姑娘，當然都是暴戾倫常禮教的犧牲者，然而張愛玲始終不曾盲目地把曹七巧一生的不幸完全歸罪於客觀環境。」見〈金鎖記的纏足與鴉片〉，收入氏著：《張愛玲學》（台北：麥田出版，2011年），頁83。

〔註8〕 張愛玲：〈談女人〉，收入《張愛玲典藏全集：散文卷一》（台北：皇冠出版社，2001年），頁106～107。

「嫁了小劉或許可能擁有幸福的家常畫面」突顯七巧杳不可追的青春夢與現實人生的巨大落差外，小劉另外三次的幻象，則以更近於七巧「內心另一種聲音」的象徵意義出現。他怪七巧不該讓長安吸鴉片、希望七巧放了無辜的芝壽、奪下七巧手中的煙桿兒，讓她不要再麻痹自己。小劉——那個七巧內在的、良善美好的聲音，意圖點醒七巧自己，然而七巧在一次次「前因後果的掀騰痛苦」之後，終究無能了悟，無法自我救贖，而以黃金的枷鎖劈殺了眾人，也劈殺了她自己。劇末小劉說：「打從你一雙腳兒一步一步踏上姜家的花轎，我與妳今生今世再無瓜葛」，〔註9〕筆者以為句子中的「我」實則指的不是小劉，而是那個曾經單純天真、對未來懷抱憧憬的麻油西施曹七巧。而這段話正象徵走入姜家的曹七巧，一步一步走向極端，與過去的自己徹底告別。所謂「惡的風景」，其真義應當在此。

　　以曹七巧的一生而言，自然不只是父權政治、階級鬥爭、禮教壓迫等非黑即白的論述可簡單歸類或控訴，其中當有著更複雜難解的個人思想與人性弱點等議題。據此，筆者以為劇作家捻出的「選擇」主題，也絕非簡單的區分曹七巧「選了小劉（愛情）就能幸福」或「選了姜家（金錢）所以瘋狂」的二元對立，反而更深入點出了人生的弔詭；同時，透過戲劇的演繹，肇因於選擇而擁有「另一種可能性」的人生主題，也使得觀閱者得以進一步與自身的生命經歷相互連結、呼應，透過劇中人的「選擇」而反饋自我的生命抉擇。

　　另一處有別於原著，而更能彰顯劇作家主體意識的改編，則是加強七巧這一「可怕可恨可鄙」之人其「可憐」之處的描寫。京劇增加了七巧丈夫二爺的「惡」、深化七巧對小叔季澤的情，同時在七巧對待兒女的變態行徑中，更添加了一絲母愛的流動與女人渴愛的恐慌，為七巧增添一筆「同情的渲染」。譬如小說原著中描述曹七巧為十三歲的長安裹腳時是這樣寫的：「她的腳是纏過的，尖尖的緞鞋裡塞了棉花，裝成半大的文明腳。她瞧著那雙腳（按：指長安的腳），心裡一動，冷笑一聲道：『你嘴裡儘管答應著，我怎麼知道你心裡是明白還是糊塗？你人也有這麼大了，又是一雙大腳，哪裡去不得？我就是管得住你，也沒有那個精神成天看著你。按說你今年十三了，裹腳已經嫌晚了，原怪我耽誤了你。馬上這就替你裹起來，也還來得及。』……

〔註9〕　王安祈、趙雪君：《金鎖記》，收入王安祈：《絳唇珠袖兩寂寞——京劇·女書》（台北：印刻文學出版社，2008 年），頁 274。

裏了一年多，七巧一時的興致過去了，又經親戚們勸著，也就漸漸放鬆了。」
〔註10〕按照小說前後文，七巧興起為長安裹腳的念頭源自於對天下男人的不
信任，擔心女兒被騙，白白損失了自己最看重的錢。所以她好比一時興起，
不顧女兒年紀已大仍執意為之裹腳，一年多後興頭過去又允許長安放鬆，反
反覆覆，過程中絲毫未見身為母親的任何不捨。然京劇《金鎖記》在處理這
一段時，著意刻劃了七巧內心情感的轉折，不但讓人感覺她是擔心女兒感情
被騙甚於她的錢，顯示姜家二個男人對她的傷害始終如巨大陰影盤據其心，
同時也讓人看見七巧身為母親護犢的柔軟。〔註11〕筆者以為這樣的編創角度
透顯出劇作家的悲憫情懷、浪漫精神與對人生的體悟，賦予張愛玲筆下「極
端病態」的曹七巧更多的血肉、人性，也因此得以照見更深的「蒼涼」，以作
為真實人生的啟示。〔註12〕

　　同情的筆法也體現在主演魏海敏對曹七巧的演繹塑造上。「從張愛玲的小
說當中，我看到的曹七巧是個尖酸刻薄、牙尖嘴利、不得人愛的女子；但
在舞台呈現時，若只有單一個性，人物就太扁平了。為了讓這角色更多樣貌
呈現，我與導演李小平商量後，決定還要賦予這個角色值得同情的一面。」
〔註13〕因此，魏海敏花很多的時間與氣力進入曹七巧的世界，設身處地揣摩
她的處境，而非盡顯她的可怖。為突顯七巧曾有的美好浪漫，魏海敏在開場
的小調「十月二小曲」中設計一種隨口哼唱、隨性自然的方式表現，以符合
七巧年輕時的單純與對愛情的渴望。當三爺借錢不成拂袖而去時，七巧衝上
樓去想再看一眼這個讓她又愛又恨的男人時，就用一種類似吟唱的方式剖白
心情，像是心中嗚咽流淌的哀音，成功詮釋出七巧可憐又可悲之處。從劇本、
導演到演員，不約而同增添了七巧在原著小說中缺乏的可愛與可憐面向，而
共同完成了一齣與小說同中有異的京劇《金鎖記》。

　　曹七巧的遭遇雖不能完全歸咎於外在環境，但客觀環境傾軋七巧的事實

〔註10〕 張愛玲：《金鎖記》，頁33。
〔註11〕 王安祈、趙雪君：《金鎖記》，頁238～241。
〔註12〕 張愛玲：「極端病態與極端覺悟的人究竟不多。……所以我的小說裡，除了《金
　　　　鎖記》裡的曹七巧，全是些不徹底的人物。他們不是英雄，他們可是這時代
　　　　的廣大的負荷者。因為他們雖然不徹底，但究竟是認真的。他們沒有悲壯，
　　　　只有蒼涼。悲壯是一種完成，而蒼涼則是一種啟示。」張愛玲：〈自己的文章〉，
　　　　收入《張愛玲典藏全集：散文卷一》（台北：皇冠出版社，2001年），頁89～
　　　　90。
〔註13〕 魏海敏：《女伶——魏海敏的影像自述》（台北：積木文化，2006年），頁20。

確實存在，也難以忽視。孟悅、戴錦華的《浮出歷史地表》從激進女性主義的角度切入張愛玲小說，認爲其創作揭示了「父權社會隱密而持久的虐待與壓抑行爲，而具有女人的視點，在帶有虐殺性質的母／子關係、母／女關係模式中，展示了中國式家庭中男權文化壓迫的沈重與無邊。」〔註14〕林幸謙也清楚揭示《金鎖記》關於閨閣政治中的瘋女形象、無父文本，若藉助西蘇的「陰性書寫」概念來看，「正可被理解爲一種具有中國特色的陰性書寫模式：在女性作爲敘述主體的書寫衝動中，鬆動及解構了宗法父權的象徵秩序。」〔註15〕而京劇《金鎖記》無意藉改編撼動原著精神，也無意強調它的叛逆與控訴。然筆者以爲劇作家爲七巧的癲狂在情感與動機上添加的一筆同情，反倒更突顯了父權政治下女性困於婚姻與閨閣處境中的悲哀，以曹七巧爲例，尤其表現在對其物質與精神生活的雙重壓抑。

曹七巧悲劇的一生從她對婚姻的選擇開始，在情感、慾望的失落與匱缺中加劇。前述七巧的「婚姻選擇」中雖有她自主的能動，然則其考量終究仍受到經濟、物質的綁縛。而這正是由於女性被父權宗法視爲客體，圈限在狹隘的閨閣之內，無法具備生存能力，因而必須仰賴「婚姻」關係，讓自己從一個男人家（父親）轉到另一個男人家（丈夫），達到「交換」價值與目的的結果。李維史陀（Claude Levi-Strauss）在《親屬關係的基本結構》（*The Elementary Structures of Kinship*）裡即揭示：「婚姻關係是原始社會裡禮品交換最基本的形式，女人是其中最珍貴的禮物。以女人爲交換物品的結果比其他互換貨物更有意義，因爲她可以衍生出血緣聯繫，並藉由通婚方式將兩群人組織成一個廣泛的關係網絡，繼而規範出其他不同層次、數量、面向上的交換。」〔註16〕從性別經濟的角度評量，中國家庭父權體系並無較李維史陀觀察的原始社會高明多少。既然婚姻的本質是利益的交換，女人傾向於選擇足以滿足她物質生活不虞匱乏的對象，自然情有可原，而這也是七巧放棄小劉，選擇姜家的主因。京劇《金鎖記》第二幕三爺成親日，七巧悵然若失，

〔註14〕孟悅、戴錦華：《浮出歷史地表》（鄭州：河南人民出版社，1989年），頁245～262。

〔註15〕林幸謙：《張愛玲論述：女性主體與去勢模擬書寫》（台北：洪葉文化，2000年），頁191。

〔註16〕引自 Rubin, Gayle（魯冰）著：〈交易女人：性的「政治經濟學」〉"Traffic in Women: Notes on the Political Economy of Sex"，收入顧燕翎、鄭至慧主編：《女性主義經典》（台北：女書文化，1999年），頁167～173。

不自覺回想起當年自己的婚事：

> 嫂子：嫂子跟你說件好事。姜家託人說媒來了，不作姨太太，做的
> 是正房奶奶。
>
> 曹七巧：姜家……下午外婆來了，對門中藥鋪小劉託人來提親。
>
> ……
>
> 曹七巧（唱）：
>
> 看朱門、與小戶、重影疊映。
>
> 波攪深潭、心紛紛。
>
> 親手兒、扶鏡框、紅巾蓋定，
>
> 鏡中人，紅暈暈、光耀一身。
>
> 我心中、原也是、清明如鏡，
>
> 半由運命、半是自身，
>
> 回首悵望來時路，
>
> 無限幽憤、怨難伸。
>
> 嫂子：小劉？唉呦，我的好姑娘，嫂子不逼你，可你得用心眼兒挑
> 哪。妳瞧瞧這樣一張標緻的小臉，穿上金絲銀線繡出來的衣服，多
> 好看哪。皮膚白的，要是有只翡翠鐲子，準能搭得上。
>
> ……
>
> 曹七巧（唱）：
>
> 一生不曾富貴享
>
> 粗茶淡飯度日長
>
> 偶見麗人繡錦裳
>
> 恨將補丁自掩藏
>
> 金絲銀線做嫁裳
>
> 珠翠美玉耳鬢旁〔註17〕

年輕貌美的姑娘，幻想著追求更好的生活，期盼婚後能擺脫貧窮，不愁吃穿，
這是人之常情，卻也是七巧悲劇的開端。表面上看來，七巧似有主動選擇婚
配對象的自由，然則當女性置身於生命資源匱乏的父權社會，唯有依靠婚姻
才能滿足其經濟安全的考量時，她的「選擇」中還能有多少「真正的自由」？
在以女人為交換物品的婚姻關係中，作為交易客體的女人只是此一脈絡中的

〔註17〕王安祈、趙雪君：《金鎖記》，頁216～219。

中介、導管，收受女人的男性才是經濟主體。經濟主體具有絕對的權力掌控他的所有物，包括財富，以及交換而來的女人。也因此，七巧想像中的榮華富貴並沒有因為嫁給了姜二爺而輕易取得。錢，仍是姜家的，七巧得伸手向二爺要才有；殘廢的二爺在姜家領著與女眷同樣的例銀，顯示二爺被姜家兄弟「他者化」的事實，而從屬於二爺的七巧，就更加被邊緣化，是弱勢中的弱勢了。二爺身體有疾，性格暴烈，因為自己行動不便，怕管不住七巧，同時也要在七巧面前振其夫綱，遂總以金錢威脅。二爺以丈夫的名義與權利霸佔、奴役、壓迫毫無反抗條件的七巧，而七巧則必須忍耐著身體任由二爺宰制、需索，才能換取她原以為唾手可得的金錢。第一幕描寫七巧得向二爺要錢才能去跟妯娌們打牌：

> 曹七巧：有銀子沒有？
>
> 二爺：你自個兒那份呢？
>
> 曹七巧：輸了。
>
> 二爺：好要錢也不掂量掂量自個兒的底。
>
> 七巧：你給不給？（二爺拉住七巧的手，七巧甩開）
>
> 二爺：我憑什麼給你銀子？（又拉住七巧的手，捏著手臂往上捏到肩頭。七巧咬著牙任他捏著。二爺確定七巧沒甩開他）龍旺！
>
> 龍旺：二爺。
>
> 二爺：取些銀子給二奶奶。〔註18〕

第二幕描述七巧對二爺性情暴戾的失望以及二爺再一次以金錢對她施以肉體的脅迫與控制：

> 二爺：茶。
>
> 曹七巧（唱）：目雖盲，總以為、斯文模樣，卻怎生、怒火修羅、性暴狂。
>
> 白：我是你下人嗎？盡會使喚人，動不動就發脾氣，要茶難道不能好好說嗎？（眾人推著三爺，從門口經過，七巧聽見聲音貼近門邊）
>
> 眾人：走囉走囉，鬧洞房囉。三少爺，今兒個可別想我們簡簡單單就放過你。
>
> 二爺：妳過來。過來。（七巧不甘願的走過去，二爺拉住她）
>
> 曹七巧：（推開二爺）幹什麼！動手動腳的。

〔註18〕王安祈、趙雪君：《金鎖記》，頁204～205。

二爺：妳上哪兒去？

曹七巧：你哪兒都不能去，我還能上哪兒去？

二爺：過來。

二爺：（看七巧叫不來）妳別來跟我討銀子。……〔註19〕

米勒《性政治》一書中提到父權體制爲遂行其父權思想，往往以暴力爲後盾，或利用司法系統將暴力合理化、制度化。父權社會也仰賴性的暴力，其共同原則是將男性視爲施虐、主動的一方，而女性則爲受虐、被動的一方。〔註20〕大戶婚姻沒有帶給七巧想像中的幸福與歸屬感，物質生活上也沒有安全感，以交換爲本質建立的親屬關係中，只能二爺對七巧有權力，而七巧則對她的丈夫沒有任何權力，除了服從與自我壓抑。在這樣不對等的「交換者」與「被交換物」之間，更需要對女人的「性事」加以限制。因爲性被視爲邪惡的，同時也是具有權力的。從劇中可以明顯感受到，二爺雖然眼盲而心似不盲，他對於七巧的心事有所察覺，因此帶著警覺與警告的語氣，不斷問著七巧：妳上哪兒去？二爺自己身體有疾，卻仍然固守他的夫綱，除以向七巧不斷索求肉體的碰觸爲滿足外，更嚴謹防範著七巧的慾望外流。傅柯（Michel Foucault）《性史》一書中，標誌著在文明知識的作用下，權力對「性」所產生的支配性更爲徹底的問題。對於身處父權體制下的女性而言，當男性霸權成爲正統、主流之後，相關的習俗、宗教、法律、道德的限定，讓人們對性的罪惡感、壓抑性增加，而套在女性身上的規條，更是多不勝數。女性成爲失去話語權力的第二性，也成爲性活動中被男性控制與支配的客體對象。

但情慾本是根植於每一個人身上的資源與力量。在父權政治下，只有男性的情慾被視爲正當，女性則被教導要去質疑這種資源，去毀謗、凌虐、貶抑或忽視它。男性世界不斷告誡女人要在生活中抗拒情慾，造成女人不相信自己最深沈以及非理性的知識中衍生的力量，甚至因爲自己擁有這樣的力量而感到羞恥或恐懼。男性處理情感的方式是將女人視爲客體，讓女人環繞在其周圍，控制她們，讓她們爲其服務利用。但同時，男人也害怕面對女人情慾的深度所引發的種種可能，因此將女人維持在次要的位置上，教養女人否

〔註19〕王安祈、趙雪君：《金鎖記》，頁 219～220。

〔註20〕Millett, Kate（米勒）著，丁凡譯，顧燕翎刪修：《性政治》（*Sexual Politics*），收入顧燕翎、鄭至慧主編：《女性主義經典》第二章〈性別角色的反思〉，頁84～85。

定、忽視自己內心強烈的渴望。所以京劇《金鎖記》中的二爺，即使眼盲身殘，伴隨著他的木魚聲與咳嗽聲，卻像是隨時都在七巧身後緊緊窺看監視著她的一舉一動，那聲音說著：妳是我的女人，妳哪兒也不許去、什麼也不許做！豪門似一座鳥籠，將七巧圍困其中，父權禮教在如此殘破的男子身上依舊張揚著他的巨大爪牙，壓抑吞噬著七巧對生活與情感的卑微渴盼。

反觀三爺季澤，卻是被容許在外風流瀟灑、四處留情的。七巧因為寂寞與丈夫的暴戾對待，而將情感轉移到健康的小叔身上，但若無季澤對她有意無意的挑逗、曖昧，七巧何至於將一點真心盡皆付出呢？可是相對於七巧的真心實意，季澤卻是從頭到尾一片虛假。三爺面對七巧時，多採取言語上的「調情」，用一種曖昧不清、令人想入非非又不知能不能當真的姿態，展演他的輕佻瀟灑，以及不負責任。劇中兩次碰觸七巧的「小腳」，充分具有性的暗示與挑逗作用。〔註21〕小說中三爺第一次也是唯一一次觸摸七巧的身體，就是她的小腳。當時七巧將手貼在三爺腿上，提到丈夫的身體，而他「仍舊輕佻地笑了一聲，俯下腰，伸手去捏她的腳道：『倒要瞧瞧妳的腳現在麻不麻？』」七巧顯然沒有躲藏，進一步說道：「天哪，你沒挨著他的肉，你不知道沒病的身子是多好的……多好的……」隨即蹲在了地上，似乎是哭著，又像是在嘔吐。〔註22〕京劇中為鋪陳七巧對三爺情感的逐步深化，必須增加兩人互動的段落，且需有層次之分，才不致顯得七巧只是一廂情願或自己幻想，因此先有第一幕打麻將時二人的勾纏試探，比小說多增加了一次腳部的碰觸，雖隱微卻十分關鍵，後面才有更大膽的第二次觸摸與告白。

由於三爺對七巧的態度始終曖昧反覆，勾腳、摸腳、稱讚七巧的鳳紋耳墜子，或者有意無意的用眼神、言語逗弄七巧的情感，這一切都是假的，三爺把他在外面與女人遊戲的一套帶回了家裡，沒料到七巧卻動了真情。當三爺無所顧忌地蹲下身捏住七巧的腳時，七巧終於更大膽的回應了，這時反而三爺著了慌：

〔註21〕 R. H. van Gulik（高羅佩）著，李零／郭曉惠等譯：《中國古代房內考》（*Sexual Life in Ancient China*）：「從宋代起，尖尖小腳成了一個美女必須具備的條件之一，並圍繞小腳逐漸形成一套研究腳、鞋的特殊學問。女人的小腳開始被視為她們身體最隱密的一部份，最能代表女性、最有性魅力。……一個男人觸及女人的腳，依照傳統觀念就已是性交的第一步。」（台北：桂冠圖書，1991年），頁227～229。

〔註22〕 張愛玲：《金鎖記》，頁16。

三爺：有人來了！

七巧：（頭也不回看著三爺）你怕什麼？且不提你在外頭怎樣荒唐，
單只在這屋裡……老娘眼睛是揉不下沙子去。別說我是你嫂子了，
就是我是你的奶媽，只怕你也不在乎。

三爺：我原是個隨隨便便的人，哪禁得起你挑眼兒？

七巧：我就不懂，我有什麼地方不如人？我有什麼地方不好？

三爺：好嫂子，你有什麼不好？

七巧：難不成我跟了個殘廢的人，就過上了殘廢的氣，沾都沾不
得？〔註23〕

此刻的七巧大有拚了命不顧一切要爲愛付出一切的架勢，她自怨自傷、楚楚
可憐又振振有詞的模樣，刹那間竟讓三爺有動心的感覺：

三爺：（唱）

只見她、豔如彩蝶、迎秋風

哪個男兒不動情。

一陣恍惚心不穩（擁七巧入懷中）

（白）眞有人來了！

只有這一次，他的擁抱出於主動，彷彿還帶著一點眞心。也因此，七巧豁出
去了：

七巧：我不怕、反正就這一條命，要就拿去！

三爺：（唱）

她不畏流言，我反懼她三分，

野草閒花隨處有，何苦招惹自家人

（白）我不能對不住我二哥。〔註24〕

冷靜後的三爺嘎然止步。男人想玩，外頭對象多得是，何苦惹上家裡人？足
見三爺從頭到尾都沒有認眞過，對他而言，七巧與其他的野草閒花沒有不同，
只是他用來打發無聊時光、耍耍嘴皮的對象。眞情？那可是自找麻煩！

　　相較於七巧對自己情感慾望的大膽索求，三爺的反應確實印證了男性對
女性慾望矛盾的恐懼。因爲恐懼，所以必須壓抑、否定，或者乾脆視而不見。
諷刺的正是，風流成性的三爺，面對七巧的眞情告白，最後懸崖勒馬、冠冕

〔註23〕王安祈、趙雪君：《金鎖記》，頁224。
〔註24〕王安祈、趙雪君：《金鎖記》，頁224～225。

堂皇的理由，竟是「禮教」的規範（三爺：我不能對不住我二哥）。朋友妻尚且不可戲，何況是自家嫂子？劇中七巧數度提及對丈夫的不滿時，三爺都表現出兄弟情深般的不捨與情誼，極力捍衛自己的哥哥：

> 七巧：你二哥話不多，悶在房裡一整日，除了要茶要水沒個聲響。
> 也虧得沒聲響，他說話的聲音就那麼兩種，不是像殭屍開口，就是
> 沒來由的發火。
> 三爺：別這樣說他。至少也顧忌我是他兄弟。〔註25〕
> ……
> 七巧：一個人，身子第一要緊。你瞧你二哥弄得那樣兒，還成個人
> 嗎？還能拿他當個人看？
> 三爺：二哥比不得我，他一下地就是那樣兒，並不是自己作賤的。
> 〔註26〕

三爺不能容忍七巧說自己的哥哥「不是人」，但七巧同樣不被他當人看，他卻理所當然。手足情深、不能對不起二哥的「禮教規範」讓三爺少做了一樁「錯事」，卻加深了豪門媳婦不守婦道的「蕩婦」形象。說到底，都是曹七巧的一廂情願，在這場叔嫂「不倫」情慾的遊戲裡，三爺輕易脫身，背德的批判、不堪的辛酸，全由曹七巧獨自承擔。

　　隨著曹七巧將瘋狂與歇斯底里的矛頭指向兒女的婚姻與情慾，同樣可以推衍女性的身體與慾望，如何在父權宗法體制下遭到反覆的操縱剝削，即使如男性角色長白，也在曹七巧以隱性家長代理人的身份掌控下，成為另一個無聲的「他者」。曹七巧以模擬男性主體擁有的宰制力量，控制壓迫身邊的同性與異性。在古代中國社會，母親對兒子的佔有往往被社會所認可，男孩在婚前被家庭束縛，在發展方面也會受到阻礙，通常得待兒子娶親成家後，才能脫離母親成為自己。不過儒家規範中對於孝道的要求，有時也會因此壓抑了兒子的發展，譬如《孔雀東南飛》及陸游與唐婉的愛情悲劇，即是鮮明的例子。佛洛伊德精神分析理論中提到女性的「陰莖妒羨」，認為女性在父權社會中將永遠蒙受陽具匱乏的焦慮與恥辱，除非她能通過從丈夫那裡得到一個孩子，且必須是一個男孩，她才可能從這個陽具的替代物進入父親所在的象徵界，脫離缺失的焦慮。伊瑞葛來曾對此一理論提出諷刺性的批判：

〔註25〕王安祈、趙雪君：《金鎖記》，頁214。
〔註26〕王安祈、趙雪君：《金鎖記》，頁223。

女人的命運就註定是「匱缺」、「萎縮退化」（即性器官的萎縮）、「陰莖妒羨」，無庸贅言，陰莖才是唯一具有價值的性器官。因此，女人費盡心機要將陰莖佔為己有，方法如下：對父親、丈夫獻出奴隸般的愛戀，藉以企得他們能給予的陰莖；或是渴求擁有小孩的陰莖，偏好生男，以取得至今仍由男性獨享，且大力歌頌男性特質的文化價值等等。女人既無法體驗自身慾望，就只能期待最後一償宿願擁有男性器官的等同物。〔註27〕

　　佛洛伊德認為，母子之間的關係，是最明朗的一種關係；但事實上，在母愛中，與在婚姻與戀愛中一樣，女子對男性的「超然」存在，持著曖昧的態度。倘若婚姻與戀愛的經驗使她對男人懷有敵意，那麼她會以壓制兒子這個小男人為滿足。〔註28〕曹七巧正是出於心理上的依賴、恐懼及情慾的匱缺不滿，而對長白進行情感與慾望的控制，說明了她在父權宗法政治的貶壓之下，自身主體性的失落，也使得她對長白的掌控，主要就在「性事」之上。協助她成功留下長白的工具，不是她為長白娶進門的女人，而是鴉片，以及「她自己」。長白第一次娶親，是因為七巧聽說他被三爺帶著逛窯子去，源於對三爺的恨，更不願兒子成為第二個三爺，遂興起讓他結婚的念頭，欲以合法的性滿足為手段，讓長白留在家裡。可是新婚之夜，七巧卻將兒子圈留在她的煙榻邊，恍惚間，七巧以為兒子張著情人般熱烈的雙眼看著她，其實是七巧將煙燈看成了兒子的眼睛。這代表在七巧心中，長白已儼然成為其情慾的代理對象，母子間不正常的異化關係含藏著情慾張力，充滿性的語言。京劇《金鎖記》特以一段曹七巧「吃魚」的幻想，將七巧從自身情欲被剝奪失落後的匱乏，轉嫁至兒子身上成為她慾望的客體象徵。

　　在東西方文化中，「魚」這一生物因其強大的繁殖功能而與「性」、「情慾」產生直接的連結。依據佛洛伊德的觀點，在人的潛意識中，常以具體的物件作為性的隱喻，如以「魚」象徵男性的生殖器官。〔註29〕聞一多〈說魚〉從《詩經》與民歌中舉證，論述「魚」代表理想的配偶之意，「捕魚」、「打魚」

〔註27〕 Irigaray, Luce（伊瑞葛來）著，李金梅譯：《此性非一》（*Ce Sexe Qui N'en Est Pas Un*）（台北：桂冠出版社，2005 年），頁 27。

〔註28〕 Beauvoir, Simone de（波娃）著，歐陽子／楊美惠／楊翠屏譯：《第二性》（*The Second Sex*）（台北：志文出版社，1992 年），頁 123。

〔註29〕 Fread, Sigmund（佛洛伊德）著，賴其萬、符傳孝譯：《夢的解析》（*Die Traumdeutung*）（台北：志文出版社，1990 年），頁 274～275。

即爲求偶，「吃魚」、「烹魚」正是「合歡」、「結配」的隱語。〔註30〕在鴉片煙迷濛麻痺、虛實難分的氣氛中，七巧訴說著：「兒啊兒，娘的兒啊，兒有娘照應你莫擔憂。備幾尾鮮魚兒嚐幾口，要煎、要炸、要醋溜？」〔註31〕足見七巧內心隱藏的情慾依舊湧動。

於是從新婚之夜始，七巧便將長白留在煙榻上與自己爲伴，彷彿她自己才是新嫁娘。京劇《金鎖記》中三爺與長白的兩場婚禮，竟都是七巧無由滿足的情慾浮動流洩的葬禮。七巧用鴉片麻痺自己，意圖忘記自己的痛苦與殘忍，同時也麻痺了長白，使長白從此成爲沒有靈魂的、她的傀儡，也是父權體制下的傀儡。當七巧返身從客體變成握有權力的主體時，她卻以女性的身份執行著男性父權代理人的工作，把打擊與壓迫對象同時放在同性與異性身上；七巧的二位媳婦皆輕生而死，女兒長安成爲另一個七巧，而長白的生命從此墮落、萎縮，即使活著卻如行屍走肉，母子三人的情慾與主體，都已被父權體制親手閹割。

二、女性自我與發展的侷限

父權體制對女性在家庭閨閣中的束縛侷限，在另一位母親趙姨娘身上同樣有所體現。依據佛洛伊德的理論，母親只有兩種。一是具有陽具的母親，二是閹割的母親。小女孩必須放棄前伊底帕斯時期的陽具母親作爲全能與萬能的形象，而在後伊底帕斯時期認同閹割母親的形象，接受母親並未擁有權力的事實，因爲母親只不過是象徵父親的代理人與執行者。父權社會未曾賦予母親作爲一個有慾望的女人，具有象徵的社會地位與主體性。而被要求認同閹割母親的女兒，其實就是被要求複製母親被物化與他者化的路徑，藉以鞏固父權制度的主體與唯一。從此一觀點切入，大觀園父權文化語境下的母親不論元配王夫人或側室趙姨娘，都一樣是被閹割的母親。王夫人看似擁有掌管家政的權力，實則是父權制度與文化的打手，而相對於王夫人的虛幻榮耀，身爲侍妾的趙姨娘，更連最基本的位置都沒有，她不過是繁衍後代的生殖工具而已。換句話說，趙姨娘不但不是「個人」，也不是宗法制度認可的「母親」，在她身上唯一的價值只有「子宮」，當孩子誕生後其價值便宣告結束，而父權宗法期待她安靜本分、無慾無求地走完餘生。

〔註30〕聞一多：〈說魚〉，《聞一多全集》第一冊（台北：里仁書局，1993年），頁130。
〔註31〕王安祈、趙雪君：《金鎖記》，頁246～247。

　　這正是形成趙姨娘種種不平心態與乖戾行為的主要原因。多數女性在與趙姨娘相同的處境下過著噤聲隱忍，承受男性給予她們的寂寞生活。然趙姨娘卻非如此，她尖酸刻薄的言語、胡鬧、動不動撒潑爭取，為講究倫理宗法的大觀園時時添亂，其諸多言行不僅觸怒違反了儒家社會對婦女德行的要求，也使她成為眾人眼中的玩笑與麻煩，但其實她卻表述了內心最真實的慾望與感受。姑不論其陰微卑瑣有多少先天因素，端視其嫁給賈政，生下探春與賈環之後所受到的待遇，與其行為上之失控連結，便可得到合理的解釋。父權制度與儒家道德要求女性具有婦德，符合母道，但卻並未給予所有女人相同的機會，至少在趙姨娘身上沒有這樣的機會。她雖為賈政生下一兒一女，但與賈政之間卻難有正常的夫妻生活。由《紅樓夢中人：探春》第三場〈怒擲繡春囊〉中，描述趙姨娘與賈政間的互動即可見一斑。夜裡趙姨娘慇勤端著桂花糕滿心期待地來到房中伺候賈政入寢，看賈政為家務傷神，關心的問了一句，卻只得到丈夫一句：「嗯，與你多說無益，不用多問。」賈政隨即自顧自看起公文來，態度冷淡，完全將趙姨娘當做空氣。趙姨娘拿出點心，想傾訴心中苦悶，絮絮叨叨講了一些家常事，賈政卻明顯的表示厭煩，不吃也不回應，以致於趙姨娘忍不住有感而發的說：「服侍老爺幾十年了，做丫頭的時候，端茶倒水，鋪床疊被，總也不離老爺身邊。打從您收了我，就捱不上伺候老爺了。別說知心話，連家常言語都說不上幾句。細想起來，您當初真不該開恩典收了我，我要還是貼身丫環，至今仍可整天陪著老爺，跟前跟後話家常。生下一雙兒女之後，反倒離老爺越來越遠了，就連我們的女兒……」〔註32〕這段話無疑是趙姨娘內心的肺腑之言，她是如此真心實意，想像個小妻子一樣地跟自己的枕邊人訴訴心事，年輕時的甜蜜、曾有過的體己、自己的寂寞，以及對女兒終身大事的擔憂。這本是尋常夫妻間閨房內可有的對話，但卻成為趙姨娘一廂情願的自言自語，不但沒有因此得到丈夫的憐愛疼惜，反而在她提到「我們的女兒」時，冷不防被丈夫怒斥了一句：「出去」！賈政何以勃然大怒？原因便在於趙姨娘不該將探春視為「她」的女兒，因為按照「宗法禮儀」，正室為尊，嚴分嫡庶，縱使探春確為趙姨娘所生，但在宗法制度規範下，探春只能尊王夫人為母，而須視生母為「姨娘」，如此豈非將生殖視為其唯一功能，且硬生生剝奪其為人母的權利

〔註32〕王安祈：《紅樓夢中人：探春》，《戲劇學刊》第 21 期（台北：國立台北藝術大學戲劇學院，2015 年），頁 312。

與感受？

　　縱使女人身上具有生育的力量，男人依然是女人的主宰，一如他是豐饒大地的主宰。女人作為大自然豐饒多產的化身，卻注定要像大自然一樣，順服於男人、附屬於男人，為男人所剝削。〔註33〕因此，趙姨娘的失落是可以想見的。當她為了哥哥的喪葬費不快時，探春卻說：「皆因夫人看重，才命我代管家事，如今還未做出一樁半件，姨娘倒來作賤於我。倘或夫人知道，怕我為難，不叫我管，那時非但我失了臉面，哪個又有光彩？」一聽到女兒搬出「夫人」，趙姨娘五味雜陳：「妳只顧討太太疼，就把我們忘了嗎？」〔註34〕明明是自己生的女兒，怎麼心卻老向著別人？乍然聽聞探春婚事，趙姨娘忍不住想關心，卻立刻被王夫人搶白過去，王夫人想起元春嫁入宮中，母女無法相見，逕自傷心落淚，卻不准趙姨娘為探春的未來擔憂或表示意見。同樣做為女人／母親，王夫人卻無「將心比心」的情懷，無怪乎趙姨娘要感嘆：「親生女、婚姻事，不容我一言半語，她逕自、東扯西攀，眼淚為她女兒噴」了。女兒不是自己的，丈夫也不能體會自己的心情，唯一的娘家哥哥又死了，偌大的府裡，她還能依靠誰？儘管明知必須遵守嚴分嫡庶的規範，但情感上終究難以自持；而此時王夫人又出現了，當著趙姨娘的面挽起賈政的手入房安寢，獨留趙姨娘面對漫漫長夜與一顆落寞無從安置的心。在傳統一夫多妻的家庭中，趙姨娘僅存生育的工具價值，其卑賤弱勢使她即便懷胎十月，也沒有享受親情的機會。

　　父權體制下的婚姻，對女性享受親情的侷限及角色責任的要求，還體現在女性與娘家之間的關係上。《王有道休妻》中，孟月華在王有道出門應試期間回娘家祭祖，卻無法多待一晚陪伴父母。孟母不捨，做糕餅、煮湯圓，百般挽留，只是希望月華多停留片刻。月華不忍拂逆，只得表面應允後佯裝腹疼，再偷偷從後門離開。父權社會認為女性進入婚姻之後，就成為夫家的財產，原生家庭的父母縱然寂寞，女兒終是外姓，再不忍也要割捨。因此月華即使想盡一盡為人女的孝心，重溫在父母懷中撒嬌任性的女兒情，卻已不可能。女兒要走，父母也不敢強留，文本中孟母失望之情溢於言表，而孟父則理性自持，當家院德祿自告奮勇要將月華追回時，孟父厲聲阻止：「不許

〔註33〕Beauvoir, Simone de（波娃）著，歐陽子／楊美惠／楊翠屏譯：《第二性》（The Second Sex）（台北：志文出版社，1992年），頁159。
〔註34〕王安祈：《紅樓夢中人：探春》，頁303。

去！不許趕她回來，哪個大膽前去趕她回來？！」〔註35〕表現的並非父親的無情，而是父親的理解與心疼：孩子出嫁了，終究是別人家的，要為她的立場著想才是。月華擺盪在妻子／女兒身份之間，最終還是做了聽話乖巧的妻子。

除了角色與責任上的矛盾衝突外，進入婚姻中的女性往往在個人專長、喜好或成就上的追求，也會面臨被迫放棄的處境。譬如孟小冬與梅蘭芳因相互傾慕而締結姻緣，當時梅蘭芳已有兩房妻室。二人因戲結緣，台上琴瑟和鳴、羨煞眾人，可是結婚後梅蘭芳卻告訴小冬：「跟了我，別再上台唱戲了」〔註36〕，說唱戲辛苦，捨不得她擔驚受怕，但其中豈無隱含傳統社會對於女性婚後「應以家庭為重，勿拋頭露面」的思維？在父權社會中，男人獨攬使社會敞向大自然、敞向人類全體的職司，男人投向世界不斷超越、向上提升，而女人代表的卻僅是靜態的一面，自我必須向內閉縮。孟小冬為愛果真不再上台，但並沒有因此換來與梅蘭芳之間幸福的結局。梅蘭芳忙於排戲、出國演出，而小冬的身份也並不被所有人承認。陷在愛中的孟小冬只能深居簡出，眼看梅蘭芳絲竹不輟，「嗓更美、味更濃」，小冬不禁想起自己「一路追尋的心底聲音」。小冬自問：我追尋的真是「梅蘭芳的聲音」嗎？跟了他，是否注定一生隱身其後，放下自我，以梅蘭芳為今生所求？倘若梅孟之戀後來沒有走向破碎，也許孟小冬只會是另一個福芝芳也未可知。又如《十八羅漢圖》中赫飛鵬與嫣然這一對老夫少妻，雖說丈夫對妻子非常寵愛，可用的卻是他自己的喜好與方式。嫣然本性活潑慧黠靈動，赫飛鵬卻喜歡把妻子妝點成冰雪般的空靈美人。劇中赫飛鵬為少妻新做了水墨裙衫，並以為該用素雅的菊花或純白玉釵搭配，硬是將嫣然頭上的桃紅鮮花換了下來。對赫飛鵬而言，美麗的妻子是他筆下的畫景之一，美則美矣，卻沒有自我的生命：「江山萬里是我造景，陰晴風雨我掌握中。冷月千山我墨浸潤、煙籠寒水我渲染成。潑墨鋪灑連江雨，一揮而就縹緲峰，冰雪佳人我妝點，再藉妳、一抹幽韻、更添我筆下性空靈。」〔註37〕他將妻子當成模特兒，不問對方喜好，只管自己

〔註35〕王安祈：《王有道休妻》，收入《絳唇珠袖兩寂寞——京劇‧女書》（台北：印刻文學，2008年），頁68。

〔註36〕王安祈：《孟小冬》，收入《水袖‧畫魂‧胭脂——劇本集》（台北：獨立作家出版社，2013年），頁67。

〔註37〕王安祈、劉建幗：《十八羅漢圖》，劇本尚未發表，由王安祈教授提供，頁33～34。

一手打造，無視於嫣然的抗議之聲。嫣然確有「異議」，雖表面上未疾言反對，有時撒嬌般的拒絕，有時甚至爲顧念丈夫的好意與尊嚴而附和之，但當她看著被丈夫擺弄妝點好的自己在畫中呈現時，總清楚的知道：「這不是我啊！」並且將丈夫爲她畫的許多畫像盡藏於衣櫃壁角。赫飛鵬儘管溫柔，在他心中小妻子仍有如「天下萬物，盡歸於我」；他雖然是第一流的鑑賞家、蒐藏家，內心卻有著一處脆弱：不敢在自己的畫作上題上眞名。因著他的寵愛，妻子嫣然多也溫柔相待，但在被容許的任性與撒嬌空間中，她仍意圖保有自己觀看、評價自己的方式。也正因如此，她最後才能在溫柔的堅持下，讓夫婿的海棠紅眞跡得以面世。原本赫飛鵬對小妻子的「耍賴」多一笑置之，直到宇青爲嫣然畫的「水玲瓏」意外博得嫣然賞識喜愛，破天荒要將之裱褙時，終於讓赫飛鵬感到了不快。自己爲妻子畫了多少得意之作都被束之高閣，可一個年紀輕輕的小夥子兩三筆就勾勒出妻子神韻，還得到嫣然的肯定，作爲丈夫豈能容忍？宇青的無心之舉與嫣然的直率天眞無疑引發了赫飛鵬的「夫權」意識與妒才之情，加上他對藝術的認知及對古畫的覬覦之心，終而設計陷害宇青入獄。

　　已婚的曹七巧、趙姨娘、孟月華、孟小冬與嫣然，受限於父權宗法對人母／人妻的種種要求，使其無論於物質、情感、活動空間、藝術生命，乃至主體自我的認同與追尋，都受到不同程度的壓抑限制。《三個人兒兩盞燈》中無數佳麗，在只能以君王爲唯一情感依託的深宮內苑，不只身體與行動受到侷限，其心理更是在無止盡的盼望、等待與失落中飽嚐孤寂而逐漸凋萎。即如未婚的女兒探春，在如牢籠一般的大觀園中，縱使其格局大、志氣高、才智超卓，比許多男人還有膽識才幹，卻同樣困於父權體制之下，沒有機會出外追求自我。即使奉命代掌家事有模有樣，在她父親賈政眼中，終究認爲「女子難撐一片天」。〔註38〕探春受困閨閣，心志不減，但如姊妹迎春、丫環司棋的命運，卻更爲乖舛，前者像商品般被嫁與性情暴戾的孫家，百般受虐，未有多久即抑鬱而終，司棋追求自己的愛情與潘又安相戀，私奔不成只能自刎身殉。「女兒悲、女兒愁、女兒血、女兒淚」，大觀園中的女兒們「芳心一點嬌無力」，在父權禮教嚴謹規範下，難有追尋自由與表現自我的機會。

　　由羅伯・威爾森（Robert Wilson）與國光團隊合作的意象劇場《歐蘭朵》，

〔註38〕王安祈：《紅樓夢中人：探春》，頁311。

中文戲曲版劇本由王安祈編寫；雖然主要以品克尼（Darry Pinckney）摘錄自吳爾芙原著小說的英文版本爲底，但王安祈仍透過個人閱讀《歐蘭朵》原著後所感受到的趣味與感動，來進行其戲曲版劇本的編寫工作。關於奇幻的《歐蘭朵》，吳爾芙自己曾親筆爲文，說明它是一部傳記，描述一段從 1500 年到 1928 年的生活。書中改變歐蘭朵的性別，並記載個性橫跨不同世紀的各個面向。「由男變女」的過程與體會，是歐蘭朵追尋自我、辯證生命的重要歷程，因此在劇中，便不乏歐蘭朵變成女人後的種種心情與感受。她說：「我是個年輕男子時，主張女子必須精心打扮、芳香美麗。如今我必須爲此付出代價。」從晨起梳頭開始，女人每日耗去多少精神與心思費力打扮，「眞累啊！」女衫上的繡花貼片雖然美麗，可是裙裝時常讓她跌跤，行動也很不方便，「穿著這能下海游泳嗎？」「男人們不要我們讀書識字，他們是怎樣的作弄我們？……那時，我也以女人不讀書不識字爲天經地義，道理很簡單，他們怕我們讀了書就會嘲笑他們。」女人不僅得爲了男人喜好而梳妝打扮、沒有讀書識字的權利，還必須時時注意自己的服裝言行是否端莊合宜，而女人生命中最重要的事就是「奉茶倒酒、伺候男人」，以及「守貞」。「現在我是女人，除了梳妝打扮，還有一件更重要更重要的事：守貞，經年累月的守貞。貞節，女人言行舉止之基石，務需狂烈捍衛、捨身以護之珍寶。」著上女裝的歐蘭朵回到家鄉，等待著她的卻是三大訟案：「一、我已死亡，不能擁有財產；二、我是女人，不能擁有財產；三、我曾娶舞女爲妻，與她生了三個兒子，兒子們宣稱我已死去，財產全歸他們。」〔註39〕身爲女性跟死者無異，沒有資格繼承或擁有財產，歐蘭朵失去財富，更加明瞭社會對男女有別的界線與要求。王安祈《歐蘭朵》的創作主旨並不在抨擊或批判父權，而是爲彰顯歐蘭朵跨越四百年生命，在不同的時空中體會人生的過程，他由男變女，逐漸理解性別是被社會文化「建構」的，從此能分別從另一方的立場了解兩性，從而對「人」有更深入的認識。藉由歐蘭朵對於男女因性別而遭致不同待遇與處境的體會，仍可照見不論東西方，同樣存在著男女之間界線分明的掌控／被掌控的父權政治文化。

〔註39〕 以上內容摘錄自王安祈：《歐蘭朵》中文戲曲版劇本，收入耿一偉等著：《喚醒東方歐蘭朵——橫跨四世紀與東西方文化戲劇之路》（台北：國立中正文化中心，2009 年），頁 172～205。

第二節　嘲弄父權、反思傳統

一、迂腐／正經一線間：《王有道休妻》

　　王安祈自傳統老戲《御碑亭》提煉而出的實驗劇《王有道休妻》，以「嘲弄」筆法書寫儒生王有道與柳生春的迂腐形象，直探父權禮教、儒家宗法對個人（不分性別）感性層面的壓抑。本劇著意於挖掘孟月華「情動」刹那的微妙心緒，而未改變歡喜冤家最後團圓的結局，因此王有道的形象塑造不在於高舉父權貶抑女性，而是在通過父權禮法對古代人物思想與行為的教化上著墨，彰顯的是理性道德規範對「人性」（人欲）潛移默化後的自我壓抑，透過王有道／柳生春的「正經」見其「迂腐」，可視為嘲諷與解構父權的創意小品。

　　第一場〈別家〉，王有道初上場，即掌握一切發言權，將自己與妻、妹的身份隆重介紹了一遍，而孟月華及小姑則如同兩尊木偶，乖巧沈默立於二旁。王有道說自己「幼讀詩書，滿腹經綸，早該是國之棟樑」，卻因為「『世人盡知』我家中只餘妻子賢妹兩個『青春貌美』的女子」〔註40〕，因而放心不下，多年來「不敢」輕易離家，故而蹉跎了功名。這孟月華與小姑想必有天仙之貌，不然就是王有道認定舉世男人俱為登徒子之流？或者以為王有道愛妻心切，不容覬覦，實則恐怕是將之視為私有財產，亦且又是柔弱女流，因此唯恐遭他人染指、竊取，有損自身顏面，故而不安全感甚重！誰想赴試不過三日左右工夫，並非三年五載，而王有道卻連三天也無法挪開腳步，徒然浪費了多年光陰，其形象一出場即荒謬好笑至極。

　　延續「家有嬌妻」的不安全感，王有道臨走前不免細細叮嚀、處處交代：「門底需記塞棉墊，麻繩雙絞門拴嚴。窗櫺細縫加針線，提防歹人薰香燃。娘子青春玉容豔，這幾日你務必要：柳眉低垂、杏眼半睡、端肅儀容、正心誠意、莫教他人暗垂涎。」〔註41〕不但家中硬體設備要萬全防護，更重要的是：妻子絕不可有任何「勾動」他人的言行，否則屆時「遭劫難」，而恩愛夫妻將因此仳離，因為「女子名節最為先」！先不論王有道充滿父權的思維邏輯，單就他交代妻子必得「柳眉低垂、杏眼半睡、端肅儀容、正心誠意、莫教他人暗垂涎」〔註42〕，即表示他對於妻子擁有的「能動性」充滿恐懼與不

〔註40〕王安祈：《王有道休妻》，頁61。
〔註41〕王安祈：《王有道休妻》，頁62。
〔註42〕王安祈：《王有道休妻》，頁62。

安。孟月華若果僅是一具美麗的洋娃娃，那麼將之收束於櫃櫥閨房之內，三天後返家斷無任何變化之理，即使出門三五年也不必擔憂；然而，孟月華畢竟是活生生的人，還是個美人，既是人，便能跑能跳、能動能說，縱無「勾動」他人的「本意」，也可能一不小心引發了勾動他人的「結果」，故此王有道才憂心忡忡，再三囑咐。此時的王有道，並不認為妻子會「刻意」「招蜂引蝶」，也不認為妻子有任何情慾湧動的自發可能性，他單純地，就擔心「其他的男人」居心不良。此一思維，正體現男性中心對於女性慾望世界的期待與想像。對男人而言，見到美麗的事物而有所求、有所欲是天經地義，所以王有道要好好地保護自己的妻妹，不被其他男人染指。但在男人的觀念中，女人是沒有慾望的。因為沒有慾望，所以也沒有權力、快感，女人只是被男性觀看的「物體」，她們的身體不以追求快樂為目的，只具生育的功能價值。因此傳統夫妻的結合，既非以愛為基礎，更於現實的種種考量下，將夫妻間情意感性的交流視為枝微末節。婚姻的結合，為男子取得女性身體所有權，而女性則得到接受扶養的保障。此為傳統婚姻結構的立基點，而女人的身體從此專屬於一個男人──她的丈夫，在此之前，她的身體則屬於她的父母。

應試歸來的王有道不改其本色，先裡裡外外檢查一遍門戶設備的完整性，而後問起了妻妹這三天的作息。當他聽說妻子曾與陌生男子被雨同困於一亭中，返家後便掛著一抹「神秘的微笑」，而這抹「喜孜孜、羞怯怯、甜糯糯的微笑」，竟是因另一個「他」而生發的，不禁又惱又怒。他一廂情願認為「其中必有曖昧情」，而後問也不問，就一把鼻涕一把眼淚地寫了休書，將妻子送回娘家了。王有道的反應委實有趣，明明捨不得，卻難忍「家變」，可見在他心目中「綱紀倫常」勝過一切，「豈可輕廢」？為「正夫綱，肅閨門」，夫妻情深也得暫拋一邊，可見他是父權禮教的最佳奉行者。後來王有道從柳生春的「自白」中確認了妻子的「清白」後，二度驚喜抱住柳生春的反應，才是他內在情感的真實湧現，代表他實在對妻子有情，只是往昔腦袋中充塞倫常道德規約標準，稍有風吹草動才會立即「絕情」。又愧又喜的王有道欲將妻子接回，但他儘管「滿腹經綸、飽讀詩書」，「應考時下筆有神，文不加點」，卻完全不知如何表達感情。此處劇作家刻意鋪陳王有道面臨「賠禮認錯」一事手足無措的窘境，只因「古無明訓，少典範」，要下跪又覺「男兒膝下有黃金」，經書上從來沒教他怎麼跟妻子賠罪，既正經又困窘的形象令人好笑又同情。

　　本劇中與王有道之「迂腐」不相上下者，還有那誘發「躲雨窺看」事件的男主角——柳生春，在此也值得一書。百般無奈下與孟月華一同躲雨的柳生春，見亭中孤男寡女，簡直比孟月華還「害怕」，他直言「怕自己按捺不住」，趕緊拿出書本來讀，意圖靠著讀聖賢書「正心誠意」，可是天色昏暗，無法看書，百無聊賴之際，眼角自然瞥見了孟月華。平日手不釋卷的書呆子忍不住有一點心動：「我只知、書中自有玉容豔，從不曾、與佳人、咫尺相接、摩踵擦肩。莫非蒼天垂憐念？真個是、留客雨、送潮風、雨留客、風送潮、滴溜溜、疏剌剌、滴溜、疏剌、留客、送潮，這光景、書生情何堪、書生情何堪？」〔註43〕向來埋首書堆的男子，哪有機會與美女這麼近距離接觸？身心正常的柳生春，不免也心蕩神馳了起來。可惜不過幾秒鐘的賞心樂事，隨即一陣雷鳴，把剛剛才有點「人性」的他又嚇得縮了回去，爾後感受到孟月華有所「回應」時，竟然「心驚意恐」，驚魂不定，整晚如坐針氈，再也體會不到那滴溜溜、疏剌剌的微妙感受。劇作家在此要表現的是讀書人受到禮教的「重度污染」，堅守「男女大防」、「萬惡淫爲首」等規範，卻一個個成了不解風情的書呆子，無法體會感受情生意動的美好喜悅。柳生春文章鄙俗，毫無可取，卻仍榮登進士之列，就因他「暗室之中，不欺名節」，老相爺謂：「此人必是積善之家，祖上有德，日行一善，積了陰德，才有春風、春雨、春雷、春花，暗中相助，日後必爲國家棟梁。」〔註44〕此一段落雖主要爲了鋪陳王有道後來的「恍然大悟」（知道自己誤會了妻子），以讓其夫妻團圓，然實是極盡諷刺之描述。不論王有道也好，柳生春、老相爺也罷，他們都是道德指標擺第一的父權社會執法者，當然，也是受害者。本劇女主角孟月華，同樣內化了父權體制對女性身份、慾望的多重規範，才會引發被觀看時內心兩個自我的掙扎拉扯，此部分將於第三章進行論述。

二、江山／愛情：君王的多情與反思

　　王安祈自傳統戲曲取材，藉嘲弄之筆突出父權禮教之限，並由「情」之生發重探女性的思維與主體。前述王有道等腐儒形象，於輕鬆詼諧間發人省思；而《水袖與胭脂》則藉《長生殿》主角楊妃的自我追尋、不斷叩問，一步步體現經典的情觀與價值。劇作家更欲透過《水袖與胭脂》探討「創作的

〔註43〕王安祈：《王有道休妻》，頁75。
〔註44〕王安祈：《王有道休妻》，頁93。

本質」，故而先將《長生殿》打破，而後經由角色主動的追索，一點一滴重新將之組構成形。因此，楊妃的迷惘、探問成為必經之路，而在此一過程中，透過楊妃對其生命中兩個重要男人的質疑詰問，從而挖掘出男人內心的掙扎、悔愧以及楊妃的體悟。

　　本劇特意將楊妃與老王（唐明皇）相愛之前為十八王之妻的歷史提出，添加一筆對十八王子的著墨。過去的文學書寫多刻意將老王父奪子妻這一段遺忘，王子像被消音的人物，從不知他的心情。然而設想一個男人面對父親欲奪己妻，在他無奈接受命運的前後，是否有過掙扎、憤恨、甚至意圖報復的心？第四場藉仙子與無名、祝月等人排戲的過程，劇作家讓仙子與王子（無名飾）二人交錯扮演對方的角色以勾勒王子當年的心境。當王子聽聞父親下旨將楊妃送入道觀時，一開始不免驚訝憤怒，但隨即一想：「我今若將美人雙手奉上，父王定將太子之位回贈與我。一旦江山坐穩，還怕無有美人？唉呀這……大丈夫須以社稷為重。」〔註45〕心中既有了「只要江山坐穩，哪怕無有美人」之念，自然表面上就虛與尾蛇了起來，既不抗辯也不私奔，嘴裡對楊妃說著「雙星為証，你我夫妻暫且分別，容我再思良策」，實則已決定犧牲妻子換取自己更寶貴的未來。因此，馬嵬坡前當老王與楊妃被自家軍隊圍困時，十八王子理應前來救駕；王子也曾快馬揮鞭，最終卻在鼓譟的大軍陣前選擇了「袖手旁觀」，因為，他的心中仍有芥蒂，不只是恨，還有自責，以及對曾是自己妻子的楊妃複雜的情感。十八王子與楊玉環結褵六年，二人間也曾有過七夕盟言，妻子卻在一夜之間成為父親的寵妃；他縱然百般不願，但衡量局勢後選擇隱忍放棄。據說父親與楊妃始終恩愛，看在他的眼中，怎不五味雜陳？如今，父親面對巨變，必須在江山與美人之間抉擇，那豈不是與自己當年的處境相仿？曾經，他為了權勢背棄了愛情盟誓，多少個夜裡，他埋怨父親、偶爾也自責自己無能，更怨怪妻子的移情。而此刻，比起解圍救難，他更想看看昔日信誓旦旦、據稱情比金堅的父親，在這天塌地陷之際，將如何決定？父親對楊妃的愛果真比自己更多更濃嗎？他要親眼見證。啃噬王子心中多年的痛苦與陰霾，在父親同樣選擇割捨愛人的那一刻烏雲般消散，而他終究什麼也沒做，看著昔日的妻子、今日的母后，成為白綾下一縷亡魂。

〔註45〕王安祈：《水袖與胭脂》，收入《水袖‧畫魂‧胭脂——劇本集》（台北：獨立作家出版社，2013年），頁203。

楊妃自然憤怒異常，認為十八王子見死不救，太過惡毒；可是十八王子
反駁：「妳是我的什麼？妻子？母親？當初被奪入宮之時妳就該自盡，豈可一
身侍奉父子兩人？妳與我七夕定情，又一個七夕，又與他訂情。妳、妳……
只會在金殿之上斥我所唱虛謊，在馬嵬坡前、妳怎麼不問盟言今安在哉？」
〔註46〕作為一個男人，當年的「奪妻之恨」始終縈繞於心，他以為父親固然
自私，而妻子更不該「一女事二夫」，身為人夫／王儲，在愛情與權勢之間，
他做了違背愛情的選擇。海誓山盟、金鈿濃情，遠遠比不上男性世界中的名
利地位與大好江山。楊妃能不感到「毛骨悚然、不寒而慄」嗎？「多少年深
宮內苑受嬌寵，到頭來六軍鼓譟把命催。臨終不解有何罪，只似傀儡戲一
回。信誓旦旦今猶記，字字盟言出自伊。王子與我蓮並蒂，萬歲與我翼雙
飛。翼雙飛、蓮並蒂，大難當頭面目非。一個是冷眼旁觀壁上觀，一個是雙
手親賜白綾匹」，〔註47〕不論唐明皇或十八王子，最終都將心愛的女人拋棄
了，這就是父權政治下女人的宿命？楊妃終於知道，對男人而言，無論獻她
奪她都是為了男人自己，女人充其量不過是男人的「玩物」，如「足下泥」般
地不值一顧。

藉由對十八王子的著墨，一方面深掘人性，讓楊妃的抒情更為深刻，二
方面也對照出唐明皇最終能掏心自剖、面對自我真實情感時的可貴。劇作家
在此借楊妃之口，對父權政治下多將女子視為玩物利用的心態與現實做了剖
析，同時讓老年的唐明皇在楊妃面前說出了他內心真正的悔愧：悔當年自己
猶存一念戀江山，愧自己軟弱無主張，保住了江山，卻剩下被思念與悔恨占
據的餘生，失去所愛的人生，還有何意義？《長生殿》藉楊妃與明皇精誠不
散的生死之愛言「情至」之境，傳奇中死後的楊妃鬼魂亦深悔不已，與明皇
二人均在愛情的愁苦中飽受痛悔與死別的煎熬；但《水袖與胭脂》卻大量省
卻對楊妃悔恨悲戚之情的描述，而專注於唐明皇的懺悔。前有十八王子的虛
情假意與滔滔詭辯，後有唐明皇的孤寂思念與真心愧悔，在虛假與真情的對
照之下，自然產生對傳統父權家國價值的反思，展現屬於劇作家個人的思維
歷程。

君王的深情不僅讓楊妃的靈魂得到淨化、安頓，同樣讓身處宮苑及邊疆
異地的有情男女，找到了幸福的機會。《三個人兒兩盞燈》中雙月暗藏詩稿被

〔註46〕王安祈：《水袖與胭脂》，頁205。
〔註47〕王安祈：《水袖與胭脂》，頁206。

發現，本應是殺頭的大罪，但玄宗審理此案時，竟然不從父權宗法、殺一儆百的角度處理，反而回顧起自身久困情海的茫然與痛苦：「為梅妃、孤負盡了三千粉黛，又為楊妃將梅枝兒冷落拋開，今生久已陷情海，忍教他人愁難開？多情天子償情債」，乃以同理之心做出了「人間情根仔細栽」的安排。既給了雙月、陳評在此生結為夫妻的機會，種下後來廣芝、雙月、文梁三人互相扶持各覓所託的安慰，也為自己的情鎖做出了超越與解脫。皇上說：「男歡女愛，天經地義，何罪之有？」這十足是現代人的思維。傳統父權社會不是將情慾視為洪水猛獸欲滅之而後快，就是將家國民族置於個人情愛之上，宮苑女子與軍隊士兵的命運與歸屬更理當受到嚴格的規範。而多少天子坐擁江山美人，無不視之為君王之驕矜權貴，黎民百姓豈有與之平等之理？只有君王可以任意擇取，想愛就愛，想丟就丟，女子的傷心幾曾入他的心與眼？但劇作家不忍也不捨，同感即使身為帝王，即使是父權社會給予較多自由與權力的男性，何嘗不會被情所困？何嘗不能擁有一顆多情的心？這樣的安排既讓人生的情感在缺陷處有所補償，也體現了傳統男性思維中較少出現重情自省的君王形象，可謂另一種顛覆與創新。

第三節　誰的家國？誰的政治？

一、政治處境下的人性演繹

《百年戲樓》為國光劇團配合中華民國建國百年而編創的作品。故事主軸鎖定從京劇演員的角度說自己的故事、演自己的歷史。以京劇百年對應建國百年的初衷，是想「去政治化」，不歌功頌德、不勵志、不寫壯闊宏偉，只想在歷史長河的流盪中，傾訴伶人嗚咽幽微的心底聲音。劇作家選擇以「背叛與贖罪」為主題，不變的是對「人性」的探究。全劇分三幕，分別代表京劇百年三大階段，其中第三幕以中國的文革為背景，描述的正是藝術面對政治衝擊下的人性無奈，同時也彰顯劇作家從台灣的觀點出發，所詮釋、建構的百年京劇史。

1954 年，京劇演員華崢收了徒弟茹月涵，一心栽培她，與之合演《白蛇傳》，並將一雙蟠龍繞鳳金絲掐紅牡丹重瓣小繡鞋送給了茹月涵。那雙鞋是老華家的獨門繡樣，上頭新加的紅牡丹，曾經迷煞許多上海的太太小姐們，它是華崢的創意，也是華崢對月涵的重視。茹月涵原想穿著這雙鞋，讓自己在

舞台上走得更端莊典雅，更機靈秀氣，卻想不到一場文革漫天掃來，突如其來的狂風暴雨，「刮得人站不住腳。什麼雲步、磋步、圓場，都成不了形，屁股坐子、鷂子翻身都還來不及做好呢，全都陷進泥濘裡。」〔註48〕國家政策說要破四舊，沒人敢反抗，紅衛兵正好揪緊了那雙鞋大做文章：

紅衛兵甲（奪過華崢手上的繡鞋）：說！這是什麼鬼玩意兒？說！

華崢：女鞋。

紅衛兵乙：我當然知道它是女鞋。我是問你，它到底是誰的？

華崢：青衣、花旦、刀馬旦，都可以，生行，文丑武丑，都不宜。

紅衛兵甲：茹月涵，你老實明理，清清白白的講，這可怕的東西到底是誰的？

茹月涵：蟠龍繞鳳金絲掐紅牡丹重瓣小繡鞋。

紅衛兵甲：什麼紅絲綠絲？這麼繞口，聽著就讓人墮落，肯定也是封建社會的一朵毒菜花。

紅衛兵：給我說清楚了，不然也判你個右派的大帽子戴，再剔你個陰陽頭，綁了你遊街掃大糞。說！

⋯⋯

茹月涵：是他送給我的。⋯⋯（轉身面對眾人）我告訴你們，那許仙的頭腦始終不清楚，明明是新中國的人，卻對舊社會老東西不能割捨。有一次，他不知從哪裡弄來那雙鞋，說是送給我演白素貞，還說這鞋穿了，會讓白素貞更性感，更能誘惑人。誰想得到呢？他竟然把反抗封建的白素貞，誤解成被愛情沖昏頭的小資產女青年！他家裡明明有妻小，卻想用這種糊塗的小資想法誤導我，⋯⋯我跟他真的是清清白白的。我跟他，始終是劃清界限的！〔註49〕

黃土四濺，濺上金絲，蟠龍繞鳳成了一尾蛇，從四面八方鑽向茹月涵。茹月涵害怕極了，她不能呼吸、喘不過氣，可是她不要死，她想活，她要活下去！於是，她只得供出華崢，與華崢劃清界限。華崢遭到了批鬥，備受打擊，後來投湖自盡。一場政治風暴，茹月涵成了另一個李鐵梅，為了生存，必須批鬥他人：

〔註48〕王安祈、趙雪君、周慧玲：《百年戲樓》，收入《水袖・畫魂・胭脂——劇本集》（台北，獨立作家出版社，2013年），頁151。

〔註49〕王安祈、趙雪君、周慧玲：《百年戲樓》，頁151～156。

> 琴師：我？她要我幹嘛？各地京劇團琴師這麼多，她要我幹嘛？是
> 給她端茶倒水？還是她家胡琴太多了，讓我幫著砸去？
> 金翎：誰砸誰胡琴？你唱的是哪一齣啊？
> 琴師：哪一齣？十年，十年……她茹月涵可是卯足著勁兒要唱角兒
> 啊，什麼事沒幹過？她帶著一幫人到我家，把我爹我老祖多少把老
> 琴，全都抄了出來，還放火燒了。其中有一把還是當年楊派琴師親
> 手做了送我爺……〔註50〕

鐵梅高舉紅燈親手將老琴丟入火堆之中，親手將師傅推進了冰冷的湖裡。戲，沒法兒唱了（整整十年，大家都不演白蛇、不演虞姬、不演貴妃。整整十年，台上只見打辮子的李鐵梅，再也不見梳包頭的白素貞）〔註51〕；人，也永遠回不來了。

十年後，時代又變了。茹月涵躲過了浩劫，卻躲不過心底深處沈沈的懊悔。於是她千里迢迢從北京來到內蒙，找到了華崢的兒子華長峰，堅持將他帶到京城與她一起唱《白蛇傳》，將華崢教過她的，一點一點重新教給華長峰，如同當年華崢一點一點教給她一般。跟在茹月涵身邊十多年的金翎，看著台上演出白素貞的茹月涵，終於知道：茹月涵臉上的淚花，不是白素貞的淚花，而是她自己的淚花。戲裡的白素貞幾次三番被許仙背叛，現實中的茹月涵卻背叛了華崢，政治風暴下人生的無奈與弔詭，脆弱如螻蟻般的人們如何面對與轉圜？眼淚能洗去所有錯誤與不堪，讓一切重來嗎？而華長峰難道不恨茹月涵？

可是長峰竟拿出了當年那雙從火裡救出來的蟠龍繞鳳金絲掐紅牡丹重瓣小繡鞋，當成禮物送給了茹月涵。鞋子雖已不復新亮，那朵紅牡丹居然還在，就像當年師傅對徒兒的心意，始終沒有改變。金翎忍不住質疑起華長峰的用意：

> 金翎：敞開心胸說真話。我問問你，你到底為什麼要回來和茹姐唱
> 戲？你安的什麼心？
> 華長峰：我父親以前老說要教我戲。年少的時候不懂事，叫嚷著說
> 唱戲的沒出息，才不要跟著他腳步。等他走了，想他的時候，卻怎
> 麼想，都是他唱戲教戲的模樣。……我沒有跟我父親學過一天戲，可

〔註50〕王安祈、趙雪君、周慧玲：《百年戲樓》，頁140。
〔註51〕王安祈、趙雪君、周慧玲：《百年戲樓》，頁139。

茹老師卻跟我父親學了一身的本事。她就算不記得我父親，總該記得我父親是怎麼唱許仙。我要能跟他搭檔演一回白蛇傳，就可以知道我父親怎麼唱許仙的，那憤恨底下的情癡，究竟是怎麼回事。

金翎：我就不信你就這麼原諒了茹姐。

華長峰：我沒有原諒她。（停頓）是她原諒了我。你忘了？我是許仙啊！

……

金翎：那是戲！你今天把話說清楚了，別跟我來這套，什麼真情流露、台上台下分不清的！

華長峰：誰能分得清？為什麼要分清呢？戲臺下的不圓滿，不都得到台上求嗎？唱戲，不就是為求個圓滿？分清了，那還唱得下去嗎？〔註52〕

　　人生總有太多遺憾，特別在人的力量薄弱到無法撼動整個時代、無法與環境相抗時，往往只能隨波逐流，害人或被害，都是苦衷。茹月涵曾有她的迷失與憾恨，華長峰何嘗沒有？一生愛戲唱戲的華崢多希望兒子繼承衣鉢，可華長峰卻沒能在父親活著的時候，跟著父親學上一齣戲。人生又有什麼是真正重要的？戲裡的白蛇不也原諒了許仙嗎？比起讓仇恨跟著自己一輩子，華長峰更希望的是「知道父親是怎麼唱許仙的」，而唯有釋然，放下過去，忘記仇恨，才能即時彌補自己的缺憾。茹月涵終於傍著華長峰再演了《白蛇傳》，戲罷，掌聲如雷。觀眾彷彿又看見了當年的華崢與月涵，十年的風霜與悔恨，在掌聲響起那一刻，得到了消解的機會，雲淡風清，或許仍值得期待。謝幕時茹月涵將華長峰推向台前接受喝采，而自己卻轉身往上舞台走。狂風驟雨都過去了，十年修得同船渡，百年修得同台共戲緣，無論人生怎樣困頓，戲是一定要繼續唱下去的。

　　這一段描述文革中藝術與演員受到政治戕害的傷痛歷史，源自於真實的人生。王安祈雖生長在台灣，沒有經歷過文革，卻從自己小時候偷聽「匪戲」的經驗中找到題材，將京劇演員杜近芳與葉盛蘭間一段因為政治現實而無奈背叛，而後贖罪彌補的經過，轉化為劇中情節，從而做了這樣的詮釋。這個故事曾讓王安祈非常難過，也深刻體會到人生的無奈：

　　我想像中的這一對俊男美女，他們在舞台上那麼般配，既是許仙、

〔註52〕王安祈、趙雪君、周慧玲：《百年戲樓》，頁 160～161。

白蛇，又是梁山伯、祝英台，還是潘必正、陳妙常，那麼他們在私下也應該是關係很好的。可是 2006 年我讀到章詒和所寫的《伶人往事》，書中有一篇〈留連──披風抹月四十年〉，內中寫葉盛蘭的一生，提到葉盛蘭在文革期間被批鬥，而批鬥出賣他的竟是杜近芳。哇！這對我而言是極大的打擊，那是我一生一世情感的投射，我非常非常不能接受，簡直是掩面不忍觀啊。我想像中的才子佳人，怎麼會是如此殘酷的結局呢？我對杜近芳的心情從不可置信到萬分同情，我想在政治的洪流中，她也是沒有辦法的。文革結束後，葉盛蘭就過世了，書中提到葉盛蘭的喪禮上杜近芳出現了，眾人讓開一條路，杜近芳跑到前面撫棺痛哭。這是杜近芳的背叛與悔恨。杜近芳還做了一件事，文革後她雖然可以再唱了，可是葉盛蘭已死，她找不到可以跟他對戲的許仙，於是她從偏僻的劇團中找到了葉盛蘭的兒子葉強，請他演小生，幫他取藝名為葉少蘭，葉少蘭說我不會唱，我爸爸沒有教我，杜近芳說你父親與我對戲，教給我很多，我把他的功夫通通教給你，你來做我的許仙。這是杜近芳贖罪的方式。〔註53〕

在政治的洪流中，任誰都難以抵擋那排山倒海而來的漫天風暴。委屈冤枉的人走了，苟活於世者又豈能平靜如昔？藝術本應超然，不受政治干預，但現實人生卻總是逆向而行。幸好政治終究是一時的，戲曲卻能代代傳唱，在每一代觀眾的心上種下願景、寫下深情。劇作家選擇將一切的答案回歸到「戲曲」本身，一則杜、葉的故事不宜真實呈現，唯有藉「戲是人生的隱喻」巧妙交錯、虛實共生；同時，「人生的不圓滿總要在戲中求」，捻出中國傳統戲曲在情感上高度的補償與投射作用，提升了戲曲（藝術）的力量與高度。這齣戲本是建國百年的政治命題，劇作家努力想去政治化，但最後還是擺脫不了政治。原來政治無所不在，但若能把政治從人性做解釋的話，就可以回歸人的自身，一切不過都是人性的演繹罷了。

二、顛覆男性的傳統想像與單音書寫

京劇小劇場《青塚前的對話》以後設筆法讓王昭君與蔡文姬二女跨時空

〔註53〕 王安祈主講：「談《百年戲樓》──當年真是戲，今日戲如真」影音內容。2013 年 12 月 10 日。香港中文大學崑曲研究推廣計劃、戲曲資料中心主辦。網址：https://www.youtube.com/watch?v=NMaObbtLEPA。查詢時間：2015 年 5 月 10 日。

對話，以自我言說的方式顛覆傳統男性的論述與想像，刻意點出歷史與文學對古代女子形象書寫的盲點與虛假。歷代文人對王昭君的想像多集中於「思劉想漢」之情，不願承認昭君和番後歷經二任丈夫、生兒育女，而期待她為國身殉、保全名節。但傳統強調的故國之思多半都是文人（男人）心境的投射，而非女性個人生命中最重要的環節；何況昭君與漢王之間是否真有愛情存在？何以女性必得依附於男子的寵愛才能建立其價值？而文姬雖有彩筆寫自身，其中又有多少的矯飾與真實？她與昭君同樣命運操縱由人，甚至因為自己的三嫁而被批評氣節不如昭君。可是被擄與歸漢後再嫁，又有多少她的自主在其中？傳統書寫從來不加關注。劇作家因此藉由二位主角的思緒鋪陳與互相詰問對話，讓傳統的被書寫者（女性）顛覆書寫者（男性）的發言權與主控權，由女性告訴男性：家國或許重要，但請勿將女性當作工具投射你們自身的懷抱；在女性的生命裡，真正重要的可不一定非得是男性想像的國家民族、氣度節操、君王恩寵或面子前途，許多時候一几一座、夫妻團圓、孩子圍繞的家常與平凡生活，才是女人的追求與嚮往，尤有甚者，每個不同的女子渴望的生活也不盡然全都一樣。〔註54〕

《水袖與胭脂》中，解散的行雲班眾伶人做起各路生意，其中優常考取了進士，在衙門當官審案。梨園仙山上的居民都是戲中角色，優常因此審理了幾個戲曲案子，劇作家特別藉此反轉了傳統戲曲中過分強調忠義、貞節的主旨，而呈現出更為貼近真實人性的思維。譬如《趙氏孤兒》中的程嬰與程嬰妻，分別告屠岸賈與程嬰，程嬰說「兒子出生，尚未取名，就被奸人屠岸賈害死了」，程嬰妻則說：「小婦人程嬰妻子，狀告我夫程嬰，我兒出生還未滿月，就被程嬰抱去獻與奸人屠岸賈，去救忠良之後。」〔註55〕原來《趙氏孤兒》中程嬰為保忠良趙盾後嗣，不但以自己的親生兒子冒充趙盾之子獻與屠岸賈，更為了取信對方而假意與屠岸賈維持良好關係，忍受外人的責罵、唾棄；其妻為護持親兒痛哭失聲、掙扎抗拒，卻被程嬰斥責為「不賢之人」，這些看似動人的忠義精神，雖然悲壯，卻不免誇張、不近人情；又如西施告范蠡。傳統戲曲中西施被范蠡獻與吳國，侍奉夫差，功成復國之後，眼見夫差身首異處，西施卻又與范蠡一起同遊五湖，但這真是西施想要的生活嗎？

〔註54〕關於《青》劇的思想內涵於本論文第三章第三節中有更詳盡論述，請參看頁
　　　　136～144。
〔註55〕王安祈：《水袖與胭脂》，頁192。

她覺得自己像個傀儡被范蠡呼來喚去，夫差對她眞心實意，但她卻不能傾心相待。於是西施說：「我該往何方而去？我該如何？快快接我下船哪！一葉扁舟，我不要了；船兒槳兒，送與妳吧！我還是想回到溪邊浣紗的日子。」〔註56〕西施不願再與范蠡一起，她寧可回到過去，一個人自由自在，至少能做自己的主人。不論是程嬰、程嬰妻或西施，在原有的戲曲故事中，他們都是忠孝節義的代表性人物，卻也被賦予太過偉大的使命與想像，幾乎與完人沒有兩樣。此處劇作家有意藉角色之口點出傳統思維的不合理處，提供另一種更貼近現代人情感的思考脈絡：母親護兒天經地義，何來不賢之說？西施厭倦了政治的紛擾與虛僞的愛情神話，寧回歸單純生活也不願再任人擺佈，浮沉由我，生命價值也由自我定奪。

小　結

　　曾經表示自己對政治沒有特殊喜好或關注，也從來不懂性別政治、女性主義理論的王安祈，在其爲國光劇團編寫的新劇中，明顯較少以政治、歷史、家國爲主題之作，這是王安祈自主、有意識的選擇。〔註57〕而在以「女性」爲題材的作品中，篇幅相對較少的有關父權政治與家國歷史的論述之處，王安祈則刻意不以強烈批判或大幅顛覆、控訴的態度爲之，其焦點著重於「人物處境與人性內在」的深入描寫刻畫上。《金鎖記》、《紅樓夢中人：探春》與《歐蘭朵》因以小說爲本，在原著中本隱含對父權政治的批判嘲諷，王安祈採取的態度是忠實的呈現而非刻意突顯。但在忠實呈現原著主題的同時，譬如京劇《金鎖記》與《紅樓夢中人：探春》，則又加強了對七巧、趙姨娘之處境與內在動機的同情筆墨，尤以其情感愛慾與人格地位之受挫壓抑爲性格扭曲之因，筆者因此仍本於文本中對二人情感書寫的部分，論述其中的父權宗法與戕害歷程。

　　整體而言，王安祈筆下對於父權政治與家國歷史的敘述縱有著墨，但表

〔註56〕王安祈：《水袖與胭脂》，頁193。

〔註57〕關於在國光階段不以政治爲主題創作，王安祈曾具體說明自己的考量：「對我而言，在戲中談政治，是我在軍中競賽戲時期已經做過的了；雅音時期郭小莊也是很傳統愛國的，因此她的戲也喜歡表彰愛國的女性腳色，所以我覺得我練習過了，後來就想寫些不一樣的。至於在國光沒有走政治題材這條路，最主要強烈的反制力就是來自於對國光初期從氛圍到作品泛政治的痛心疾首。」見附錄二：〈王安祈訪談紀錄〉，頁207。

現方式以溫厚為主，不以厲言疾呼的方式抨擊、抗議或控訴不公，而僅真實地體現古代兩性的處境，以便更深刻地觀照女性角色內心深處的幽微與無奈。畢竟父權政治的事實確實存在，若一味控訴、大聲疾呼，或讓古代女子一個個成為強勢的大女人以翻轉父權，並不能真正反映現實，也不能解決人生錯綜複雜的人我情感與性別關係。因此孟月華沒有跟著柳生春私奔而去、嫣然也沒有離開她的大男人夫婿。在忠實呈現古代女子的處境以體現父權政治的無所不在之際，劇作家不忘嘗試以「嘲弄」及「顛覆」之姿，提出父權體制不僅侷限女性的發展，同樣對男性內心的柔軟與感性有所損傷，這樣的作品多以京劇小劇場的形式呈現。男性在父權規範與家國論述之下，何嘗沒有脆弱的一面？王有道、柳生春的迂腐如是、赫飛鵬對自己的缺乏自信如是、程嬰的犧牲與委屈如是、玄宗的為情所困亦如是。藉由昭君、文姬、西施、程嬰妻子對自我角色與人生的言說、君王以深情的思維讓自己與旁人的愛情都得到解脫，則翻轉了傳統男性論述對家國與女性人物的想像，並重新賦予男性角色更豐富多樣的可能面向。

而從台灣京劇戲迷的成長故事與體會中窺看大陸文革一隅，是王安祈另一層對政治與人性的體悟。《百年戲樓》第三幕藉由政治對藝術的斫害，說明經歷時代巨變的人們共同的遭遇與命運。浩劫來臨時，個人的驚恐、無奈、抉擇，不論隨波逐流或與環境相抗，都有其不得不然，放在世上任一國家、任一角落皆如是。因此王安祈並不批判，也不嘲弄，政治就是人性的反應，所幸風暴之後，仍有一技在身，伶人回到藝術崗位上，用戲訴說人生，也彌補憾恨。在一波波的政治潮流來去之中，王安祈堅守藝術本位，相信唯藝術能起慰藉與度化人心的作用。

第三章 王安祈國光「新」劇中女性人物的主體追尋與自我建構

　　女性主體的失落，由來已久。波娃在《第二性》中，以存在主義哲學中的主／從，自我／其他，超越／內囿等觀念爲理論架構，系統的描述了女子向來從屬於男人的存在史實。女性在幼年時尚可爲一個獨立的人，但隨著注意力向男性、戀愛和婚姻的轉移而逐漸放棄了自我，多數女人變成了被動的客體，女人即使不說是男人的奴隸，也一向是他的臣僕，必須依賴於他、服從聽命於他。而男人們則利用宗教、哲學、神學爲自己服務，證明女人的從屬地位是「上天的旨意」，不可違逆，甚至告訴女人：這是爲了保障妳的幸福。

　　在西方形上學的理論中，男人代表普遍性，而女人則是理虧的。正如《創世紀》中所言，夏娃是從亞當多餘的肋骨中抽出來的，她的產生不具獨立性，上帝並非爲了造她而造她，而是爲了亞當，爲了給他一個伴。「爲男人而生」才是女人的起源與目的，女人離開了男人就毫無意義；除了男人賦予她的定義外，她一無所有，她不是她自己。她的性質與特點都是根據男人來決定的，只有他是主體，是絕對、是唯一，而她是「他者」、是「別人」。黑格爾（G. W. F. Hegel）認爲人類的意識中永遠對「他者」懷有敵意；沙特也說自我與他者彼此物化，自我甚至在集體他者的強力凝視下，將他者的意識內化成虛僞的自我──自體存在，亦即波娃所說：女人將男人異化女人的觀點內化，認同男尊女卑，成爲「女人的自欺」。

　　無獨有偶，在古老中國的性別意識中，女性同樣長期被束縛於傳統禮教之中，被父權宗法社會邊緣化，終其一生以「三從四德」爲生命最高指導原

則，其榮耀與幸福來自於男性，而其不幸，也來自於男性。女性沒有追求自我與夢想的機會，知識與權力悉數歸屬於男人，她不敢有一絲一毫的想望，即便在賴以安身立命的婚姻關係之中，她也僅有小小方寸容其轉身與呼吸，婚姻所意味著的是傳宗接代、命懸一線的工具使命，是立足點不平等的利益交換，是多數時間得接受丈夫的四處留情而不妒不怨，至於其自身的情感與慾望，則退縮到極幽微的角落中，然後隱翳不見。

　　而戲如人生。傳統戲曲舞台上敷演的女性人物，反映古代社會的倫理生活與節烈觀，多半也以講求服從、婉約、犧牲、奉獻，具有賢良女德的角色為主。在辭賦系統中，男人書寫女人，不外乎「觀看、玩賞女人」、「寄託政治寓意」以及「自我表述」三大目的，偶以「擬陰性」手法寫作，看似女性自道或將女性置於主體位置，其實仍然充滿了男性意識。對男人而言，女人為男人而生，她雖然不重要，但世界沒有了她卻又不行。有了女人，才得以襯托出男人的圓滿。波娃指出，男人不希望變成女人，但也少不了女人。當男人將女人視為自體存在時，便將他對存有的慾望投射於女人身上，由此產生了神話女性的諸多刻板想像，如視女人為地神化身；另一方面，男人又將女人視為難逃一死的肉身象徵，衍生出以女人為邪惡他者的印象，此時女人就成了女巫與潑婦。戲曲中的性別展演往往亦如是。現實生活中的女性丰姿雖然多元，但其內心幽微處的情意與感受，卻極少被認真、深入地探究，譬如西施、貂蟬這一類美人計的主角，擁有美貌、機敏與才情，其際遇看似走出家庭婚姻的局圍之外，擁有與男子一樣出走冒險的機會，但其行為卻是被置於家國大愛、民族大義的高度認知下，滿足於男性對她的期許與要求而來的；她們被以物品之姿交換流通於男人之間，呈現出幾近完人的節操，而無絲毫以身報國時該有的恐懼、疑慮或矛盾抗拒之情。如此「非人性」的「完美」呈現，正是以男性視角建構其理想中的女性形象，突顯的無非是男性的詮釋霸權、自我表述與性別的社會規劃，而非女性的自我認知與主體追求。同樣的，那些言行舉止未能堅守婦道的女性人物，則無論遭遇處境有無委屈隱情，也都一律被視為淫婦惡女，必得打入十八層地獄，才得收勸世警惕之效，堪稱大快人心。

　　顯而易見，傳統父權社會中的女性往往失卻自我並且無力找回其失落的主體，猶有甚者，女人接受男人將之視為客體的觀念，認同男尊女卑，以符合社會的期待與壓力。舞台上所反映的女性也同樣如此，說明她們既是被父

權社會漠視、邊緣、定義的族群，也是男人心中理想典型的反映。理想未必
如眞，當女性劇作家找回發言權，其筆下的女性人物終有機會悄然換裝，展
現出風情萬種、姿態各異的面貌與形象。國光劇團近十五年來，以王安祈爲
首的編者們，以女性身份創作許多以女性人物爲主體的劇作，開啓古典戲曲
中女性角色自抒其情、自發其聲，建立自我主體的多元豐富面貌，使得過去
在文學與戲曲中缺席的女性內在情思，得以浮出歷史地表。而綜觀王安祈國
光新劇中的主要女性人物，其身份、形象可謂姿態萬千，各具特色，難以化
約於某一特定類型之中。既有表現異質母愛的女性曹七巧，也有困囿大觀園
中備受冷落的無奈母親趙姨娘；既有在平淡婚姻中偶然情生意動的小女人孟
月華，也有凝碧軒中受丈夫寵愛的嬌俏人妻嫣然；既有青春不死，歷經性別
轉換的奇幻歐蘭朵，也有穿越時空、自墳塋一躍而起自我表述的昭君與文姬；
既有後宮中寂寞等待、枯槁而亡的宮女湘琪，也有不願放棄愛情夢想，寄詩
於征衣的雙月；既有能幹有爲卻困於出身的敏探春，也有放下情愛紛擾，專
注於追尋藝術、向內在探尋自我的孟小冬；既有大時代下無奈犯錯而後勇於
贖罪的茹月涵，也有幾度尋尋覓覓、務求得到一句追悔而半生迷惘的太眞仙
子；既有寄託所愛於同性姊妹身上的廣芝，也有紫靈巖上的女尼，以藝術的
修爲昇華個人的七情六念與世俗塵緣。凡此，眞可謂眾女爭春、搖曳生姿。
以下，分由女性的內觀與情感追索、女性的藝術追求與自我完成、女性的自
我發聲與系譜重建，論析王安祈國光「新」劇中女性人物的主體與自我建構；
同時分享魏海敏女士對劇中女性角色的表演塑造與情感體會，展現其身爲女
性演員的主體意識。

第一節　女性的內觀自我與情感追索

一、請再看我一眼：孟月華的自我凝視

　　傳統婚姻關係中夫妻的結合，既非以愛爲基礎，更於現實的種種考量
下，將夫妻間情意的交流視爲枝微末節而無存在的必要。男子或還有機會在
外尋花問柳、與婚外女子風花雪月一番，然而所謂的良家婦女卻完全沒有表
達個人慾望的空間。結了婚的女人一旦湧現出個人的情感波動，即便只有一
點點，恐怕除女子本身將終日惶惶不安，以爲自己「不守婦道」外，更不用
說將被父權宗法社會視之爲洪水猛獸，冠以淫婦之名除之而後快了！波娃

說：「大家也同意，性愛仍然是女子對男人的『服務』；他取得『快樂』。……女人的身體是他買得的東西；對她呢，男人代表她有權剝削的資本。」〔註1〕換言之，男女透過婚姻的結合，男子取得女性身體所有權，而女性則得到接受扶養的保障。此一關係構成傳統婚姻結構的立基點，而女人的身體從此專屬於一個男人。

拉岡延續佛洛伊德對潛意識的理論，提出潛意識被顯意識語言「壓抑」，而導致僅有男孩能進入象徵體系，女孩卻不能的看法：「女孩不存在於此一象徵體系之中，也無能以語言表達自己的需求與思想」，拉岡因此認為「女人無法訴說自己的愉悅」，因為「女人沒有愉悅」。西蘇為此反駁拉岡，認為「那是因為女人被剝奪說話的權力了，當然無法道出自己的愉悅。」更何況，整個社會只允許男性享有性的快感，享有描述性快感的權力，對男人而言，女人沒有快感，所以沒有權力。男人因此認定女人什麼都不要，因為女人是被動而非主動的。西蘇總結之：「女人，之於男人，是死亡。」但我們卻在孟月華身上，看到了一名已婚女子用她的身體告訴了她自己，也告訴了眾人：女人是活生生、有感受、有期待、有慾望的個體。女人不但有慾望，有快感，而且懂得表達並回應她的慾望。

一個踏入婚姻十年的女人，既是乖巧、孝順的女兒，也是標準的賢內助。夫婿出門應試，孟月華謹記丈夫叮囑，不敢輕易離家，然而娘家父母卻派了家僕接她回去祭祖。因著對娘家父母的思念，孟月華回去了，卻堅持要當日來回，以免獨留小姑一人。祭祖完畢，有責任心的月華將離開，而母親卻捨不得，月華看著母親盼望的雙眼不忍拂逆，只得佯裝腹疼，偷偷從後門離開。歸家途中的月華遇到了一陣急雨，此時天色昏暝，加以雷電交加，雨勢沒有停止的跡象；儘管發現有另一個人也被雨困在途中，卻只能別無選擇地躲進唯一的一座亭子內避雨。亭子小，僅容二人轉身，面對面尷尬，背對背又貼在了一起，漫漫長夜，當真是折煞人。亭子雖在戶外，然被雨阻隔的環境，隱然形成了一種形同室內的空間感。俗話說：孤男寡女，共處一室，那可有好戲可看啊！一同躲雨的是一儒生柳生春，天色昏暗，無事可做，眼珠轉轉、脖子轉轉，自然就將目光停留在孟月華的身上了。而此時，孟月華的反應如何呢？她「似有所覺」，「足尖併得更攏了」，微微一動，衣服上頭髮上的水珠

〔註1〕 Beauvoir, Simone de（波娃）著，歐陽子／楊美惠／楊翠屏譯：《第二性》（*The Second Sex*）（台北：志文出版社，1992年），頁13。

順勢落下，她自然地揮了揮身上的雨滴，然後又正襟危坐起來。儘管眼神未
有交集，但孟月華知道：他在看她。而她竟一點也不惱怒，是緊張著，隨著
緊張的情緒逐漸緩解後，更多地卻是一種「享受」甚至「陶醉」於這般「被
看」的過程與氛圍了。

　　女性主義者抨擊父權社會將女子物化，以凝視客體的角度彰顯男性之主
動與霸權，而認為女性在被觀看的過程中完全失落其主體性。男性自其角度
描述眼中所見女子，而女子則毫無招架能力，無法拒絕也不能「看回去」，僅
能默默承受如刀般的眼光在自己身上游移，更要全然接受男性所以為的「她」
的樣子。為表達女性不願淪為被觀看的客體，按理劇作家應在改寫此劇時，
讓柳生春成為「客體」，由孟月華來狠狠地「反看」他一番才是。然而王安祈
反其道而行。賢慧乖巧的孟月華怎可能一夕間「轉性」成了「豺狼虎豹」，對
著陌生男子虎視眈眈？她理當還是那個柔弱、恭謹、乖順的人妻。然而人妻
被丈夫以外的男子「窺視」時，是否一定就得「羞愧難當」、「憤然出走」或
者「嚴詞拒絕」？在婚姻生活中浸淫多年的孟月華，難道不能有更為複雜細
微的情緒波動，以回應這陌生男子並不帶侵略傷害的眼神？長夜漫漫為大
雨所困的二人，總可能對彼此有些好奇與想像吧？何況，他的「看」，是那麼
小心隱微，而她的感受，又是那麼地細膩難言。於是我們看見如同「繩索兩
端」的二個孟月華互相拉扯著，或可將之視為孟月華的雙重自我，其中的一
個「她」透過「他」（柳生春）不明顯的眼角餘光，看見了平時少見的另一個
「她（自己）」。繩子一端的孟月華（青衣）告訴自己應該「無動於衷」，另一
端的孟月華（花旦）卻明顯感受到自己被窺看時的「怦然心動」，而且正豎起
感官「眼觀四面、耳聽八方」，興奮期待著些什麼呢！無動於衷的孟月華猛然
驚覺自己「應該」要表現出「驚恐」狀，怦然心動的孟月華卻察覺自己除了
「七分驚恐、兩分窘迫」，竟還有另一種感覺：「唉呀呀，另一分怎是這嬌怯
怯、羞答答，還有一丁點兒的喜孜孜、情態纏綿」，分明是「說不出的滋味在
心間」〔註2〕？

　　那個力求鎮定、無動於衷的孟月華，是王家媳婦，也是孟家女兒。社會
規範對已婚及未婚女子的教養與要求其實相差無幾，未婚時雖沒有特定對象
須為之守貞，實則是為了所有可能成為其未來夫婿的人守貞，自然得心誠意
正、符合禮法。結了婚的女人則專屬於一個男人，且不論這男子對她如何，

〔註 2〕 王安祈：《王有道休妻》，頁78。

她都得盡心服侍、奉之爲天而無有二心。無動於衷是父權社會的要求，如此才稱得上是有婦德的女子。而那有著「說不出滋味在心間流淌」的孟月華，更是王家媳婦，但同時也是「一個女人」。誰說已婚婦人就不再或不能有被注視、被關愛、被看見的期待？當柳生春的眼光不期然落下時，這樣一種被人這般「細讀細看」，頓時間感到「從上到下、從裡到外，無所遁形於天地之間」〔註3〕的感覺，她，曾經有過。就在她正式成爲王家人的那個晚上，「新婚夜，洞房中，紅燭雙燃。……隔蓋頭，影暈暈，昏紅一片，分明覺、靈光閃，是他眼角餘光將我瞥、一雙眸子情意傳。」〔註4〕似曾相識的「被看」，似曾相識的「幾分兒驚恐、幾分羞怯覥腆，止不住、顫巍巍、又有些兒醺醺然」〔註5〕，來自她的新婚夫婿。正是因爲結了婚，有過被一個男人細細看過、深深珍藏的經驗，她才更懂得「被看」的美好，也才會在自己再次被看見時，止不住地怦然心動。

這既說明了那樣的曾經是多麼重要的體驗，也說明了身爲人，都是期待被欣賞、被關注、被看見的，無論男女。然而，隨著婚後日子在現實中忙亂打轉，夫婿的眼光再也不曾落在她的身上了，他總是目不轉睛，盯著詩云子曰、之乎也者，妻子像空氣般存在，而先生渾然不覺。孟月華本也以爲自己對於這樣的「無視」「安之若素，甘之如飴」呢，直到……另一個「他」的眼神飄然落下。若暫時擺落孟月華爲人妻與人子的社會附加角色，單就一「個人」而言，誰不期望自己被欣賞、被看見呢？人際關係的建立雖有宗法制度及婚姻契約的保障，但屬於心靈層次的交流與感受仍奠基於人我之間的情感互動，包括眼神、肢體、言語的流動等，畢竟人不是機器。此時的孟月華覺察到他人的窺視，意識到自己的美麗，她的心中儘管有所猶疑，最終還是不由自主地發出了聲音告訴自己的身體：盡情展示吧！於是她「嫵媚地撐雨」，如「孔雀開屏式的盡情展示自己的美麗」〔註6〕，即便原本壓抑、閉塞的那部份自我，也禁不住在緊張羞怯中露出了撩人的姿態了。柳生春只是眼波一轉，根本談不上「正視」或光明正大地欣賞（劇作家筆下的柳生春完全無此膽識，一見孟月華似有回應，早嚇得心驚意恐），但想將自己美好的一面盡情展示的慾望已然在孟月華心中湧現。與其說此刻的孟月華是「爲悅己者而容」，不如

〔註3〕 王安祈：《王有道休妻》，頁78。
〔註4〕 王安祈：《王有道休妻》，頁78。
〔註5〕 王安祈：《王有道休妻》，頁78。
〔註6〕 王安祈：《王有道休妻》，頁80。

說她是「為悅己而容」，原先窺視者的反應如何已不那麼重要了，她聽見了來自自我心底的聲音訴說著身體的慾望——她期待被看見，她享受著因為被他人看見而看見自己的美好感覺，她陶醉在覷睞、喜悅，甜蜜而又自得的快感之中。她因為自己的美麗而快樂，因為能展現自己的美麗而愉悅。

此刻的孟月華，絕非意圖「引誘犯罪」的壞女人，她的一舉一動皆來自於對「被看見」的美好過往的再次複習，醺醺然陶醉於其中，既被人欣賞同時也自我欣賞。忘情的姿態惹得平素冷眼旁觀、見多識廣的亭子先生都忍不住驚嘆連連：「我做了幾百年亭子，竟還不知道，撐雨的姿勢是這般撩人！女人家如此風情，從不會在外人面前展示；不過，話說回來，如此風情，一旦展示，最怕的就是沒被外人瞧見！又怕人看，又怕人不看，那有多難哪？」〔註7〕真是一語中的！女人不是無感的娃娃，不論怕人看，還是怕人不看，都說明在女人的內心深處，對於情感的需求、表達，是有慾望與期待的，走入婚姻殿堂中的女人同樣如此。相較於孟月華從害羞、扭捏到大方、撩人的自我展示過程，原本處於主體位置的觀看者——柳生春，卻反而因為孟的回應而「心驚意恐」，得不斷靠古聖先賢的提點訓誨催眠自己，才不至於毀了十年寒窗苦讀之功，孟月華可說「反客為主」，從「看見」他的「偷窺」中，轉而化身「主動被看」的對象，她的搔首弄姿、撥髮撐雨，更因知道有人看見而別具意義。此中孟月華不是手足無措、呆若木雞的物質供觀者品頭論足，而反過來主導了場面，成為自己與他人視線當中的「主體」。

帶著一點兒驚、一點兒喜，一點兒遺憾，以及一抹神秘的微笑返家的孟月華，很明顯「不一樣」了。小姑彷彿嗅出了一點異樣，可是具體又掌握不住，孟月華這樣告訴她的小姑：

孟月華：嗯！不曾發生什麼！

妹：不曾發生什麼？

孟月華：什麼都不曾發生。

妹：什麼都不曾發生？

孟月華：我不曾讓他發生什麼。

妹：我不曾讓他發生什麼？嫂子，這「不曾發生什麼」跟「什麼都不曾發生」跟「我不曾讓他發生什麼」有什麼不一樣啊？〔註8〕

〔註7〕 王安祈：《王有道休妻》，頁80。
〔註8〕 王安祈：《王有道休妻》，頁86。

這三句話究竟有何不同，孟月華沒有進一步回答。她無須回答，因爲箇中滋味只有自己懂得。然我們仍可細細咀嚼揣摩這看似相同的三句話，其實正有著孟月華主體意識的層層展現。第一句「不曾發生什麼」是客觀外在事實的描述。二個半路遇雨的陌生男女共躲一亭下，一晚上毫無交談，天亮後各奔東西，連對方叫啥名什都不知，的確「不曾發生什麼」，其重點在強調「不曾」。第二句「什麼都不曾發生」，看似與前一句無異，然而孟月華在說這話時，口氣明顯弱了下來，彷彿有些失望，其內心或許曾經有過一點期待：若彼時當眞有些「什麼」發生（雖然她應也不確定那會是「什麼」），又將如何呢？對比雨停天亮後她曾表現出的失落之情（只怨五更短，風雨遽自收），這句話的重點既在於連她也不見得說得清的「什麼」，也在於「都沒有」，顯然曾經「期待」有些「什麼」能「發生」的內在意念被聽見了。而最後一句：「我不曾讓他發生什麼」就更耐人尋味了。出現了主詞「我」，作爲非常強而有力的陳述：是「『我』不讓他發生什麼」的。換言之，假若「我」想、「我」要，「我」是可以／可能讓他發生「什麼」的。我們讀到了來自孟月華對自己的「魅力」與「影響力」的自信與肯定，一方面她知道自己的嫵媚妖饒足可讓柳生春無法招架，另一方面她也對於自己「自持」、「自重」的表現感到驕傲。作爲王有道的妻子，我雖可風姿綽約，但我也知禮數、守本分、不逾矩，「我」有能力讓他發生什麼，也有能力不讓他發生什麼，一切「操之在我」。至此，孟月華由其身體、慾望所開展而出的主體與自信、自我油然而現。

　　而此時的王有道卻在應試歸來後爲正夫綱、肅閨門，而將妻子休棄了。即使後來王有道聽聞柳生春保證，重新將孟月華接回家中，但顯然他無論如何也不會懂得孟月華矛盾的心情。孟月華如何矛盾？

　　對於自己那一句「不曾發生什麼」以及那一抹「神秘的微笑」所招致的嚴重後果，起初孟月華是難過又後悔的。對於丈夫的決定她沒有太多埋怨，只是傷心，這並非因爲她「無感」，相反的，正是因爲她的「有感」。昨晚，她的心思確實浮動了，也許只有短短幾分鐘光景，可是她的確在陌生男子的面前嫵媚地攏了雨水、撥了頭髮、扭了衣衫，這是不容分辨的「事實」。照她的說法，那是自己「一念之間，稍有不正」，招致被休的結果，她責怪自己不能像前人一樣「端莊持重」，她甚至傷心的想夫婿寫下休書那一刻必也是「萬般無奈」的吧？畢竟是我自己「心動情迷、大德觸犯」。此刻的孟月華，已然

從昨夜陶醉於自我主體的女子回到了人妻的現實，正如古時所有三從四德的賢慧婦女一般，將父權禮法的規章典範內化為自我要求的道德標準，並為自己一時的「真情流露」感到羞愧。然而，很快地，孟月華身體裡另一個自我察覺出蹊蹺，她發聲了：假若心動情迷有罪，怎麼三百年前那「心未動、情未亂」，活生生「呆若木雞」與陌生人杵了一晚上的女子，後來也被休了呢？原來幾百年光陰流轉，男人還是一樣的腦袋啊！不論妻子有沒有「怎麼樣」，只要來了不該來的地方，遇見了不該遇見的人，就被認定有「敗壞門庭」之嫌疑，單單這「疑」，就有充分的理由被逐出家門，如此說來，從古至今，女子的「人權」到底在哪裡呢？而男人，怎麼就看不懂女人內心真正的想望呢？於是這另一個孟月華不免帶點嬌嗔地數落起自己的夫婿了，說他根本是「膽小怯懦愚昧魯莽、可笑可鄙復可憐！」也因此，原本焦急傷心、一心想求王有道原諒的孟月華，也忍不住在歸途「徬徨、徘徊、躊躇、難斷」了起來。

　　我們試著推想王有道對於那一晚發生在御碑亭中的事件帶給他的想像與刺激。他當真不懂得孟月華那一抹神秘的微笑背後的涵義嗎？也許他知道，正因為知道，所以感到緊張。十年前，那個紅燭瀲灩的夜裡，他不也曾在嬌羞的新嫁娘臉上，似曾相識這一抹若有似無的微笑？可是如今這抹微笑卻是因另一個不知名的「他」而來的。光是這樣的想像，就讓王有道幾乎失去理智了。浪漫的人想：他是真愛妻子啊，他打翻醋罈了；理性的人說：妻子只屬於丈夫一人，怎可為旁人笑靨如花？或有人如此揣想：王有道必是無法接受妻子那麼堂而皇之的表現出自己的「愉悅」吧（尤其這愉悅來自另一個「他」）？伊瑞葛來曾說：「很明顯的，要是女人設法表達她的慾望，這將挑戰男性觀點：他會將她排擠，因為她會挫敗男人的系統。」「只有男人才能說出女性快樂涵蓋何物。女人不准說話。」男性不僅認為女人沒有表達慾望的權力，根本否決女人擁有慾望的可能性。他們認定女人的快樂靠男人給予，女人的愉快由男人掌控，並且理當是由那個「主子」（丈夫）來掌控的。而如今妻子竟然毫不隱藏地表現出另一個男人帶給她的快樂？巨大的恐懼與威脅讓王有道不得不採取「休妻」策略，唯其主動出擊，才能免除自己被拋棄的焦慮，更何況，整個社會都會支持他的。

　　可惜的是，縱使王有道果然感受到那一抹微笑所帶來的危機感了，他卻始終沒有弄懂：在那一抹微笑背後，實則沒有任何「陳倉暗渡」的「曖昧」

可能性，孟月華沒有變心，也不打算愛上任何一個「他」，那只是一個女人在平淡如水的婚姻生活中，期待被人欣賞、被人「看見」的小小願望而已啊！這一對歡喜冤家，終究是在互相體諒、彼此珍惜的情形下言歸於好了。笨拙卻誠懇地王有道實在不知如何為自己的莽撞向妻子賠罪，乾脆直接問：妳到底要我怎麼樣？本以為下場不是下跪就是被打，沒想到孟月華卻只是說了一句：「我要你……我只想要你、好好的看上我一眼」。〔註9〕

　　多麼鏗鏘有力、擲地有聲的一句話！不輕易流露情感與慾望的孟月華，終是脫口而出內心最真實、最在意的希望了：我只想要你好好的看上我一眼。而孟月華之所以能有這樣的體會，正因其向內觀看覺察了自我內在的慾望與希冀。王安祈選擇以重探手法老戲新詮，並將焦點刻意放在孟月華內心幽微的奇思異想、情生意動之上。長期被禁錮於傳統觀念中的人妻，偶然間有機會在外面過上一夜，還是與一陌生男子共度，除了驚慌，自然也應該出現許多複雜的心緒才是。那樣的觸動與情態縱然只是片刻之間，卻說明了女子心中湧動著的期待與想像，她的慾望與主體並非不存在，只是平素隱而未發，不但他人不解，只怕連孟月華自己都未必有所覺。而亭中短暫一會，這偷窺她的對象是誰並不重要，重要的是這個「他」如此恰好地提示了孟月華對自己欲求的「覺醒」，而「情動」之際，她選擇聽從自己內心的渴求，用身體有意地、適度地（撐雨、撥髮、扭衣）做出了美麗的回應，儘管過程中曾經退縮、幾度掙扎。心中之情既被挑起，驚恐也好，砰然也罷，不論是後來「焚香祝禱謝神明」、天亮雨停後透出些微失望的孟月華，還是那忍不住帶著一抹神秘微笑返家卻又感自己犯了錯而啼哭後悔的孟月華，都是最真實的孟月華。端莊嚴謹與心蕩神馳的兩端，是孟月華潛意識與顯意識中拉扯衝撞的自我，但它們無疑都是最豐沛完整的孟月華。

二、超越性別與空間的愛情想像：《三個人兒兩盞燈》

　　假如婚姻是傳統女性唯一的歸宿，那麼平凡的庶民男女得以一夫一妻互許終身，天冷時有人暖被、肚餓時有人炊飯、傷心快樂時有人分享，生養幾個孩子，一家大小熱熱鬧鬧，日子不盡然寬裕，但心靈卻也有一種簡單的滿足。至少比起那些因各種原因被徵召入宮，終其一生都未必能得帝王臨幸的宮女來說，自是另一種可望而不可及的幸福了。

〔註9〕王安祈：《王有道休妻》，頁103。

　　《三個人兒兩盞燈》刻畫的正是入宮多年、備嘗孤寂的女子心聲。深宮內苑，較之外面的天寬地闊有更多的規範與侷限；女子入了宮，即使與皇上沒有「夫妻之實」，卻仍是不折不扣隸屬於皇上的「私有物」。她們剛入宮時，美麗、青春，充滿「希望」與對未來的憧憬。希望被皇上看見，希望被皇上寵愛，希望為皇上生兒育女、希望因為自己而榮耀家人。然而這樣的希望卻總是落空，當年的憧憬也逐漸幻滅，後宮佳麗三千，而皇上畢竟只有一人。能得臨幸者，其容貌品行必是萬中選一，得是祖上不知燒了多少好香、積了多少陰德才能求到的福份？而一輩子未識君王面，才是絕大多數宮女共同且真實的人生。

　　若婚姻是傳統社會指派給女人的命運，那麼獲選入宮的女子們所擁有的「婚姻」，一開始就注定只具有為國家社會生育子女的功能，基本上連一夫一妻的平等關係都不可得，因為她們的另一半是「天子」。父權社會賦予宮女們的唯一要求是做好準備，隨時等待聖上的召喚。在無止盡的等待中，既不能有任何超越的想像、不能離開、不能放棄，也不能在聖上以外的其他人身上寄託情感，只能日復一日的坐視自己年華老去。廣芝、湘琪、雙月是已入宮十五、六年的宮女，論資歷，她們已屬「姊姊」級，論美貌，自然長江後浪推前浪，已無法與朝氣蓬勃的小宮女們比美，時間在她們身上留下的，除了多了幾根白髮，更多的是寂寞的心情。俗話說「女為悅己者容」，在聖上壽誕之日，年輕宮女們興高采烈地裝扮自己，帶著「可能在千朵萬朵嬌豔的花兒群中被皇上看見」的企盼，無不竭盡所能的綻放自己的美麗。她們都為了「可能」「悅己」的皇上而忙碌著，帶著無限的希望。然而多年的等待之後，湘琪、雙月、廣芝的心境卻與這群小女生有所不同了。

　　湘琪執著。她始終在等待，等待皇上「再一次」看見她。僅有的一度春宵，讓她從此心繫帝王。她不願更動髮飾、變換新衣，總以那一夜水仙花叢下與皇上邂逅時的裝扮現身，她相信唯有如此，皇上才會再看見她，並且想起她，重新愛上她。湘琪的執著包藏著一個深不可測的秘密，她獨自品嚐著往事的甜，也吞嚥著思念的苦，儘管眾人不解她奇怪的行徑，可是她心裡澄澈如鏡：除了聖上，還能有什麼？除了聖上，沒有別人了。這是多麼令人心酸的體會。湘琪就像所有平凡的女子一樣，也曾渴望有一個男子把她放在心上疼愛，家常夫妻自有家常夫妻的甜蜜幸福。可是家中的景況不好，弟弟又病了，為了讓父母寬心，她選擇入宮，用自己的青春換取父母兄弟的溫飽與

安定。入了宮，誰不希望有朝一日飛上枝頭做娘娘呢？倒也不是貪圖富貴榮華，只是做這娘娘，好歹比起一個宮女要來得自由多了吧！湘琪說了：

> 想做娘娘又怎樣？誰不想做娘娘？誰甘願一輩子在宮中伺候人？外邊奴婢丫環還有機會出門透口氣，買個繡線啦、燒香還願啦，說不定主人心血來潮讓她嫁個莊稼漢耕種一生，哪天這戶人家垮了，還能被遣放回家呢！誰像我們？一輩子困死在這兒，除了想做娘娘還有什麼可想的？〔註10〕

即便是尋常人家的一個丫環，都比宮女來得自由、有希望；湘琪哪裡是覬覦娘娘的權力與富貴呢？她所渴盼的，不過是最簡單的「自由」，能像個「人」一樣有追求、有期待、有感受的「活著」罷了。可是在宮中，沒有人理會過她們的心情，總要求她們聽話、為一個將她們當成生產工具的皇上梳妝打扮，然後是無止盡的梳妝、等待、卸妝、梳妝、等待、卸妝。寂寞，早已將人的感覺鈍化、意念磨損，逐漸找不到生命的價值與意義。有的人也許就在這樣活著如同死去的心情中度過一生，但偏偏湘琪卻曾與皇上有過那麼一段露水姻緣，致使她既不能也不願這樣無聲無息的離開。她念念不忘那一日井邊情韻，從此數年不改裝扮，只為重待雨雲。她忘不了那一夜皇上的耳邊細語：「你曾經說我像水仙一樣清雅，……可我還記得，記得你說要我等你，記得你手心的溫度，記得你微笑著要我別害怕」〔註11〕。湘琪依約等著皇上了，她心裡期盼相信著皇上也記著她，虛妄地為自己曾經蒙受寵眷而驕傲著。然而湘琪換來的卻是皇上轉身即忘的無情，有了梅娘娘，又有了楊娘娘；皇上幾曾將癡心如許的湘琪放在心上？後宮佳麗如雲，唯見新人笑，哪聞舊人哭？可是湘琪能怎麼辦呢？活下去唯一的支持只有等待，不改舊妝的等待。她此生只願有皇上一個男人，皇上是她唯一的歸宿，也是情感唯一的寄託與未來，哪怕只有千萬分之一再被看見的機會，都得等。

　　自由，不該是身而為人都擁有的權利嗎？但從湘琪與所有被寂寞吞噬、被等待填滿的宮女身上，我們看見的是古代父權社會的強烈歧視：女性，特別是奴隸階層的女性，此身不為我所有，是連追求自我的自由也沒有的。

　　而「寂寞」，恆常是人生共同的課題。差別在於，身處現代社會，你我不

〔註10〕　王安祈、趙雪君：《三個人兒兩盞燈》，收入《絳唇珠袖兩寂寞──京劇·女書》（台北：印刻文學，2008年），頁133。

〔註11〕　王安祈、趙雪君：《三個人兒兩盞燈》，頁141。

論男女皆有機會以各種方式追求自我生命價值的圓滿，選擇以自己的方式經營事業、愛情、關係，成就自我；寂寞或來自於夜深人靜時的一點失落，卻很快可以排遣、甚至值得細細品味。古代的男性被允許走出家庭之外，其生命因有機會參與社會事業、實現自我而光明正大、而超越提昇；但對身處內圍宮闈的古代女性而言，不唯居處行爲思想情感受到重重限制，其生命無所寄託、又無處可逃的寂寞之情，便足以排山倒海令人顛狂。湘琪最後在井邊入了神、失了魂的「自觀」時，那神態與精神幾可說已到達癲狂的邊緣了。及至她落水而亡，其魂魄猶自心心念念於皇上，無法放下執念。劇作家對湘琪的形象塑造，恰可作爲眾多宮女們的眞實寫照：因其所求繫於一人，爲聖上而活，也爲聖上而死，寶貴的生命只能淒淒然無有善終。

在期盼帝王恩幸的湘琪這一條線上，劇作家又加上梅妃爲襯。對照湘琪對皇上的癡癡守候，梅妃也曾三千寵愛在一身。然而那又如何？皇上又有了楊妃。之後肯定還會有其他更多的女子。梅妃失寵後，皇上偶然想起，心中不忍而贈其珍珠，但梅妃將珍珠一手打落：「長門自是無梳洗，何必珍珠慰寂寥。」這是對帝王情愛的最大諷刺，也是對眞情無常的省察。所幸，劇作家安排了雙月與廣芝這兩個角色，讓我們有機會看見古代女子對於「宿命」之外的一點「反動」。其動雖小，卻不容忽視。

首先是雙月。相對於湘琪的固執與年輕宮女們的興奮，雙月有點兒意興闌珊。「世間女子哪個不是爲了心上人兒才敷粉畫眉？」雙月不太想化妝，因爲在她心目中，根本覺得疑惑：「皇上算是我的心上人嗎？別說我不識得他，皇上連我長得是圓是扁可都完全不知道的呀！這……哪裡是心上人啊？」儘管雙月也說不出到底有心上人該是怎樣的滋味，但她想像那一定是既動人又美麗的一種情懷，即使又酸又甜又苦又澀，也絕不是如今這樣的空虛與寂寥的。都過了十五年了，皇上還會看見我嗎？即便見到了，皇上就會喜歡我嗎？歲月早已告訴她：機會太渺茫，雙月累了，她不想再盼、不想再等了。

可不等，又能如何呢？嘴上說不等，心裡終究……還是有一絲微弱期待的。終於有一日，意外地，雙月見到皇上了。雖然想像過無數次，但眞正見到了面，雙月還是不知所措，又興奮又緊張，止不住地心跳加速、百感交集。有那麼一刹那，她想皇上會問起她的名字，也許從此就會記得她，甚至喜歡她？光想到這種可能性，雙月情不自禁雙頰緋紅，一顆心怦怦跳個不停；然而皇上始終沒問她姓名，只交代她轉交曲譜與巾帕給梅娘娘；等待了

十五年的驚鴻一瞥，從此如船過水無痕。這一次雙月真的意冷心灰了，面對自己「枉自多情、枉自迷醉」的打擊，也只能黯然接受。皇上來了，皇上又走了，她還能期盼什麼？她知道自己或許不再等待皇上，但卻不能不期盼。假如連「希望」都沒有，活著還有意義嗎？雙月拿出幼時哥哥送她的笛子，她記得哥哥臨終之時交代過「待我將來找到了妹婿，便將笛子交與他，讓他與我吹笛」，這笛是沒有機會給皇上的了，但除了皇上以外，真的，不能有別人嗎？

雙月從梅妃的際遇中，好奇地想像著愛情的模樣。曾經，皇上那麼喜歡梅妃，一旦移情別戀，昔日的歡聲笑語如今只剩枯槁的形體與落寞的神情。那一廂受寵的楊娘娘綾羅綢緞、香料首飾賞賜不斷，太監雖也為梅娘娘送來了一盒珍珠，梅娘娘卻將之打翻在地。有情之人在意的豈是形式貴重的禮物？比起珍珠，梅妃更期待皇上能來看看她，一解她的相思之苦。而雙月是好奇的，在她生命中，從來不曾有過「被人深愛，又被人拋棄」的經驗，那究竟是一種怎樣的情懷呢？

> 人間情，世間愛，從無一點入心懷。爹娘恩，早隨黃土塵埃葬，手足情、兒時樂，春去秋來已忘懷。從不解，何謂兩情相關愛？何謂情冷被拋開？我為何人夢縈懷？何人與我共歡哀？回首前塵情何在？虛渺渺、空蕩蕩，但只有寂寂宮苑，霧鎖塵埋。〔註12〕

儘管說不出愛情的真實滋味，也感受到了梅娘娘失寵後的落寞與傷心，可是雙月還是羨慕的：

> 我羨妳曾荷恩寵得青睞，我羨妳猶有珍珠遭悲懷。梅苑梅林今猶在，可供憑弔可徘徊。縱使你今生無復承歡愛，已然是悲喜歷盡、遍嚐歡哀。〔註13〕

對雙月而言，她知道自己已經不年輕了，煙鎖重樓，除非死亡，此生怕也無機會離開宮廷之中了，可是這一生難道就注定心裡不能有人嗎？「愛人」與「被愛」，從愛中感受「自我」的「主體性」與人我之間的「歸屬感」，本屬於人類情感與心理層次的基本需求。人們因為對愛的渴望並自愛的行動中，感受到生命湧動的強大力道，正所謂「問世間情為何物？直叫生死相許」。愛情讓人幸福、也讓人痛苦、愛情可以使人飄飄然如上天堂，也足以叫

〔註12〕王安祈、趙雪君：《三個人兒兩盞燈》，頁145。
〔註13〕王安祈、趙雪君：《三個人兒兩盞燈》，頁144～145。

人心碎像墜入無底深淵。愛情癲狂暴烈，唯其極少是平淡的，因此令人期待嚮往。正因愛情的難以駕馭，足以誘發驚天動地、難以規範的力量，因此向不爲傳統禮教社會所鼓勵。無論男女，其結合不以「愛情」爲前提，婚姻的重點是關係與資財，而非愛與美。又爲了維持家庭與宗法秩序的穩定，進入婚姻前既無嘗試愛情的機會，進入婚姻後更無體會愛情的必要。人們對情感的渴望因此活生生被箝制、束縛，因爲得不到，只好轉而壓抑它。在婚姻中對愛情的無欲，男女或許無異；但男性因被賦予出外追求自我以及傳宗接代的合理機會，得以在固定的婚姻關係之外，另與她人發展關係，此中對象多半是歡場女子，且遭男性始亂終棄者多。一般良家婦女則毫無機會，「女子和男人不同，女子的私情，是倫理上的一個污點」，女性最多在夫妻的柴米油鹽中體會淡淡的扶持之情。而像雙月這樣身份上隸屬皇上，卻始終無緣與皇上建立關係的女子，渴望一點被愛與愛人的悸動，是貪心奢求嗎？或應該說只是人心的真實體現？

　　人活著本該有所追求，否則與行屍走肉有何不同？雙月渴望從情感中找到身心安頓的力量，即使像梅娘娘一樣曾經被愛，而後被棄，也都好過從不識情滋味的空洞貧乏。如同戍守邊關的陳評，因疾病纏身，亦且歸家之期遙杳，不時興起「不如歸去」的念頭，也是生命無所安頓之故。直到他收到了來自雙月夾縫於征衣內緣的詩稿，竟從此讓他有了「一定要活下去」的目的與勇氣。二個素昧平生、同樣孤寂、同樣渴望心靈交流與情感撫慰的人，藉由一首詩繫起了相隔千里的緣分。雙月畢竟還是走出了這一步，一輩子就要在等待與寂寥中凋萎了，難道不能對不可知的下輩子寄予一點期望？儘管詩中表達的情意如此委婉，慾望那麼卑微，甚至可笑：「沙場征戍客，寒苦對誰言。征袍親手作，知落誰人邊。著意多添線，含情更絮綿。今生已過也，相約來世緣。」〔註14〕一個不知結果的「來世之約」？何況這首詩會不會被看見還是個未知數，萬一被舉發更可能遭致殺身之禍，今生都岌岌可危了，如何完成虛無飄渺的來生之約？但一切念頭都敵不過雙月心中那一點叛逆與強烈的渴慕：「似這般沒日沒夜的關在宮裡，可又強過砍頭嗎？……我將詩稿藏於征衣之內，任憑關山萬里，終有一人得知我心。」「只要他得了我的詩稿，知道這煙鎖重樓之內，有一女子願委身於他，偶爾思及，便在心頭猜我幾分、想我幾分，而我，也似那有家歸不得的遊子，身雖漂泊，心有所歸，這也便

〔註14〕王安祈、趙雪君：《三個人兒兩盞燈》，頁155。

罷了。」〔註15〕雙月心想：只要知道這世上有人在等我，儘管我不知道具體的他是誰，即使如此，我每天仍會感到快樂。不奢求今生必能相見結緣，我只想讓他知道，你的寒苦我都明瞭，因爲你我同是天涯淪落人。此生或許無望了吧，我的身軀走不出牢籠，但我的心不願放棄，只要知道千山萬水之外，有一人想著我如同我也想著他，一點愛戀從此不再憑空、不再虛無，便已足夠。是這樣一種對情感的渴望與追求，讓雙月甘於冒險；而雙月將愛情寄託在遠方，象徵的又豈止是她一人的孤寂與想望？千千萬萬過去、現在、未來的宮女，不都在孤寂、等待、希望與絕望中終老一生？

　　廣芝寂寞的生命歷程，則找到了另一個出口：雙月。面對雙月一點點的任性，廣芝理解，而且包容，多少女子的青春歲月在深宮內苑中被蹉跎、被遺忘了？她們既入了宮，再不能像尋常未婚女子一樣，於堂前盡孝，享受天倫；若未得皇上寵幸，也不能如已婚女子一般，有具體的家庭與婚姻可經營；漫長的生活中，只有姊妹們相濡以沫，同悲同喜，互相照料。不知何時開始，廣芝對皇上已淡然，反而漸漸地越來越看重雙月了。廣芝認準了雙月，在「人」上，這是她自主的選擇，並不是因爲雙月是女性才喜歡她，而是廣芝喜歡的就是雙月這個人，只是雙月正好是女子而已。〔註16〕或許我們可以將廣芝對雙月的情誼以瑋特（Wyatt）所謂的「母性情慾」角度看待之，對照於一方宰制另一方的關係，所謂的母性情欲關係並不侷限在異性或同性之間，只要她能打破只將男性的感覺視爲性慾的文化霸權與唯一選擇。

> 以男性爲主導的情慾企圖消除對方的主體性，只爲了要控制她，而母性情慾則承認並欣賞對方爲一個擁有自我主體性的人，反對男性想要控制或否認對方主體性的主張。出於母親姿態的情慾意指每個情人都支持對方的創造性發展，力量是一種能使對方成長的能力，……愛情意味著彼此解放自我表達的力量，而不是企圖抑制這些力量。〔註17〕

很顯然廣芝對待雙月的心情即是如此：愛護珍惜她，卻能試著不侵犯她、操

〔註15〕王安祈、趙雪君：《三個人兒兩盞燈》，頁157。

〔註16〕陳芳英：〈絳唇珠袖之外——從幾部新編戲曲思考新典範的可能〉，收入氏著：《戲曲論集：抒情與敘事的對話》（台北：國立台北藝術大學出版，2009年），頁304～305。

〔註17〕Wyatt, Jean. *Reconstructing Desire: The Role of the Unconscious in Womens' Reading and Writing*. (University of North Carolina Press, 1990), p. 167.

縱她，容許雙月有自己的選擇與生活，不因為愛她，就剝奪了她的權利。因此即便後來雙月在征衣中藏詩稿，將情感寄託在未知的對象身上，廣芝依舊包容、尊重，一路支持著陪伴她。因為雙月開心她也歡喜，雙月難過她便擔憂，只要與雙月為伴，日子雖然平淡也覺得滿足。人都渴望被愛，但愛人何嘗不是一種本能？只是，這樣的情愫，雙月一開始並不能接受，直到後來因皇帝賜婚，雙月將隨陳評離開，才驚覺廣芝在自己心中的份量，而唱出：「分別時，才驚覺、情深似海。十五年、相依偎、情種早栽」〔註18〕的告白。此刻廣芝得知雙月對自己亦有深情，激動難以自持，可嘆君命難違，廣芝既悲又喜，仍為雙月得到良人感到欣慰與祝福。臨別時雙月握著廣芝的手，慎重地、一字一句認真而堅定地告訴廣芝：「今生已過也，相約來世緣。」等於是對廣芝情意的正面回應，也為劇終時唐皇大放宮人，文梁、雙月夫婦來接廣芝一起回家，「三個人兒兩盞燈」的關係與主題增添了更多開放的可能性。廣芝與雙月是不是同性戀？三個人兒兩盞燈究竟是一夫二妻還是二夫一妻？文本及演出時都未明言，保留了想像空間的開放性結局。古典戲曲於情慾及性向之表現層面本較傳統，或為編劇的考量之一，但這樣的安排，卻反能在開放結局的顛覆性之外，又不掠奪本劇從人生內在「寂寞」與「深情」出發的思想底蘊。

　　本劇不從批判嘲弄之路寫古代宮廷，但在如實呈現古代女性的無奈幽微時，仍有諸多新意，是為與現代人心接軌之處。雙月對梅妃失寵而暗生的欣羨心情，刻畫出人對於情感的強烈好奇與渴盼，即便活生生「失戀」的例子就在眼前了，還是希望有生之年能「談一場戀愛」，套句現代人的話，正是「不在乎天長地久，只在乎曾經擁有」，而雙月意圖掌握生命、主宰自己情感歸宿的主體性再清晰不過。廣芝將情感寄託在姊妹身上，當可視為「天僵地寒中長久相偎取暖的親密情誼的寫照」，如若要以性別越界、同性戀的角度詮釋也未嘗不可，如同遠離家鄉戍守邊關的文梁對待陳評，不也發展出更勝於血緣手足之間的兄弟情誼？站在二十一世紀性別觀念多元開放的角度回看古人，時空儘管有異，但人生的孤寂與情感的失落卻是一致的。在生命的無奈之處，雙月選擇寄託詩稿、相約來生，而廣芝則選擇姊妹情誼，尤其情到深處，能以祝福的姿態成全雙月與陳評結合，其真情早已超越了性別界線，觀者不必執著於同性或異性之愛，也無需急於肯定或否定其性別取向，因為在性別之

〔註18〕王安祈、趙雪君：《三個人兒兩盞燈》，頁178。

外，更重要的還是人的處境與選擇。

雙月的追求、廣芝的選擇，乃至她們二人與文梁「三個人兒兩盞燈」的相處模式，雖在曖昧中提供很多想像空間，但目的並非顛覆，反而更彰顯人生的無奈，以及無奈人生中的溫暖有情。內囿不自由的男女無所逃於天地之間，其肉體受限，但對情感的渴望與想像從未消失，更企圖衝破時空之限，寄情於來世與未知。若無雙月的詩稿，不會有今生結緣的契機，若無廣芝對雙月情感的付出與成全，也不會有後來互相扶持的幸福。雙月與廣芝的追求，同樣讓我們看見屬於她們的主體價值。

三、豪門桎梏中的情慾探求：《金鎖記》

本文第二章曾提到嫁入豪門的曹七巧，面對身殘體弱又暴戾壓迫她的丈夫二爺，使得她在異化的夫妻關係中感到寂寞孤單。從丈夫身上既得不到做為妻子嚮往的尊重與情感，丈夫毫無生氣與體溫的肉體，也無法讓她感受到肌膚相親的滿足，因此對七巧而言，唯一的期待竟是「等他一絲殘喘，燈滅熄明」，唯有丈夫死去，她才能脫離被壓迫、奴役，被當成性慾望對象剝削的命運，也才能擁有金錢的主控權。情感的失落匱缺，使她嚮往健康的人、健康的身體，可以跟她談笑、把她當一回事的對象，而當符合這些條件的三爺季澤出現時，七巧便將生活的希望、情感的寄託轉移到了他的身上。小說《金鎖記》中，張愛玲本不忌諱談情說性，但金錢如鎖，讓她的情感變形；筆者以為相較於情，張愛玲筆下的曹七巧，實則更逃脫不了的是黃金枷鎖。然而京劇《金鎖記》，卻將七巧的愛慾作為更深層刻畫的重點，以其因「情感」的重大失落而轉向對「金錢」的無名執著，終致後來的瘋狂扭曲。

即使已嫁為人婦，即使丈夫患有殘疾，曹七巧卻從不曾忽視自己內心的渴望，更不斷讓人聽見她的聲音。其極端的邊緣處境，在被三爺重重的傷害以前，尚未使她將「他者」的意識內化成虛偽的自我，張揚、流動的對情愛的慾望與渴盼，始終在七巧的生命中自覺的出現。第一幕開場，夢境中的曹七巧歡快的哼唱「十二月小曲」，是她對愛情的期待想像，然而婚後現實的生活與夢想的世界天差地別。劇中多次描寫七巧敘說苦悶的夫妻生活，幾次與妯娌、小叔的談話中，七巧對性事也直言不諱，顯示其內心強烈的孤單與不平。例如：

　　曹七巧（對哥哥）：錢還沒到我手裡，<u>我就先給這福氣悶死了！</u>

　　曹七巧（對嫂嫂）：收下吧！沒能多給，給多了人家會說話。<u>拿我這身子換來的，也就只有這些了。</u>

　　曹七巧（對大奶奶）：喲！大奶奶，<u>瞧妳才梳好的頭，怎麼又亂了？原來大爺今兒個在家，沒出門啊！</u>

　　曹七巧：我知道妳們一個個都是清門淨戶的小姐。<u>你倒跟我換一換試試，只怕你一晚上也過不慣。</u>

　　曹七巧（對著大奶奶、雲妹妹）：將來出閣了，<u>碰不碰可就由不得雲妹妹了。</u>

　　曹七巧（對三爺）：我不過是要你當心你的身子。⋯⋯<u>一個人身子第一要緊，你瞧你二哥，弄得那樣兒，還成個人嗎？還能拿他當個人看？</u>

　　曹七巧（對三爺）：你去挨著你二哥坐坐！你去挨著你二哥坐坐！<u>你碰過他的身子沒有？是軟的、重的，就像人的腳有時發了麻，摸上去那感覺⋯⋯你沒挨著他的身子，你不知道沒病的身子是多好的⋯⋯多好的⋯⋯</u>〔註19〕

小說中對此雖也有描寫，但七巧的口氣不同，是她與妯娌、小姑間近似於玩笑逗口風的對白，突顯的是七巧的出身，以及自我防衛；但在京劇中，更多時候的七巧向他人說及自己的性事時，卻是好強中帶著苦悶、難堪，充滿酸刺委屈的。可是口頭上的嚷嚷填補不了內心的空虛，三爺的出現，還有對她若有似無的情意，使得七巧產生了期待。小說一開始季澤便已新婚，曹七巧還曾向季澤邀功，說道：「三弟你還沒謝謝我哪！要不是我催著他們早早替你辦了這件事（按：指婚事），這一耽擱，等打完了仗，指不定要十年八年呢！」〔註20〕但劇中為強化七巧對季澤的感情，特別將三爺的婚事延後，鋪陳了七巧與未婚的季澤之間曖昧流轉、似有若無的情意流動，使得七巧的心動更為具體，往後聽聞季澤將娶親時的悵然若失、迎親日稱病獨守空房，對鏡想像與自我究詰的情緒也因此更為深刻、合理。劇本中多處以七巧與季澤間的肢體碰觸（包括手、小腳）及二人間的凝視、擁抱，切入描寫二人之間關係的變化，以及七巧內心情感的運作：

〔註19〕以上引文見王安祈、趙雪君：《金鎖記》，頁 198、199、202、208、223、224。
〔註20〕張愛玲：《金鎖記》，頁 14。

1. 手。

    a. 三爺從外返家，隨手抓了許多核桃吃。七巧在三爺再次用手去抓盆裡的核桃時，打了三爺的手背一下。雖然時間短暫，卻是二人身體的第一次接觸。七巧的理由是怕髒（摸了牌又抓這？），三爺於是順勢要七巧抓核桃往他嘴裡扔，七巧感到害羞。

    b. 牌局結束後，七巧見三爺又要出門，忍不住叫了他的名，三爺竟也回喚她七巧。一時間，二人凝望，七巧的手忍不住搭上了三爺的臂膀。

    c. 三爺結婚那日，七巧相當失落，幻想自己才是三爺的新娘，與三爺十指交扣。

    d. 三爺婚後仍舊天天往外跑，七巧忍不住撒嬌似地向他發起了牢騷。三爺想是要轉移話題，順勢蹲下捏了七巧的小腳，七巧也動情蹲下，將手搭上了三爺的臂膀，二人四目凝望。

2. 小腳

    a. 第一場麻將戲中，桌面之下的三爺用鞋尖兒悄悄地勾纏七巧的三寸金蓮，七巧的心又亂又甜，眼睛不敢正面迎視三爺，也猜不透他真正意圖。

    b. 三爺成親後，七巧強烈失落，忍不住向三爺訴說自己在殘疾丈夫身邊的苦，每日摸到丈夫那沒有溫度的肉體，就像人的腳發麻時的觸覺。此時三爺蹲下捏了七巧的腳，調笑的說著：倒要瞧瞧妳的腳現在麻不麻。

幾次手部的接觸，都以七巧為主動方，顯示出她對於情感付出與獲得的一種渴盼。而這樣的渴盼必須倚賴三爺給她的回應才能做出相應的舉措。譬如第一次在眾人面前手背的接觸，七巧是有理由的，而三爺的回話則讓七巧感覺到希望，之後她才一步步更加熾烈。當七巧情不自禁喚了「季澤」的名，而三爺竟也聲聲回喚她「七巧」，並正面迎視她的目光時，七巧再也克制不住自己的感情，並以為三爺的心跟自己一樣，因此手忍不住搭上了三爺的臂膀……。一次比一次更大膽主動的告白，更直接的伸手、擁抱，甚至解衣、十指交扣（雖是幻想，但代表七巧的意識），說明了七巧對三爺的情感漸漸難以自拔，也暗示著爾後七巧的傷心與失落越加深沈。

不論就劇情或表演，傳統戲曲中都少有情慾戲，更少有太直接而露骨的
肢體碰觸，通常會保留較多空間讓觀眾自行想像。而魏海敏是如何透過肢體
與眼神的設計拿捏，在舞台上將文字化爲動作，具體演繹七巧與三爺間的曖
昧情愫呢？筆者透過田調訪談內容，略做以下補充。魏海敏：

> 七巧喜歡三爺，但三爺卻是逗她的，要如何在舞台上演出二人間那
> 種「情愫」呢？我們就想了很多方法，主要由我來想如何呈現。排
> 了幾個版本，都不太理想，每天每天想，東西就慢慢出現、成形
> 了。後來就想到可以由我（七巧）主動去抓三爺的手（第一幕打完
> 麻將後），這是比較現代感的處理方式。她爲何會去抓三爺的手？這
> 其中有許多的心理層面。我的思考是：七巧風華正茂，又憧憬愛
> 情，而三爺是健康的身體，她的老公卻是殘廢，她碰都不想碰的，
> 像殭屍、死人一樣的肉軀。因此她應該會很渴望去感受、碰觸一
> 個「健康的、活生生」的人的感覺，何況這個人又是她愛的，她一
> 定要告訴他「我是愛你的」，所以她主動去抓了三爺的手，牢牢握
> 著。這三爺倒是有點兒怕，嚇了一跳，但三爺本是油滑的人，送上
> 門的好事哪有放手的理？所以也不宜一驚一乍，表現太強烈，而只
> 是慢慢慢慢將手抽回、推開，轉而稱讚七巧的耳環。在設計這個動
> 作時，我必須同時想到唐文華（飾三爺）的反應及動作，才能有起
> 承轉合。〔註21〕

魏海敏認爲舞台上若少了上述動作，那個曖昧的情就很難捉摸，光靠表情和
眼神不夠，唯有眞實的肢體接觸才有辦法讓觀眾感受到他們之間的情。而演
員若在台上表現得很做作、不自然，不行，若太淡，沒戲、搔不到癢處，也
不行，分寸拿捏需要一再地思考、揣摩；也需得演對手戲的演員彼此間都能
自然的詮釋，才有辦法使演出達到預期的效果。魏海敏舉出一場因爲「三爺」
（唐文華）演不出而必須刪除的情慾戲爲例說明：

> 第一場麻將戲打完，七巧與三爺開始吊膀子，三爺轉著手上玉佩（這
> 也是我幫唐文華想的），七巧忍不住向三爺訴說心中的積怨，但又不
> 好太明講，而三爺想閃躲，就把話題轉到七巧的小腳上。一方面是
> 想轉移話題，二方面承接上面七巧與三爺已有手部的接觸了，七巧
> 可說已經完全開放了，而三爺若願意，是可以趁虛而入的。但此時

〔註21〕見附錄三：〈魏海敏訪談紀錄（一）〉，頁214～215。

> 三爺對七巧還是一種試探，甚至是在享受二人之間曖昧的過程，因
> 此他彎下身去摸七巧的小腳，而七巧則說著她的丈夫是軟的、重的，
> 根本不像個人……這一段若眞演出來其實很情慾，但後來沒有演，
> 因爲唐文華始終演不出摸小腳的這個動作，他覺得很難，因此就取
> 消了。〔註22〕

儘管魏海敏認爲「若能加進去這段調情的過程，對於七巧對男人的渴望、對身體的渴望可以更深入的詮釋，並且後面的傷害也就會更大了。」〔註23〕但舞台上的演出畢竟需要演員合力完成，與其勉強做出自己無法認同的動作，讓觀眾也感到彆扭，不如另外嘗試由不同的角度切入。由以上說明，可見身爲演員如何巧妙將劇本內涵以具體表藝呈現的同時，必得經過許多的揣摩、思考、嘗試與互相的配合協調。

除了透過具體的肢體動作傳達七巧與三爺間對情感認知及態度的差距外，舞台上藉由七巧於鏡中反覆的回顧、想像與自我究詰，亦能看見七巧情感上的追求與失落。三爺娶親，七巧託言身體不適，實則內心悲戚。門外拜天地的喜慶聲中，她望著鏡中的自己，回想起當年的婚禮。媒人說了：二爺相貌斯文啊！自己確實也是渴望過上好日子的。當年的抉擇，對比如今的憂憤，新人鑼鼓宣天的歡樂聲中，只見自己的丈夫身體萎頓且性格暴躁。七巧憶起三爺曾經那麼溫柔的眼神，這個家也只有他能偶爾陪自己說上幾句體己話，一想到這兒，七巧便不願放棄：「到如今，三拜天地、嫁娶定，曹七巧，一點情絲、未斷根。」〔註24〕對未來儘管惶惑不安，儘管三爺都娶了媳婦了，七巧仍執意地企圖抓緊這段漂浮的情絲，以爲生活在姜家唯一的寄託：

> 哪怕你，一點眞心、與她相印
> 也要你，留與我、半點情眞。
> 留與我、捱長夢，
> 留與我、度寒風，
> 缺月猶能將路映，
> 半生只問你一點眞。〔註25〕

〔註22〕見附錄三：〈魏海敏訪談紀錄（一）〉，頁215。
〔註23〕見附錄三：〈魏海敏訪談紀錄（一）〉，頁215。
〔註24〕王安祈、趙雪君：《金鎖記》，頁222。
〔註25〕王安祈、趙雪君：《金鎖記》，頁222。

　　然而七巧的追求終究沒有結果。半點情眞的卑微想望，換來的是半年後三爺再度以情感挑弄卻意欲誆錢的殘忍行徑。三爺才來，就說了一句「你惱著我，因爲妳還想著我」，尤其提到了「鳳紋耳墜子」，七巧便已止不住心中的點點情潮攪動，因爲那是三爺對七巧愛的象徵（至少七巧這樣以爲）：

> 前塵舊事迴心繞，
>
> 過往雲煙何曾消。
>
> 還道情字已看薄，
>
> 眼前之人亂心潮。

即使故作冷靜，往昔曾有過的情愫又再度被撩撥而起，有那麼一刹那，曹七巧心軟了：「你又來逗我。這麼些年了，我好容易把你看淡了，你又來……」話語中有止不住的嬌羞、埋怨和重新燃起的「希望」。她又信了三爺的告白，十年的閃躲避藏，如今花一般的年歲都過去了，竟還能親耳聽到他的眞情細剖，七巧忍不住淌下委屈的淚，三爺看出她已融化，便順勢緊緊地握住了七巧的手。只可惜，七巧以爲可以重來的喜悅與幸福，不過如夢一場。

　　《金鎖記》的主題與人性內涵本十分複雜，高全之謂：「兼顧瘋狂與自知之明，直指《金鎖記》的人性定義。攬鏡自照、渴望愛情，懷念年輕歲月，都是張愛玲所能界定的最大程度病態與瘋狂之中不可或缺的人性本能。」〔註26〕京劇《金鎖記》選定這抹惡的風景，強化對於女性情慾需求的肯定，戲劇主旨傾向於七巧的情愛幾度受到傷害，遂生哀怨，從而走向後來的癲狂。正是對情感愛戀的極度渴望與積極探求，使得曹七巧後來的絕望與失落相對沈痛。

　　魏海敏演繹創造曹七巧的一生，更從曹七巧的性格原型中找到脈絡，讓演出有所本，進而與傳統表藝結合，體現在舞台之上。對魏海敏而言，她所感受理解的曹七巧是工於心計、口齒伶俐的女人；由於無知與自卑，常常脫口而出便是粗鄙不堪的話語，又怕被人看輕，所以總是先傷人以自保。她的性格裡有貪心，也不願認分，偏偏對於感情又有放不下的執著與錯誤的投射。而曹七巧最大的缺陷，就是不能爲自己的人生負責任。在這樣的架構下展開對角色的詮釋，使得魏海敏尤重曹七巧的「口齒」表現，從讀劇本開始，魏海敏就認眞地在這齣戲的念白上下功夫。她說：

〔註26〕高全之：〈《金鎖記》的纏足與鴉片〉，《張愛玲學》（台北：麥田文化，2008年），頁95。

> 舞台上的念白很重要，有時照本宣科會太生硬，有些文字語調化了，就要適時加入一些附加字。譬如《金鎖記》的背景是民初的家庭，北方話味道比較重，但編劇之一趙雪君是台灣人，又年輕，比較抓不住這方面的特色，而我的北方話還可以，這幾年又與大陸有很多接觸，比較掌握得住，所以花了很多時間修正。而且不只我扮演的曹七巧得修正，同在一個家庭裡與我有對手戲的角色都得修正，也要幫他們想到才行。語言在台上是很重要的，塑造角色的手段若無法與時代結合，角色便很難確立，所以一定要針對每齣戲的背景做出不同的念白設計。〔註27〕

除了以紮實的口齒功夫精湛而傳神的演繹曹七巧，貼切展現曹七巧一張利口毒舌帶來的傷害外，魏海敏並設計了一個動作，表現出曹七巧極力追求後卻什麼也握不住的「蒼涼」：

> 演曹七巧時，小平導演提點我要表現出「華麗的蒼涼」，於是我想到可以用手絹兒。曹七巧右手拿手絹兒，搭到左手上，然後再由左手手心中慢慢扯出手怕（往右邊拉出）。那感覺彷彿在說：好像要抓到什麼、想抓到什麼，但事實上卻抓不到，所以用手絹慢慢離開了你的手、離開了你的身體、離開了你的生命。用這個意象表現出七巧渴望感情卻抓不到感情，想掌握許多東西，許多東西卻都從其生命中流逝掉了那種蒼涼的感覺。〔註28〕

對於曹七巧悲劇般的人生，除了可鄙可恨，魏海敏還刻意塑造她的可愛與可憐。畢竟這麼一個多重面貌、心思複雜的女人，並不是一開始就如此刻薄瘋狂的。看似金錢攏在身邊的她，其實心靈非常空虛貧窮，出嫁前她也曾經嚮往著美麗夢幻的人生，但走入姜家後，卻已沒有所謂的圓滿，人生也再難回頭。戲劇一開場，魏海敏讓夢中的七巧唱著輕快的「十二月小曲」，代表她曾擁有的恬淡純真。當三爺摸著七巧的耳墜子讚嘆道：「這鳳紋耳墜子七巧戴起來真好看」時，七巧表現得彷彿回到未婚之前，被心愛的男人讚美，從中得到一種認同、肯定，她沈浸在單純的喜悅之中，可惜所愛非人。劇末，魏海敏仍以「十二月小曲」收尾，曲不成調，五月的石榴花依舊來不及在生命最風華的時刻綻放，曹七巧蒼涼的一生徒然留下欷噓感傷。

〔註27〕見附錄三：〈魏海敏訪談紀錄（一）〉，頁213～214。
〔註28〕見附錄三：〈魏海敏訪談紀錄（一）〉，頁219。

四、角色的情感追尋與生命理解

　　《水袖與胭脂》建構了一處虛擬的梨園仙山，仙境中是「角色」居住的戲劇王國，而仙山主人，則是楊貴妃死後之靈所化成的太眞仙子。王安祈以「揣想角色心事」的角度，意圖探詢太眞仙子的心底幽微，其動機來自於王安祈對於歷代處理李、楊情愛過程與結局的不滿足，因此故事雖以《長生殿》爲本，卻非《長生殿》的翻版或延續，而是企圖從角色楊妃如何看待自己的情感、如何主動追尋情感與生命的解答的歷程中，從而探究愛情、戲劇與創作的本質，並寄託編劇的內在情感與心靈依歸。

　　於是，需將傳統意義的「理想的個人」、「理想的人生實踐」，還原爲「現實的個人」與「不圓滿的自我存在」，企圖在「不斷的經驗」之中尋求對於「人生」的理解。〔註29〕一切便由楊妃的幽怨開始。劇中死後的楊妃——太眞仙子因此感受不到自己的備受嬌寵，她總是悶悶不樂、猜疑、怨懟，對愛情一次又一次的提出質問。劇情的設計是：楊妃「當下」的尋找，需經由伶人們敷演「過去」的戲文展開，藉由「戲中戲」的相互映照、彼此滲透，才能使楊妃的追尋得畢其功。全劇敘事推展的動力完全在楊妃心緒流動的一念之間，她既是旁觀者，又是入戲扮演／客串的角色，看似追索、質疑的過程中，卻也突顯了她自身的情觀與判斷。

　　由於全劇藉曲折的情節寫楊妃「在戲中尋情」的心路歷程，因此必然穿插了與楊妃故事相關的戲曲。她看到行雲班演她的故事，但戲中一曲「七夕盟言」激怒了她，戲裡的唐明皇口口聲聲「情比金石堅」，事實上馬嵬坡前卻捨棄了她。仙子怒而將行雲班趕出宮中，獨留小生無名，就在仙子身邊隨時隨地一點一滴地演著唱著唐明皇與楊妃的故事。仙子既期待聽又害怕聽，越聽越覺迷惘，「仙樂飄飄，不干人間事，更不能訴我心事。」轉而走出宮殿，想在其他的角色、別人的故事裡，安頓自己的心情。她看見西施對自己戲中結局的不安；也看見生前情敵梅妃卻反安於自己悲泣低吟的戲中形象，而自己「平生心事，何處寄存」？第四場楊妃前夫十八王子的支線與虛構的祝月公主，字字句句逆向的戳進楊妃心中，更剝開了深情底下的不堪。

　　無名：想妃子原是老王第十八王子之妻，老王父奪子妻，那王子必

〔註29〕王璦玲：〈台灣京劇新美學之開展：《水袖與胭脂》與《十八羅漢圖》中之主體展現〉，收入吳岳霖：《鏡象・回眸：國光二十劇目篇》（宜蘭：國立傳統藝術中心，2016年），頁10。

是憤恨難當。不免與祝月公主一同試排此段。

> 祝月：我最初是想編排出這麼個公主角色。你想啊，仙子原是老王
> 第十八王子之妻，夫妻恩愛整整六年，怎會沒有子女？跑出我這個
> 公主，不是更能演出父奪子妻的悲劇？不是更能演出仙子的悲情
> 嗎？〔註30〕

仙子正巧此時出現，便參與他們一同排戲，歷歷往事來擾煩，勾起前怨湧心間，仙子重新將當年的思緒梳理了一番，並與無名以交互扮演的方式，嘗試進入對方（十八王）以及當時的自己的內心深處，自我詰問與交互探測。原來世上薄倖者不只一人，十八王子雙星為證、信誓旦旦，但危急取捨之際所想仍是自己的利益：「我今若將美人雙手奉上，父王定將太子之位回贈與我。一旦江山穩坐，還怕無有美人？」馬嵬之變時甚至袖手旁觀。仙子痛心不已，憤而將這一段戲文刪除，並繼續命人找回行雲班，她要看行雲班如何詮釋自己的故事。行雲班眾伶人冒牌組班二度進宮，喜神唐明皇卻依舊軟弱，不敢回憶當年，但被喝醉的班主勇氣牽動，終於重新回到宮中，演出「馬嵬埋玉」。仙子與喜神情緒被感染，不由自主跟著入戲扮演起來。當無名所扮的唐明皇正準備要鬆開蒲娘所扮楊妃的水袖時，喜神情不自禁衝入戲中戲，而仙子也已早一步入戲。喜神緊緊拉住太真仙子，唱著「莫鬆手」，無名扮的唐明皇卻正要說出「但、但、但憑娘娘……」。而喜神同時對著戲中戲的唐明皇唱著「莫鬆手」，好像是自己告訴自己「千萬不要放手」。當無名所扮的唐明皇眼看著蒲娘所扮楊妃淹沒在大幅白綾內，喜神終於脫口而出：「終相棄、竟離散、終是離散。天上人間、此恨綿綿。唉呀，我悔、悔、悔無限，悔當年、我猶存一念戀江山。我悔……」〔註31〕無名也披上戲衫，戴上鬢口，如同唐明皇的分身般唱出了老年唐明皇的悔恨：「羞煞咱掩面悲傷，救不得月貌花龐。是寡人全無主張，不合呵將他輕放。我當時若肯將身去抵擋，未必他直犯君王，縱然犯了又何妨？泉台上倒博得永成雙！」〔註32〕總算在千年之後，已然成仙的楊妃得以親耳聽見唐明皇對著自己唱起這段詞，唱出內心的沉痛悲涼、深情悔恨。仙子在他的聲聲愧疚中圓了心底最後的一點缺憾與憤恨：「風暫停、鳥無語、傾聽他、心弦裂顫，都羨我、獨擁此曲並此文、何求何憾、夫

〔註30〕 王安祈、趙雪君：《水袖與胭脂》，頁 199～200。
〔註31〕 王安祈、趙雪君：《水袖與胭脂》，頁 224。
〔註32〕 王安祈、趙雪君：《水袖與胭脂》，頁 225。

復何言？這不是寫山寫水、借景點染，這是他獨立蒼茫、側身天地、掏心自剖、才有這泣血悔愧至誠言。回頭看、七夕盟言非虛謊，死別徬徨，教人悲憐。值了值了，生生世世俱無憾，擁此曲，不枉紅塵走一番。」〔註33〕唐明皇的情眞終讓楊妃得以坦然，得到淨化。

「每個人都在尋找自己的戲，也都希望主導自己的戲；而戲未必還原眞相，戲劇反映的是每個人所期待的人生。」〔註34〕楊妃情感上的遺憾透過自我的追尋探問得到了解答，也安頓寄託了編劇王安祈孤寂創作前進的一顆心。

扮飾過無數楊妃的魏海敏，對於《水袖與胭脂》中楊妃一角的理解，則認爲楊妃對情感的追求，實際上就是一種個人內在自我價值的追尋與認同：

> 當楊妃一點一點去挖掘過往的事件時，她才開始慢慢找到自己的價值。神仙理應很快樂不是？但楊妃卻很不快樂，爲什麼？可見人世間的一切對她而言影響很大，她拋不開，即便她已成仙。於是透過戲班的演出，她慢慢找回自己苦惱的原因，慢慢知道自己是誰，再從唐明皇的魂魄中確認唐明皇對自己的愛是眞實的，到了那一刻楊妃才眞正踏實。在這之前，在楊妃活著的時候，唐明皇對楊妃的好總還有一種虛的感覺。譬如他也可以去找梅妃啊、找別的宮女啊，妳並不一定是他的唯一；更何況還有馬嵬坡事件。但死後，唐明皇的魂魄仍對這件事有許多苦痛、後悔、思念，彷彿靈魂也在重生一樣。而這個發現就讓楊妃重新找到了價值：即使當年唐明皇沒有救她，但他確實是愛她的。這點非常重要。對其他任何人都一樣，因爲那是人最核心的內在價值，被認同、被肯定的感覺。假如一個人總是被厭惡、被討厭、被排斥，他的生命將很快消亡。價值說起來很空幻，但卻是每個人都在追求的。當你有一種對生命價值的追求與嚮往時，你就會有幸福感。〔註35〕

人生在世，許多言語心事未能明言，唯有抹上胭脂、披上戲衫，才能暢敘憂懷、盡吐眞情。《百年戲樓》第三幕中的茹月涵，對著華長峰唱著：「誰的是，誰的非，你問問心間。」詞是白素貞對著許仙唱的，問的卻是茹月涵自己。

〔註33〕王安祈、趙雪君：《水袖與胭脂》，頁226。
〔註34〕王安祈：〈心事戲中尋──《水袖與胭脂》創作自剖〉，收入《水袖‧畫魂‧胭脂──劇本集》（台北：獨立作家，2013年），頁39。
〔註35〕見〈魏海敏訪談紀錄（一）〉，頁222～223。

前半生的背棄，需得有回頭遙望、剝開自己內心並坦承錯誤的勇氣，才能得到償還與洗滌的機會。台上的茹月涵將華長峰往舞台前方推去，接受眾人掌聲，自己轉身往後走。一回頭，她看見華崢的魂魄，那個曾經被她背叛的師父，飄然走過。在無奈的政治洪流與人生幽暗中最淒涼的生命當下，茹月涵試圖尋找自我的重生與救贖，透過戲，她求得了，也理解了生命的荒謬、無奈，以及寬容。她的勇氣恰如白蛇，而華長峰的遺憾就像許仙，戲裡的白蛇原諒了許仙，戲外的許仙接納了白蛇，也與自己做了和解。

　　筆者的體會則是：劇中角色不論唐明皇、茹月涵、華雲或華長峰，能真誠面對自我內在的懊悔、錯誤，進而尋求救贖與償還的歷程，是作為一個人最困難之處，同時也是人格最高尚之處。真實人生中是否每個人都能擁有這樣的勇氣，又是否每個人都能擁有這樣的幸運得到彌補憾恨、和解原諒的機會？或許正因為真實的人生往往不盡圓滿，因此編劇說：人生的不圓滿，非得在戲裡求。王安祈：「劇中和解的理由，是中國傳統戲曲的核心價值。……京劇演員的人生觀往往以戲為依歸，……戲是他們的全部，所有的人生觀、價值觀都來自戲。現實人生得不到的願景，只有戲可以給。……戲裡團圓的結局，其實是反襯人生無奈。」〔註36〕趙雪君則謂：「舞台之於伶人是更真實、更具價值的世界，而價值、從來都不存在於這個以長寬高擴延性言之的世界空間，在這個意義上，『人生的不圓滿，非得在戲裡求』或者華雲與茹月涵選擇在舞台上償還曾經的背棄，也可以說，人只能在之於他而言更真實的世界裡，尋求其價值所在。」〔註37〕在伶人世界中，人生與戲劇之間幾無界線，也難以畫分，是宿命與無奈，但有時，也是一種幸福。

　　由於茹月涵在台上是以現代的裝扮現身，除傳統老戲《白蛇傳》的唱做外，劇中較多的是一種近似於舞台劇的表現方式，尤其在口白的部分。魏海敏特別做了以下的分享，說明從演員的角度如何設計、思考，將看似簡單的文字化為生動合宜的演出：

> 我覺得詮釋茹月涵比較掙扎的部分是這一句：「就是他，我就要他。別的許仙我都不要，就要他。」到現在我都還在想，若再演這戲，我要怎麼說這句話。茹月涵一上場，是到內蒙古一個小劇團去找到了華長鋒，說了這句話。那已經不是一種對話式的語言，而是把一

〔註36〕王安祈：〈背叛與贖罪——《百年戲樓》創作自剖〉，頁36。
〔註37〕2015年《百年戲樓》演出節目單。

種多年來累積的事件擺在一起的感覺。所以我覺得這句話不能像一般的說話，一定要有設計感，因此每次演出我都在變。譬如，我一進來，東看西看，看到華長鋒，馬上說了這句話，那代表什麼？這句話是在跟小精靈講嗎？這句話不應是平常講話的模式，它是一種昭告，在台上，對觀眾的昭告。我一開始用比較寫實的方式，手指著華長鋒說：「就是他，我就要他。別的許仙我都不要，就要他。」但我覺得一點力量都沒有；後來試了幾次，現在我用的方式是先背對觀眾，說：就是他。（停頓）先讓觀眾有一種特別的感覺：那人不是背對著我們嗎？怎麼發出了聲音來？然後緊接著才說出下面的內容。也許是一種疏離感吧，也是一種大的昭告，不只講給小精靈聽、講給華長鋒聽、講給觀眾聽，也是講給自己聽。其中蘊含一種「我的力量與動機」：「我就要找到他，我就要讓他如何如何……。」連這樣一句短短的話我也是再三琢磨，即使到了現在，只要我想到這個角色，我就會想這句話還能「怎麼說」會更好？舞台上重要的不是他講了什麼，而是「如何表現他講了什麼」？舞台上重要的就是「怎麼表現」？要「怎麼講」這句話？我們看到的文字只是文字，但演時已經不只是文字了，背後還包含了太多的東西。表演最難的地方就在於此。〔註38〕

第二節　女性的藝術追求與自我實踐

一、眾聲喧嘩裡的聲音追尋：《孟小冬》

　　孟小冬是民國初年著名的坤生，十二歲起即走紅上海，其聲音蒼勁精醇，人稱冬皇。孟小冬一生起伏迭宕，四十歲以後拜余叔岩為師，潛心鑽研余派唱腔，卻不再登台。晚年行事低調，留予後人津津樂道的，是她神秘、成熟、令人讚嘆的「余派」唱腔，以及與梅蘭芳、杜月笙的兩段感情。

　　這是京劇史上充滿傳奇的真實人物，也是深深觸動王安祈靈魂深處的重要藝術大師；王安祈將之編排成戲的過程中，擇取了個人心中最主要的冬皇意象，成就出十分「王安祈」的主觀孟小冬。主觀的塑造仍得建立在歷史事

〔註38〕見〈魏海敏訪談紀錄（一）〉，頁219～220。

件之上，而情感的走向卻是可以想像與流通的。王安祈不用「寫實」的方式描寫孟小冬，更無須費心找一位與孟小冬長相相似的演員扮演孟小冬，因為還原真相是永遠不可能的。孟小冬留下了她的聲音，而王安祈喜歡的也正是她的聲音，因此選擇以「靈魂的回眸」演繹孟小冬一生追尋聲音、自我完成的過程。

當行將就木的孟小冬回顧自己的一生時，映入腦海中的會是哪些人物？哪些事件？當所有媒體與人們關注的孟小冬是她與梅蘭芳、杜月笙之間沸沸揚揚的兩段戀情時，劇作家卻刻意將之淡化。不煽情、不誇張，僅從孟小冬的回憶中娓娓道來，因為主角是孟小冬，是王安祈心目中的孟小冬，不是梅蘭芳或杜月笙。因此，舞台上的梅蘭芳不用真人扮飾，對孟小冬而言，那是她「想拋撒、想遺忘，卻揮之不去、時刻上心頭的璀璨陰影」，光彩絢爛，但傷痕累累。八卦或許將使孟小冬更令人好奇與討論，卻不是王安祈心目中最想演繹的孟小冬。對於那兩段感情帶給孟小冬的影響，劇作家無疑是萬分感慨的。梅孟之戀公諸於世時，報紙上刊出了孟小冬的照片，旁邊配上一行字，寫著：「修到梅花的孟小冬」。彼時梅蘭芳聲勢如日中天，且已有兩房妻室，梅孟之戀的發展，記者卻用這樣不厚道的文字描述孟小冬，可以想見當時多少竊竊私語、蜚短流長環繞在孟小冬身邊？而後又發生了李姓瘋狂粉絲的槍擊事件，梅蘭芳退縮了，孟小冬終於黯然離開他。

十四歲的豆蔻年華，冒著風雪從上海來到北京的孟小冬，本想要尋找的是她心底的一種聲音：「我只想能唱出那樣的聲音：高而不尖、寬厚沈實，脫盡火氣。後來我知道，那叫余派，余老闆的唱法。我要找那樣的聲音，我想學。」〔註39〕卻沒料到先與梅蘭芳成了舞台上的最佳搭檔。乾旦坤生，性別顛倒，多麼趣味。先是〈四郎探母〉，再是〈遊龍戲鳳〉，還有〈龍鳳呈祥〉。觀眾不斷地叫好，說他們簡直是「珠聯璧合」、「天生一對」。而孟小冬「意惶心顫」地完成，只知道「和梅先生唱戲真痛快！梅先生和我調門相當、尺寸一致，唱得我嗓子全開了，一陣對唷，後面的『叫小番』嘎調，毫不費力，一衝而上！」她只記得「出台時，梅先生叫住了我，我沒敢看他，而他在看我……」〔註40〕。年輕的孟小冬迅速墜入了情網。情網編織的聲音繽紛多采，

〔註39〕王安祈：《孟小冬》，收入《水袖·畫魂·胭脂——劇本集》（台北：獨立作家，2013年），頁53。
〔註40〕王安祈：《孟小冬》，頁58。

是各種顏色：

> 整個天空都是色彩，誰的顏色？翎子？湘紋？還是，聲音的光澤？
> 聲音有光澤嗎？我迎向色澤，身子好輕，飄了起來，遨翔、迴旋，
> 分不清是奔騰、飛天，還是墜落、飄零？我浮蕩在聲音裡，纏繞在
> 色澤間，解不開、千絲萬縷纏在一起，好多顏色纏成一道，交錯、
> 混淆、糾纏，好亮，看不清，看不清，忽地，七彩退去，白光一道，
> 好亮的白，刺眼的銀白，看不清了，看不清。」〔註41〕

孟小冬以為自己走進了幸福的光圈，從此台上台下夫唱婦隨、琴瑟和鳴，沒想到卻是藝術生命的停頓。梅蘭芳告訴她：「小冬，跟了我，別再上台唱戲了。」〔註42〕或許唱戲真是辛苦，梅蘭芳捨不得，或許在那樣的時代，倘若小冬繼續「拋頭露面」，將使梅蘭芳臉面無光，畢竟孟小冬不再只是孟小冬，她是梅蘭芳的女人了。陶醉在愛情之中的小冬，果然沒再扮上；梅蘭芳金屋藏嬌，多了一位紅顏知己，劇壇卻少了一位表藝精湛的老生唱將。

　　然而，孟小冬卻是寂寞的。甜蜜的新婚期很快過去。孟小冬不唱了，心中隱隱的遺憾咬齧著她。愛情取代不了也滋養不了一顆始終熱愛藝術的心。梅先生屬於大家，他總在排戲，不是在戲臺上，就是去了國外演出。沒有了舞台的小冬，無法對唱戲忘情，長夜漫漫裡，唯有一張一張的唱盤片中音，伴她度過一個人的日子。然後，發生了仰慕者開槍殺人的事件，人們流言紛紛：「梅先生一向雍容典雅，怎能沾上這種事？梅先生完美無瑕，不能犯錯！」「溫柔敦厚、玉潔冰清，蜚聲國際、人間至美」的梅先生，「怎容得半點瑕疵印在身？」〔註43〕大家都關注這一事件對梅蘭芳造成的傷害，隱身於後的孟小冬被視為破壞梅蘭芳形象的禍首，只能噤聲，委屈求全。然而梅蘭芳的愛終究開始卻步了。梅老太太過世，滿心期待藉此機會獲得身份認同的孟小冬前往弔唁，卻吃了閉門羹。梅先生拒絕了她，為這段四年的婚姻劃下休止符。孟小冬無疑是傷心的。她回到上海娘家，茶飯不思，身形越發清瞿，據說還險些出家。原以為梅蘭芳正是她追尋的精醇雅正的聲音所在，孰料不過只是一段短暫的緣分。

　　離開梅蘭芳後整整六年的時間，孟小冬不上台。不是不能，而是不想。

〔註41〕王安祈：《孟小冬》，頁64。
〔註42〕王安祈：《孟小冬》，頁67。
〔註43〕王安祈：《孟小冬》，頁71。

她知道觀眾來看的，是「離開梅蘭芳之後的孟小冬」，而不是「原來的冬皇」，流言持續著，看熱鬧的人一直在等機會呢，孟小冬說：「我不想這麼被看，我不上台」〔註44〕。這或許是她的逃避，但也是她的堅持，是她護持自尊的方式——我是我，不是誰的孟小冬。

三十歲那年，孟小冬應邀為黃金大戲院開幕剪綵，認識了叱吒上海灘的政商名流杜月笙。他們的交談始於戲，緣分也因為戲，在孟小冬眼中，杜月笙無關幫派、無關政治，就是一個愛戲愛角兒的老大哥。「若說是水，人道他、驚濤、惡浪、急流、險灘、冰河、血海，今日裡細聽他言、卻好似一波波暖流鑽入心。……人說他似閃電、如雷鳴、風疾雨暴，我只覺春風拂面、融雪化冰。」〔註45〕離開梅蘭芳的孟小冬原本不想再唱了，找不著共鳴了，但在杜月笙的鼓勵下又勾起她唱戲的興致，二個人對唱了一段《武家坡》，孟小冬回復女身，唱王寶釧，從此走進了杜家，並且再次，回到最愛的戲裡。

可惜的是，與杜月笙的戲只在私底下唱，來不及陪他上台唱一段，戰爭開打了。孟小冬的時代，有掌聲、有噓聲，有槍聲、有耳語、有戰爭，彷彿注定一刻不能安寧似的，「聲音」是她揮之不去的夢魘，卻也是她一生追尋的極致。避亂來到香港，烽火連天、人命危殆。孟小冬更慌了，總覺得時代惘惘，而自己唱得不好，還得學；越是烽煙滿天，孟小冬心中越是焦急：時間不多了，誰知道往後的日子如何？而老師呢？又有多少時間給我？隨著戰火隆隆在耳邊響起的，是那「雅正的聲音一再浮起」，孟小冬清楚的知道：我想拜師，學余。而且，要快！

與梅蘭芳不同的，杜月笙非常支持小冬，在他心中，余叔岩也真是個獨特的人物。他告訴小冬：「你想跟他學，好，就依著你自己。我年紀大了，不能照顧你一輩子，做自己想做的，別怕。」〔註46〕於是杜月笙在北京為小冬找了落腳處，院子裡有一株梧桐樹。寂寞梧桐，卻高貴如鳳凰，是杜月笙眼裡心中的孟小冬。不論外面的人如何看待他們，孟小冬知道，杜月笙會是自己最終的情感依歸，因為他懂她，而且，願意成就她。杜月笙送她一只大花瓶，留下紙條說：「若不想人聽，就對著瓶口唱，聲音不會傳出去。」小冬激動地對著瓶口唱了一句，然後驚喜地，聽見了「自己的聲音」：

〔註44〕王安祈：《孟小冬》，頁76。
〔註45〕王安祈：《孟小冬》，頁80。
〔註46〕王安祈：《孟小冬》，頁84。

> 我聽見自己的聲音了！頭一回聽見自己的聲音！沒有一點嘈嚷，沒
> 有一點雜音，總算甩開那些擾人的了。難道、總得對著瓶子唱，才
> 能聽見自己的聲音？而，我真就不給人聽了嗎？不再唱給人聽了
> 嗎？〔註47〕

此番自問，突顯外面的耳語原來一直是小冬內心最大的恐懼與陰影，此刻，
她終於了解自己的恐懼，也決定要面對自己的恐懼。杜月笙能夠給她一方安
穩的天地，生活不虞匱乏；然而，面對藝術的追求與渴望，那是她自己的事。
唱或不唱？唱給誰聽？終究還是得由她自己決定。

　　孟小冬如願拜了余叔岩為師。不僅在余叔岩離世前五年跟著他潛心練唱
學習，更親侍湯藥，盡心照顧生活起居。學習的過程必然辛苦，孟小冬「放
下一切，從頭開始，把從前都拋了，從頭來起，重新找發聲、找共鳴」。余老
闆「為自己唱，不為座兒唱」，他說：「上台面對觀眾的時候得講求戲劇性，
如今不上台了，面對胡琴，聽自己的聲音，倒可以一個勁兒的往深裡走。意
境不在劇情中尋，不在唱詞裡找，就在這一字一音。」〔註48〕孟小冬體會了
「就在這一字一音」的玄妙，體會師父說的「唱戲的享受，就在唱出一股人
生況味」，多年追尋得到安頓，孟小冬的心情漸漸穩定了。她再次看見七彩的
光芒：

> 迎著風，你看見沒有？青煙、紫霧、孔雀藍、海棠紅，千絲萬縷，
> 晃動、搖漾。整個天空都是色彩，誰的顏色？青花瓷？胭脂扣？還
> 是，聲音的光澤？聲音有光澤嗎？千絲萬縷纏在一起，好多顏色纏
> 成一道，交錯、混淆……忽地，七彩退去，純白一片！安詳寧靜。
>
> 〔註49〕

學余五年的孟小冬，終於找到自己最精醇雅正的聲音，就像一片純白無污染
的世界，繁華落盡見真醇。當孟小冬找到內心渴幕的藝術追尋與境界後，再
也可以不惶惑害怕，而感到平靜安詳了。亂世中的杜月笙，成就了孟小冬的
學藝之路，也終於給了孟小冬一個名分。相隔二十年的二段婚姻，前者多了
浪漫想像，少了包容支持；後者卻在物質與情感雙方面都給了孟小冬實質的
安定。為此，戲中的杜月笙是「踏踏實實的存在」，由唐文華飾演，因為他是

〔註47〕王安祈：《孟小冬》，頁86～87。
〔註48〕王安祈：《孟小冬》，頁87。
〔註49〕王安祈：《孟小冬》，頁90～91。

孟小冬心靈與物質的雙重依靠。

　　身為一名演員，追求的卻不是名利掌聲，而是對於藝術的高度與境界的提升，對於自我的實現與滿足，這正是孟小冬與眾不同之處。師父余叔岩因病不登台，身體不好反成另一條路子：我為自己唱、不為座兒唱。這「缺席」的藝術連同師父平生字頭字腹字尾字字琢磨的錘鍊、追求，全讓孟小冬承襲了去。她身體健康，卻也不再登台，五年來只學戲、只唱給自己聽。1943 年余叔岩故去，孟小冬沒有再演出，直到 1947 年，為了杜月笙壽誕盛會，她才破例登台唱了二場《搜孤救孤》，停鑼歇鼓後散盡戲衫，獨留一件那天穿的褶子收在箱底。對孟小冬而言，這場復出是她對杜月笙多年來對自己的照顧、愛護與無條件支持的回報。杜月笙愛戲，而小冬能做的就是唱戲給他聽：「一生情意戲裡盡，今日裡、伯牙摔琴謝知音」。戲散了，孟小冬不願上台謝幕，也是杜月笙安定人心的一番話，才讓小冬能夠卸了妝面對久久不散的滿座觀眾。無疑，杜月笙是瞭解孟小冬、疼惜孟小冬的。而孟小冬也願意為了他再度登台，儘管明白許多的聽眾是為了余叔岩而來，或者也還有抱著來看「離開梅蘭芳後的孟小冬」的心情而來的觀眾，但此際孟小冬卻更能從容自在的面對了。情感上的孟小冬儘管受人議論、諸多波折，使其一生總在眾聲喧嘩中惶恐躲藏，或也正因如此，而使得她選擇以回看自身、尋找內在自我心靈的聲音為終生的追求。今日不論後人對其二段情還有多少耳語傳說，孟小冬蒼勁精醇的余派唱腔，才是永留戲迷心中的冬皇表徵。梅家玲說：

> 相較於過去京劇中的古典女性，《孟》劇不僅是人物走入現代，其人致力京劇藝術追求的行誼，更是為戲曲女性開拓出宮怨閨情之外的、更形開闊的自我天地。在其中，女性可以超越男女情愛，可以無須富貴功名，唯藉由聲音藝術的追尋琢磨，寄託深情，自我完成。〔註 50〕

　　歷史的男性論述中，女性多處於隱性地位與無聲她者，並困於內圍閨閣的空間中難以突破，而《孟小冬》以女性之姿追求自我、完成藝術追尋的主體形象，顛覆意義明確深刻的體現在她與她身旁的男性身上。孟小冬不再是動盪家國、變遷時代下受命運播弄的女伶，當代劇作者體貼幽微的為孟小冬找出生命價值，設身處地，有意將心比心，遂使古典記憶中的人物情節，得

〔註 50〕梅家玲：〈女性主體與抒情精神——國光新編京劇的文學特質與文學史意義〉，《中國文哲研究通訊》第 21 卷第 1 期（2011 年 3 月），頁 47～48。

以具備現代的觀照。

　　王安祈又謂《孟小冬》暗喻魏海敏的學唱經歷。〔註51〕足見在劇作家心中，有意將一代坤生與當代名伶身影重疊，同時借重魏海敏的唱功演譯其一生。對此，魏海敏亦表同感，她從孟小冬的追求中延伸體會到：「孟小冬雖然從小就是一個很紅的演員，但他對於名利場，比較不屑一顧。到了抗戰的時候，他心裡著急，覺得必須要在年輕的時候，或者說必須要在趁老師還年輕的時候，我要去向他詢問：如何能唱好戲？這個問題我相信在每個演員心中或多或少都有這樣的理想，就是：我一定要唱好戲。求好是每個演員都在追求的方向，只是你有沒有機會？當機會來時你有沒有把握？有沒有毅然去做？對我而言，有些事僅止於想像而沒有付諸行動，但學戲這件事我卻一直放在心上，從 1982 年看到梅老師演出，到 1991 年開放了，我就趕緊付諸行動了。前後十年我都沒有動搖過我的想法。」〔註52〕但她也特別強調：只要是她演出的每個角色都會有她的人生閱歷在其中，不獨孟小冬。

　　魏海敏非常肯定《孟小冬》，認為對自己是一個試煉，並且是很特別的表演方式與經驗。她也很有自信的表示「其他演員可能也無法勝任」。由於《孟小冬》以「聲音」為追尋對象，為區分舞台上／舞台下的孟小冬，全劇在音樂的設計上有三層，對演員自是一大挑戰。鍾耀光團長編腔時常與魏海敏討論，魏海敏則適時的提供意見，譬如她認為這戲不能從頭到尾用相同的唱法，因為敘述人物的角度不同，所以請鍾老師編幾種不同的感覺，剛開始結合了京劇的唱腔，第二段回想自己年輕時，再用一種類似香港連續劇的唱法。每一段都有不同的設計：

> 這個戲中有京劇，若歌唱用另一種唱法（如聲樂或民族唱法），那就變成二個人，孟小冬就精神分裂了。所以當她回歸本人時，不應該再用歌劇或小調兒這種太戲劇性的唱法，而應該是一種內在的聲音的體現。內在聲音的體現在舞台上要以流暢的方式唱出來，又沒有前例可循，真的不太容易。〔註53〕

　　舞台上孟小冬「講話」的方式，也讓魏海敏努力琢磨了很多時間：「她從頭到尾穿著旗袍，好像接受採訪似，但又不能讓她一直像接受採訪似的講話。

〔註51〕王安祈：〈回眸與追尋──《孟小冬》的創作自剖〉，頁 27。
〔註52〕見附錄二〈魏海敏訪談紀錄（一）〉，頁 218。
〔註53〕見附錄二〈魏海敏訪談紀錄（一）〉，頁 217。

她還有一些回憶、要把她不同年紀的感覺呈現出來，因此要如何、用什麼方式呈現她的說話才不會覺得做作？當時我很本能地用自己對於詞句的瞭解做了一些設計，但沒有太特別太誇張的東西。」〔註 54〕因為整齣戲是孟小冬的回憶，應該是一種寧靜、緩慢、娓娓訴說的感覺，不能過於誇張，但又要能區分出回憶裡她的年紀與不同時期、不同事件中的內在情感，委實不易。戲中孟小冬主要穿旗袍，在身段上也不能有太誇張的動作，但魏海敏還是適時做了一些設計。譬如《孟小冬》劇一開始，她回憶自己自十二歲就紅遍上海，說：「我怎麼做到的？功在身上，從小練的，拿起來就是，安在哪兒是哪兒。」當口中念白時，就配上京劇傳統動作，讓孟小冬在自言自語時，不至於太一致太平淡，而又增加一些戲劇的動作在裡面。

在王安祈心目中，孟小冬並非女強人，但她在聲音的追求與堅持上令人感動佩服。魏海敏也認為：「孟小冬一生不追求繁華似錦的生活，卻專心想去研究一個更高的層次的藝術呈現。她可以不唱戲，但她一定要去學戲，這部分我認為是沒有別的演員可以做得到的。那表示她的追求與別人不同，她追求的是一種高度、境界，而不是名與利。」〔註 55〕晚年的孟小冬獨居台北，滿座賓客，她仍習於與自家豢養的狗兒們親近，彷彿缺席、沈靜依舊。其生命中的梅、杜之緣固然重要，卻非重點，孟小冬個人對藝術與生命的自覺、自省與自我追求，終究才是成就其主體價值的源頭。透過《孟小冬》我們看見戲曲女性形象的創新、擴充，女性主體彰顯於其對藝術與生命境界的追尋，不以他人寵辱為由，一切在乎一己，孤獨中照現自我。

二、跨越時空的創作與生命之旅：《歐蘭朵》

2009 年美國意象劇場大師威爾森與國光團隊共同合作意象劇場《歐蘭朵》，由魏海敏以獨腳戲方式演出、中文版劇本則由王安祈負責編寫。維吉尼亞・吳爾芙的原著小說內涵豐富，其中所含議題跨越性別、國族、政治、情感、認同與歸屬等，研究論著甚多，也有不同的詮釋。而王安祈透過自我的閱讀、理解，從小說中捻出了劇本創作主旨：女王賜歐蘭朵青春永駐，而歐蘭朵仍須以生命實踐才能獲得永恆。四百年來，歐蘭朵歷經了功業、政治、財富、愛情的追求與失落，以及文化觀念的撞擊，各階段體會不同，唯有創

〔註 54〕見附錄二〈魏海敏訪談紀錄（一）〉，頁 217。
〔註 55〕見附錄二〈魏海敏訪談紀錄（一）〉，頁 216。

作始終不輟。歐蘭朵在昏睡七日，由男變女之後，對於人性有了更深入的體察，終使其創作臻於成熟。因此，原著中明確的時代、國界、階級、東西方論辨，在戲曲版中的呈現明顯弱化，彰顯的是放諸四海、四時皆準，人類恆久關注的性別／自由、生命／死亡、青春／永恆等議題。

　　歐蘭朵在昏睡七日後，神奇地由男人轉變為女人。性別的變化，並沒有改變歐蘭朵內在的本質：「往事歷歷曾經眼，當下乾坤已變遷。陰陽顛倒、人未變，依然故我、我依然，啊，我依然。躍馬依舊身矯健，情思細膩如詩篇。遨遊四海志不變，唯有這、朱唇一點紅更鮮。」〔註56〕她依然是他。歐蘭朵開始用女人的身份流放自己，感受到社會上對於男女不同的期待、要求，也感受到自我內在性別特質的擺盪、多重。他自我解嘲：「你是個女子了！你可以撒嬌、尖叫、顫抖，或者乾脆昏倒，不會有人驚訝。」〔註57〕穿上女裝，歐蘭朵回到文明的國度，更強烈意識到性別與身份帶給他的得與失。她得精心打扮自己，為了男人；她不能讀書識字，為了男人；尤其她必須要守貞、經年累月的守貞，並且為男人奉茶伺候。以前他視之為理所當然、天經地義的事，如今變成女人的歐蘭朵都得一一承受。

　　因為曾經是男人，又變成女人，不同的性別特質在內心互相撞擊，促使歐蘭朵開始思考人與人間的關係。船主殷勤招呼，歐蘭朵知道那種甜美的感覺，「當時我追求，現在我逃脫」，記憶中的莎夏回來了，歐蘭朵終於明白，何以當年莎夏要離他而去。魏海敏體會說：「原來，過去的女人，都活在別人的道德框架裡，而不是自己的道德觀念。……當歐蘭朵感受男人加諸於女性的桎梏，她終於明白莎夏當年為什麼不跟他結婚。莎夏是個新女性，她要的是自主與自由，她不接受歐蘭朵像飼養白狸一樣豢養她，『就算你有權勢、財富、給我全世界，我還是可以選擇不要你的包養，逃脫你的愛情。』」〔註58〕在愛情的世界裡，歐蘭朵曾經被愛，也曾經愛過。但愛情究竟是什麼？有一個擁有二十七億財富的大公瘋狂向她示愛，歐蘭朵諷刺地說：「我穿男人衣服時過男人的日子，穿女人衣服時有女人的規範，不管我是男是女都愛我！他

〔註56〕王安祈：〈歐蘭朵〉中文戲曲版劇本，收入耿一偉等著：《喚醒東方歐蘭朵——橫跨四世紀與東西方文化戲劇之路》（台北：國立中正文化中心，2009年），頁184。
〔註57〕王安祈：《歐蘭朵》，頁185。
〔註58〕黃淑文：《骷髏與金鎖——魏海敏的戲與人生》（台北：典藏藝術家庭，2010年），頁93。

懂我嗎？」〔註59〕歷經莎夏的感情，歐蘭朵了解自己與莎夏一樣，並不眷戀財富與權勢，更不會因為物質綑綁自己的愛情與自由。大公走了，歐蘭朵再度孤身一人，但並不遺憾。法庭宣判她失去財產的繼承權，儘管只能住在鄉下，但她仍持續寫作。不論時代怎麼改變、性別怎麼轉換，對創作的執著不變。歐蘭朵不斷寫詩，對人性的體會越多、思考越多，她的創作也越沒有盡頭。

即便青春不死，但時間未曾停止，時代急遽地變動，更多的疑惑與混亂糾結，歐蘭朵感受到強烈的矛盾痛苦，寫作也遇到了瓶頸。文明看似往前推移，但男女的界線依舊分明，歐蘭朵難以暢所欲言，她頹然地倒在冰涼的地上思索著人生。有一個男人走入了她的視線，也走進她的生命，那是歐蘭朵變成女人後，情感的歸屬。新婚燕爾的歐蘭朵，陶醉在繾綣、纏綿的情意中，與對的人相愛，是一種天寬地闊的自由，感情中最重要的不一定是朝朝暮暮、長相廝守，而是互相成就與自我成長。「婚後我們一起在樹下讀詩」，二人心靈相通。當西南風一吹起，新婚的丈夫便啓程到遠方，航海探險，而歐蘭朵坦然接受。

活了四百年的歐蘭朵，在漫長的時光隧道中回顧自己的一生。途中他看見一行送葬隊伍，突然想起好久以前，曾經爲自己辦過一場喪禮。他看見自己的生，也看見自己的死。生命流轉之間，胸前詩稿越發豐厚，也越發輕盈。「就像鞭炮放過後滿地的碎紙花，一片一片地翻轉於半空，然後緩緩墜落。每一片都是一個我，千千萬萬個我。」每個人的內在都有個多元的自我，「無數個名字從空中落下，美麗、燦爛，如一頁一頁詩稿，如鴻飛過處、遺留在風中的羽毛。」而經歷種種，歐蘭朵已然體悟到眞正的平靜與自由：「回首向來蕭瑟處，歸去，也無風雨也無晴。」榮華富貴、名利地位、情愛執著，轉眼成空。不變的，仍然是詩、是創作。不變的，仍然是孤獨自我。

歐蘭朵在「文學創作」的追尋與體驗裡，實踐了青春不死。〔註60〕這一趟長達四百年的精神之旅，貫穿歐蘭朵生命的眞實，唯有「孤獨」。全劇開始，歐蘭朵「獨自一人，在閣樓斗室中」，劇末的她，看盡一切風景，回顧自己一生，我是唯一的觀眾，歐蘭朵依舊「孤獨一人」。孤獨是創作的狀態，也

〔註59〕 王安祈：《歐蘭朵》，頁194。
〔註60〕 王安祈：〈意象劇場與戲曲美學〉，收入耿一偉等著：《喚醒東方歐蘭朵──橫跨四世紀與東西方文化戲劇之路》（台北：國立中正文化中心，2009年），頁98。

是文學的心靈，是吳爾芙精神成長的歷程，也是編劇王安祈深刻的自我體會。〔註61〕然而，當講究詩韻文字與戲曲抒情元素的劇本，遇見了反文本、反詮釋、反寫實，甚至也不突顯演員的前衛劇場時，編劇與導演會撞擊出什麼樣的火花？而另一個更大的衝擊，來自於主角魏海敏的表演與跨文化呈現的結果。威爾森擅長處理的是意象，藉由聲音、燈光的視覺效果，來說明他心中的《歐蘭朵》。對他而言，這齣戲「沒有劇情」，他不對演員解釋文本意義，或者特定手勢背後的意義，他要的是一種舞台上的張力，但絕非通過文本的內涵。〔註62〕他使用魏海敏的身體，但演員的做表並不是燈光的焦點，身體的某一部份結合光影形成的舞台效果，才是影響觀眾視覺的要素。而他所要的聲音也不是京劇的唱腔及意涵，魏海敏的一切唱念變成了音效與聲波，使得其肢體動作與唱做內容明顯分離，他甚至要求魏海敏一心二用，以製造節奏與韻律的衝突反差。這是威爾森希望達到的效果，卻也是王安祈最大的疑惑、魏海敏最大的考驗與突破。〔註63〕《歐蘭朵》演出後餘波盪漾，引起的討論與話題不斷，〔註64〕東西方的跨文化交流實驗，必有其得失；譬如在擅用魏海敏的京劇身段身體表現上，顯然仍有許多發展的空間，疏離冷冽的舞台上，故事的戲劇性也過於簡化。而就編劇與演員而言，這樣的跨國合作機緣帶給他們的體會與感受又是什麼？

耿一偉在《歐蘭朵》觀後座談會中分享他貼身觀察本劇排練過程中的現象，特別提到國外團隊對「劇本」的看法：「這個劇本在文本上和呈現上一直都有很大的爭執與意見，我覺得他們西方的人對於《歐蘭朵》有不同的解讀，

〔註61〕王安祈：〈意象劇場與戲曲美學〉，頁98～99。

〔註62〕見耿一偉：〈歐蘭朵排練日誌〉，收入耿一偉等著：《喚醒東方歐蘭朵——橫跨四世紀與東西方文化戲劇之路》，頁32。

〔註63〕王安祈：「京劇演員嚴格的『手眼身法步』身段訓練，為的是作為『情動於中，形於外』的抒情手段；京劇編劇的古典文學訓練，字斟句酌為的是『心情、聲情、詞情』相互融合，但整套素養在此全無用武之地。」王安祈：〈意象劇場與戲曲美學〉，頁100～101。

〔註64〕失望者如葉根泉謂其「各廢武功、各自表述」，張小虹提出「西方的前衛在東方，東方的前衛在哪裡？」之質疑；而支持者則主張「革命性的作品需要更改看的方式」等。見葉根泉：〈各廢武功、各自表述的《歐蘭朵》〉，《藝評台2009專輯》（台北：國家文化藝術基金會，2010年），頁20～21。楊澤主持：〈西方的前衛在東方——《歐蘭朵》座談會〉，《中國時報》「人間副刊」（2009年2月25日、2月26日）。耿一偉：〈2009錯過可惜表演藝術〉，《聯合報》D2（2009年12月20日）。

認爲這故事是不合邏輯的，而且他們覺得那是最重要的。……那個不合邏輯其實是策略，就是說一個舞台空間裡頭，因爲你的空間有很多的物理性，有些東西你無法突破，所以你只能夠先選一個最強的閱讀點，我覺得那個最強的閱讀點，對他而言就是那個不合邏輯的並置，所以他對文本中那不合邏輯的東西很堅持。……可是當他進入我們的文化領域時，我們有我們的詮釋有我們的觀點。……」〔註65〕戲曲版《歐蘭朵》是從德文版到英文版，再由英文版轉譯爲中文版本；在威爾森要求以德法版的舞台燈光設計爲依歸的情形下，身爲編劇的王安祈，首先就有了局限與框架。假若《歐蘭朵》的不合邏輯真是威爾森對文本最堅持的點，那麼必然又與王安祈的詮釋有所扞格。儘管吳爾芙的原著內涵豐富，王安祈仍以其自身體會將歐蘭朵長達四百年的奇幻之旅予以詩般的語言合理鋪陳展現，以筆者閱讀文本的體會而言，並無感受到不合邏輯之處，因此，相信雙方在排練過程中針對文本必然有過許多的拉鋸與討論。威爾森團隊在乎的，不是王安祈的詮釋觀點或文筆好壞，而是文字長短對演員動作、走位與燈光的影響；而王安祈在被光影框住的劇本結構中彷彿爲了與強勢的對手「抗衡」，始終堅持盡一切可能掌握住文字的詩韻美感與自我的詮釋體會，她認爲自己必須爲讀者負責，也因此展現出高度的自覺，意圖堅守京劇劇詩美學。一來一往中，體現的是截然不同的表演型態、創作觀念與劇場元素間的巨大震盪。

　　王墨林非常肯定王安祈的努力：「這個戲在劇本方面，我覺得安祈老師寫出了一個範本，我從來沒看到一個劇本模式能夠用具有詩感的現代語言，去操作京劇的押韻或是那種京劇詞句的韻味。」〔註66〕魏海敏則從演員與觀眾的角度肯定劇本：「安祈老師文學造詣好，德法版的劇本，比我們複雜了三四倍，說了很多意象，但安祈老師的編劇小組非常厲害，把內在精髓，濃縮成主題呈現。有好的劇本，才有好的戲。」〔註67〕、「有了她優美的文字，觀眾才能進入東方《歐蘭朵》的世界。」〔註68〕她對《歐蘭朵》也因此才能有諸

〔註65〕楊澤主持：〈西方的前衛在東方──《歐蘭朵》座談會〉，《中國時報》「人間副刊」（2009年2月25日、2月26日）。

〔註66〕楊澤主持：〈西方的前衛在東方──《歐蘭朵》座談會〉，《中國時報》「人間副刊」（2009年2月25日、2月26日）。

〔註67〕黃淑文：《骷髏與金鎖──魏海敏的戲與人生》，頁115。

〔註68〕耿一偉：〈跨文化的雙向影響：專訪演員魏海敏〉，收入：《喚醒東方歐蘭朵──橫跨四世紀與東西方文化戲劇之路》，頁93。

多體會。說明了即使是反文本的意象劇場，對魏海敏而言，仍仰賴劇本的內涵與語言營造，幫助她進入角色的內在情境。王安祈個人最大的收穫，是從這次編劇的經驗中，反身回看中國的京崑傳統，因而對京崑的認識更深。原來相對於前衛劇場的反寫實，京崑的思維是非常寫實的，演員的表演是透過對劇本的消化感動後由內而外的唱念，與威爾森去情節、去寫實的美學全然相反。〔註69〕謝筱玫認爲《歐蘭朵》的編劇經驗對於王安祈後來編寫《孟小冬》有絕對的影響，並分由主題人物、音樂、表演型態、語言風格等論述其中的影響與承繼關係，〔註70〕對此，筆者則持部分認同的保留態度。〔註71〕誠然，某些影響也許極爲隱微，或許連編劇自己都未必有所察覺，就像王安祈所言：「經驗必納入生命」。《歐蘭朵》帶給王安祈的衝撞、思考，乃至於勇氣、挫折或眼界與自信，必然令其對日後的創作有不同的領會。

　　而對演員魏海敏而言，整齣戲從排練到演出，則幾乎像再一次重生般，經歷強烈的沮喪、痛苦、放下與再創作的自我完成。儘管威爾森一再強調對文本要有更開放的態度，不要過度詮釋，也幾乎不給演員動作指導或做出任何屬於文本意義的解釋，要求的是其在步伐、手勢、走位上的精準，甚至

〔註69〕 楊澤主持：〈西方的前衛在東方——《歐蘭朵》座談會〉，《中國時報》「人間副刊」（2009年2月25日、2月26日）。

〔註70〕 謝筱玫：〈跨文化之後：從《歐蘭朵》到《孟小冬》〉，《戲劇研究》第10期（2012年7月），頁139～162。

〔註71〕 王安祈在接受筆者訪談時，曾明確表示她不認爲自己編《孟小冬》是受到《歐蘭朵》或《艷后與她的小丑們》的影響，主要因爲她想寫孟小冬的念頭由來已久，只是機緣的出現恰好在《歐蘭朵》之後，因應台北市立國樂團三十年慶之邀而起。但她對於孟小冬的高度興趣與關注研究在此之前早已展開，從動機上言，沒有受到《歐蘭朵》影響的可能性。至於歐蘭朵與孟小冬二人恰恰都在藝術追求上展現出執著，創作與孤獨間的呼應，也僅可視之爲巧合，前者畢竟是王安祈的被動之作，而王安祈對於創作的思考、孤獨的體會，則早自國光時代第二階段的劇作如《三個人兒兩盞燈》、《青塚前的對話》中即可見其脈絡，並非自《歐蘭朵》而起。同樣的，《歐蘭朵》的意識流、獨角戲爲原著小說特色及導演威爾森的要求，至於《孟小冬》擇取靈魂回眸的方式回顧自我，實則是王安祈高度自覺的展現，所呈現者爲她對孟小冬生平事件的選擇，以及意圖在舞台上融合「戲劇性」與「抒情性」的「抒情自我」精神，因此即便是近似於「獨角戲」的形式，其中所強調仍與《歐蘭朵》有極大不同。就以聲音而言，是《孟小冬》的重點；王安祈希望從「純粹的聲音」體現「劇詩」本質，又認爲魏海敏足以勝任劇中出現的多種唱腔，因此設計了老生、小旦、歌唱劇「一人三聲」讓魏海敏充分表現，而在《歐蘭朵》中魏海敏的京劇唱念卻相對弱勢，甚至扞挌不入。

刻意希望魏海敏在極快的唱念中用極慢的速度走路，以製造視覺與聽覺的多重分離及巨大對比，但深受傳統戲曲訓練的魏海敏，依舊認真地從吳爾芙的小說與王安祈的劇本中著墨，讓自己嘗試理解了歐蘭朵後，才進入表演之中。換言之，對魏海敏而言，在她演出這齣戲時，劇本的存在仍具有極大的必要性，其意義不只是一段段文字與聲音的音效組合，其中的內涵與情感對於她表演的詮釋與想像有絕對的幫助。〔註72〕同時她也十分自豪於自己的態度，並意識到自己在這齣戲中做為創作者的身分與權力：「當我接了這個角色，這就是我的責任。所以我私底下其實做了很多工作。更何況，Bob 最多只能聽音調，不能聽到語氣的內涵，他無法就這方面來指導我。」〔註73〕可見不論唱或念，語氣的內涵關乎角色的情緒，必得要進入角色當下的情境中才能體會，這依然是「情動於中」的揣摩方式。所以劇中有好幾段唱，都是魏海敏自己編腔、編曲，甚至編詞。第一幕歐蘭朵初見莎夏時，感受到愛情的萌芽、怦然心動的甜蜜，就用類似老歌的唱段，輕飄飄自編了一曲，因為貼近自己的內心，貼近角色的心情，唱出來後大家都覺得很適合。又如第二幕歐蘭朵思鄉想返家時，魏海敏再度編唱了一段曲子，抒發歐蘭朵懷鄉幽情。整場戲中魏海敏時時有體會，少數使用京劇的身段如臥魚等表現歐蘭朵的心情，也會根據一段詞，適切的使用一些身段與手勢，再由導演做調整。在與威爾森合作的過程中，同樣啟發了魏海敏對於京劇表演的思考，她也試著去放下與接受，思索京劇給她的養分為何？而未來京劇的定位又該如何？論者質疑京劇的表演程式是否反成一種綑綁，魏海敏卻認為此次的合作經驗讓她重新回到「京劇創始的原點」，那便是以開放的心胸廣納意見，並勇於創新。浸潤於傳統，傳統未必是鎖鍊，若無傳統紮實的肢體訓練，許多手勢、姿勢，魏海敏恐怕也做不出，相反的，應把傳統化為沃土，長出自己獨特的身姿。

對於《歐蘭朵》中關於性別轉變與生命孤獨的理解，魏海敏也有所領會：「中國人在封建時代，一直很計較男性女性的差異。其實人與人之間的相似性，多於相異性。……所有的問題，都是人的問題，而不是性別的問題。吳爾芙，也許曾被界定為女性主義作家，但她筆下的歐蘭朵，最終追尋的是一

〔註72〕耿一偉：〈跨文化的雙向影響：專訪演員魏海敏〉，收入：《喚醒東方歐蘭朵──橫跨四世紀與東西方文化戲劇之路》，頁93。

〔註73〕耿一偉：〈跨文化的雙向影響：專訪演員魏海敏〉，收入：《喚醒東方歐蘭朵──橫跨四世紀與東西方文化戲劇之路》，頁93。

個人的成長，而不是性別的批判。」〔註74〕生命本來就是孤獨的，沒有人能代替你成長，只能自己不斷體會。尤其身爲一個演員，往往也是孤獨的。一旦站上舞台，任何突發狀況，都必須自己想辦法克服。不論《歐蘭朵》演出後，引發多少不同的評論，魏海敏始終以開放的心胸挑戰自我，在前衛的跨文化撞擊之下，能以傳統爲基底，開創出自我表演的更多可能性，身爲演員的主體與自覺，在其身上彰顯無遺。

三、情／物交疊間自我的淨化與完成：《十八羅漢圖》

國光劇團二十週年團慶大戲《十八羅漢圖》，延續當代台灣戲曲的「文學性」走向，從「情」出發，圍繞一幅十八羅漢古畫的真偽，論辨藝術真諦與人性真假，更從紫靈巖上與凝碧軒中兩對男女的關係，深化情的辯證，不侷限於女性內在幽微之探索挖掘，更希望探討的是「具普遍性之個人存在的價值」〔註75〕。女尼淨禾撫養棄嬰宇青長大，二人在與世隔絕的紫靈巖上，與古畫、經文、鳥鳴、松風爲伴。日久天長，女尼驚覺眼前的男孩已從牽衣隨行的稚子頑童，長成了翩翩少年，師徒間分不清是單純的撫育親情，還是多了一層曖昧的情愫？面對出世者的清規戒律與內在湧動的激盪，尤其看著依然純眞的宇青，淨禾感受到自我內在隱微的波動心緒：「熱烘烘、憨笑聲、一室春暖，只恐怕、溶洩了、古井冰泉，方外人、豈能動、七情六念？」〔註76〕偏這時憨直的宇青看著殘筆畫中長眉羅漢的可愛形貌，認爲畫家下筆之時必是「筆鋒帶喜、墨色含情」，一句「若無人情，怎度眾生」的無心之語，讓淨禾下決心要即刻「滅絕世緣」，遂要求宇青下山，以斷其欲。宇青明白了師父顧忌男女有別，但不忍驟然分離，於是相約以「同在一室，互不相見」的方式，待將古畫「十八羅漢圖」修復完成後才下山。從此，師徒二人「日落月升，彩霞相隔、日以繼夜，彩筆同心」，而二人內在世界情思的遮蔽、寄託，竟隨著一幅畫的修復過程，悄悄奔泚流洩。

禪堂畫室中，淨禾與宇青互不相見，晨昏修補古畫。未沾俗塵的淨禾並不知古畫價值，只是不忍好畫斑駁，因此一層層細細修復，望使之重見光輝。

〔註74〕黃淑文：《骷體與金鎖——魏海敏的戲與人生》，頁85。
〔註75〕王瑷玲：〈台灣京劇新美學之開展：《水袖與胭脂》及《十八羅漢圖》中之主體展現〉，收入吳岳霖：《鏡象・回眸：國光二十劇目篇》（宜蘭：國立傳統藝術中心，2016年），頁10。
〔註76〕王安祈、劉建幗：《十八羅漢圖》，劇本尚未發表，筆者資料由王安祈教授提供。

每日經過迴廊、蓮花池與竹林，前往畫室的途中，其心中掩不住一絲期待。宇青臨去前未及關上的窗，爲的是替淨禾留下一室燦然朝陽，淨禾坐在宇青坐過的椅子上，感受他的溫度，拿起硯台、黑墨，摸一摸，那是宇青碰觸過的。宇青也相同，在每一個細微處感受女尼淨禾的呼吸與溫度。舞台之上，二人各據畫檯一方，看似相見實則未見，藉由對方留下的殘筆，思量推敲其心緒，竟比起相見更引人遐想。靜靜地、二人在不同的時空陪伴著彼此，物件共用、心有靈犀、筆墨之間，情意流轉。古畫修復完成，淨禾臉上露出了喜色，正該從此心無罣礙，一意清修，卻不知爲何感到心事繚繞、陣陣不安與淡淡失落。看畫，才發現紙上粉墨早已成爲傳情線索：「是殘筆？是你我？竟難分清。一點心事難藏隱，幽情密意在筆鋒。」〔註77〕

　　世間之「情」本具各種面向，因人與現實環境之異，存在著各式極細微複雜難以言詮的情感，有情之人，不分男女，而情的展現，也不侷限於兒女之間。修行的女尼與收養的青年宇青間，既有撫育之恩、相處之情，又合力修復古畫，因此二人之間的「情」更顯曲折幽深，不獨藝術生命的互相鏡照。沿著這樣的脈絡想像，「晝夜輪替、互不相見的創作方式，本是乾淨絕妙之策，然而彩霞相隔，卻又勾起多少遐想」？此後一年，「形體的刻意分離，擋不住筆墨間情意的流動，一年未見，似離而合，彼此越發探知對方心底，情思越加交纏」，〔註78〕那「遐想」與「情思」在人我之情與藝術之美的體會詮釋間流轉，種種意念，耐人尋味。編劇劉建幗：「（淨禾師父）爲了避開男女之情，一前一後，共同修復一幅圖畫，乃至於十五年後與那幅畫重逢。是想用一種幽微的方式，寫筆墨之間，情感的流轉，爲斷卻心念而互不相見的兩人，情愫卻仍在一來一往的筆墨間，在彩霞相隔的禪堂畫室之中，留下絲絲線索。」〔註79〕隱約透露淨禾宇青間似有若無的「男女之情」曖昧空間。王安祈則說：「有一種感情是很私密又很超脫的，那是創作夥伴之間的默契。我在國光十三年，很珍惜與魏海敏、李小平的感情。《十八羅漢圖》雖非始於此，沒想到七彎八拐竟回到了自身，下筆時自然將此情感投射在內。」〔註80〕又隱含創作夥伴間爲藝術追求相知相惜的默契與患難之情。可見這「筆墨之間流轉的情意」，十足地隱微曲折、幽深難分。女尼的身分特殊，對自我情感

〔註77〕王安祈、劉建幗：《十八羅漢圖》，劇本尚未發表，資料由王安祈教授提供。
〔註78〕王安祈：〈有一種情感，很私密〉，《十八羅漢圖》節目冊文章。
〔註79〕劉建幗：《十八羅漢圖》節目冊文章。
〔註80〕王安祈：〈有一種情感，很私密〉，《十八羅漢圖》節目冊文章。

的覺察敏銳，未及開展的塵緣情欲，在她修心修行的自我磨練中得到了淨化與超越。情感的渴望，往往在現實中因爲諸多因素而難以實現，但情的可貴，未必在於浪漫的兩情繾綣或有形的慾望結合，反而是透過一種痛苦的「自我制約」，亦即堅忍的精神折磨，成爲試煉後純淨的眞情，從而達成一種「自我的確認與完成」。〔註81〕淨禾、宇青，即以這樣一種超越慾望的純淨之美的方式保存了情感，從而完成了自我。帶有象徵意涵的古畫取名「十八羅漢圖」，因爲在佛教原典中，十八羅漢是離人間最近的神，被派往人間弘法，可謂離俗世不遠。淨禾和宇青在出世與塵念之間的糾葛掙扎，正與十八羅漢由人到神的修練過程遙相呼應。〔註82〕十五年後，淨禾被請下山鑑別畫的眞假，當她再一次看見當年修復的古畫時，心情仍有激動：「十五年分別、未相見，相逢一識即了然。似看見我二人心意相流轉，似覺得流風迴雪亂如棉。思往事、惘然中、多少留戀，出家人、強忍悲、哽咽難言。」在此同時，宇青也隱然在空氣中捕捉著淨禾的氣息，他唱著：「蕩悠悠、一聲嘆、飄忽迴旋。隔珠廉、阻屏山，氣息依舊交互還。今生有人常顧念，一股暖意上心田。」〔註83〕而後淨禾再見到宇青於獄中所畫之仿作，忍不住心疼他所受之苦：「悔不該、命你下山、誤闖塵凡」。另一邊宇青也心疼著女尼爲他心疼：「悔不該、請你下山、沾染塵凡。」〔註84〕極致的深情想到的不是自己，而是對方，爲對方之苦而苦、樂而樂。十五年的時空阻隔之後，淨禾透過宇青獄中仿作之畫，看見了他的痛苦與轉化、挫折與成熟，進而感到欣慰與安心。未來，一個依舊紫靈清修，一個輾轉紅塵作畫，而清風明月，常在於心，隔山隔水、只需相視一笑。

於此，「十八羅漢圖」不只是一幅畫，更是劇中男女內在觀照的載具，透過此一載具，做爲觀照自我的對象，物境與心境必然相通。中國傳統詩學所謂「情以物遷，辭以情發」，物是啓動、迴響、觀照情的介面；物不但指眼前事物，也指萬事萬物發生與推移的現象。〔註85〕本劇藉物喻情，畫是仿的，情卻是眞的；畫是眞的，卻是被一層層重建修復的，眞假之間，如何辨析？

〔註81〕王璦玲：〈台灣京劇新美學之開展：《水袖與胭脂》及《十八羅漢圖》中之主體展現〉，頁10～11。

〔註82〕李小平：〈物空而情實：談《十八羅漢圖》〉，見《十八羅漢圖》演出節目單。

〔註83〕王安祈、劉建幗：《十八羅漢圖》，劇本尚未發表，資料由王安祈教授提供。

〔註84〕王安祈、劉建幗：《十八羅漢圖》，劇本尚未發表，資料由王安祈教授提供。

〔註85〕王德威：〈「因情成夢，因夢成戲」：國光京劇《十八羅漢圖》〉，收入吳岳霖：《鏡象‧回眸：國光二十劇目篇》，頁6。

而劇中主角在掙扎後得到的情感及自我的提升與超越，不只體現在女性人物淨禾身上，在男性角色宇青的身上亦如是。

　　對比紫靈巖上淨禾、宇青對情的「患得」及其後的超越、淨化，紅塵俗世凝碧軒中赫飛鵬對妻子嫣然與物質名利之情的「患失」，則是生命的另一種形式。赫飛鵬坐擁美眷，慣用自己的方式寵溺妻子，也用自己的角度看待妻子。臨摹古人畫作技巧登峰造極的他，卻獨獨對自身的價值缺少自信，就好像他在人前呼風喚雨、作風強勢，但在嫩妻面前卻總是心軟溫柔，拿她毫無辦法。年輕的嫣然不解夫婿何以老愛仿作，在她心中視若珍寶的丈夫真跡，卻被赫飛鵬棄若敝屣。宇青無心的一幅「水玲瓏」畫作，博得了嫣然青睞，卻為赫飛鵬所毀，更因此陷害宇青入獄。嫣然因此多年來對赫飛鵬冷淡待之。每日同處一屋簷下，卻相敬如「冰」，赫飛鵬儘管無奈，卻不知如何化解，而夫妻的嫌隙無他，只因他未曾真正瞭解自己的妻子，如同他並不知道藝術的真誠，也不知道自己的筆墨價值所在。嫣然表面上多為丈夫保留尊嚴，實際上在許多事情上有自己的主見。赫飛鵬喜將她打扮成冷香美人，她卻反駁：「要什麼、縹緲孤鴻沙洲冷？也不愛雲水空濛寂寞行。萬物本是天生就，我只願，四時佳興與君同。」〔註86〕一逕將赫飛鵬為她畫的畫像，通通束之高閣。赤惹夫人的品畫大會上，嫣然選用滴露一般的梅上落雪煮茗獻客，特搭配自己挑選的茜紅杯盞（原先赫飛鵬交代的是冰雪色澤的茶具），細節處處可見這小女子的自主意識。尤其十五年後在為辨別古畫真跡的品畫會上，嫣然自作主張地獻上赫飛鵬的「海棠紅」畫，迫使丈夫得在眾人面前提筆落款，雖然尷尬，但嫣然此舉，卻適時打破了他心中長久的罣礙，邁開第一步，未來便有機會重新省思自己對於藝術價值、人性真偽的認知了。就嫣然與赫飛鵬的相處而言，老夫少妻間自有其情真意趣，唯劇情美中不足處，平日嬌俏慧黠的嫣然，在面對宇青因「水玲瓏」畫而引起的冤枉時，竟沒有為之辯解，任其被禁閉獄中十五年，實有形象前後矛盾之疑。而多年來以仿冒之作在市場上行詐欺之實的赫飛鵬，亦無因假畫事件有任何自覺的反省或懲罰，若要以凝碧軒的混濁對比紫靈巖上的清淨，劇末之發展卻又顯得過於輕鬆，反缺乏嘲諷的力度，較為可惜。

　　主演淨禾女尼的魏海敏，在詮釋這個角色時，便刻意不從男女之愛的角度切入。她認為淨禾是修行之人，斷絕俗世的欲念本是出家人必須忍受的寂

〔註86〕王安祈、劉建幗：《十八羅漢圖》，劇本尚未發表，資料由王安祈教授提供。

寞，淨禾很清楚也很有自覺，因此她對宇青只有不捨，而沒有遺憾。那不捨並非來自於愛情的欲望，而是多年來朝夕相處培養出來的一種親人般的感情，是很人性的；至於兩人相約以彩霞爲界、日夜分開修畫的過程中，她心情上出現的某種期待事實上也很自然，很微妙，但並非不能理解：

> 淨禾從小修行，宇青也自小在山林田野中長大，他們都沒有談過戀愛，對於男女之情沒有經驗與體會，不會去想到這一層。當淨禾意識到宇青長大了，心中有一種說不清的微妙的激盪，同時她很快警覺到自己的內在已有所罣礙時，等於所謂的情愫還沒有機會發芽，淨禾就當機立斷將之斬除了。我以爲這是出家人必須忍耐的寂寞，是必然的結果，而淨禾的修行很夠，因此她很清楚。對於人世間的種種情感，她是能捨的；就像弘一大師出家前種種精彩，但當他決定出家，就能斬斷所有塵世俗緣。所以當淨禾要宇青下山時，她已心如止水，對宇青只有類似親人般的「不捨」（畢竟二人相依爲命多年），而非「遺憾」。二人相約日夜分開修畫時，好像表現出某些期待、猜測，我認爲那是當下的一種情緒，也許連淨禾自己也說不上那是一種什麼心情，很微妙，但卻又是可以理解的。畢竟他們朝夕相處那麼久，一旦決定不見面、不說話，當然只能透過修畫傳達某些隱微的情思，但那個情思並不是世俗的愛情之思。〔註87〕

因爲跳脫愛情物欲的窠臼，這齣戲得以提升其藝術性，而不至於落入俗套。也因爲如此，魏海敏刻意以比較「壓抑」的方式表現淨禾，在唱腔與念白上用更大器、正常的方式呈現，因爲她是修行之人，而不是沉醉在男女之情中的小兒女，不能有嬌羞的樣子，也不宜矯揉造作。文本中曾有一段宇青短暫擁抱淨禾的描寫，當時古畫已修復完成，淨禾想到宇青即將離開而感到不安顫抖，宇青遂抱住了淨禾。但實際演出時並沒有出現這樣的動作與情景，因爲二人間不是愛情的關係，許多內在的意念與幽微情思只能以唱詞抒情，不適合有肢體的碰觸。對於舞台上淨禾、宇青二人「同在一室、互不相見」的設計與表演，魏海敏則覺得很有意思，那種藉由筆墨彼此猜測、互相觀照，並共同完成一項創作的過程非常靈動，也充分突顯傳統戲曲舞台的寫意／寫虛特色。而以淨禾讀信來呈現時空變化之設計也別出心裁，更能照見

〔註87〕附錄四：〈魏海敏訪談紀錄（二）〉，頁225～226。

人生。

從淨禾對情的自覺、自制中，魏海敏感受到戲中的一種「淨化」與「超脫」，那是有別於物質欲望的一種精神高度，而這正是許多現代人應該反思與誠懇面對自我之處：

> 我認爲這戲就是在講「人生」。人生可以有許多追求，華衣美食、肉體之欲都是比較物質性的，而物質性的欲望即使得到了也不一定會快樂；精神上的得道與高度，往往才會令人心靈眞正感到滿足。我自己這些年也有這種傾向與體悟。對我而言，物質生活不是那麼重要了，現代社會所謂五子登科，有車有房有錢的人很多，但眞正快樂的人多嗎？眞正的快樂是什麼？這才是現代人應該去反思，自我面對與覺察的問題。……而藝術品的眞僞說的其實就是人與人相處的眞僞。一個人不可能在這一部分眞，那一部分假，那這人豈不是要精神分裂？人，一定是一個整體的，人必得要能眞誠面對自己，才能見其高度。〔註88〕

第三節　女性的自我發聲與系譜重建

一、昭君與文姬的女性戲劇「再現」

「再現」（representation）意指「由一個主體透過敘述或是意象，重新呈現他所認知的世界」。再現是意義產生和轉換過程中必要的一部分，可能透過語言、符號，也可能是象徵的使用，而這些使用不是簡單的直線式過程，而是一種「文化的迴圈」。「再現」有兩種方式，一是文學上的敘事表現，一種與政治所代表的制度聯結在一起。後結構主義與文化女性主義都再三強調，「再現」不僅僅是一種敘事形式，而必須將「再現」視爲一種具政治意涵的行爲，即所謂「再現政治」。後殖民女性主義即以再現政治的角度，抨擊西方殖民主義與白人女性主義如何再現第三世界女人的刻板印象，顯示「再現」與「再現者」的發言位置、權力、性別、階級有關，「再現」必然是種政治性的活動。

當對象（客體）被主體「再現」，再現的觀點必然滲透出主體的心態，而

〔註88〕附錄四：〈魏海敏訪談紀錄（二）〉，頁227。

主體形成的理論，往往操縱使微觀研究凍結的利益，〔註89〕換言之，這樣的權力關係表現在以強者為中心「再現」邊緣化的弱者，如同男性父權制「再現」女性，其中呈現的霸權中心，都是由於不平等的位階關係而來。故而在女性主義思維論述中，女性藉由何種視角與觀點被定義、被看見，歷史書寫中呈現出來的女性形象為何，向來備受關注。

　　關於昭君的形象與故事，在歷代史書與文人筆下，經歷過幾番表述。根據班固《漢書》記載：「竟寧元年，單于復入朝，禮賜如初，加衣服錦帛絮，皆倍於黃龍時。單于自言願婿漢室以自親。元帝以後宮良家子王牆字昭君賜單于。單于驩喜，上書願保塞上古以西至敦煌，傳之無窮，請罷邊備塞吏卒，以休天子人民。」〔註90〕文中僅知昭君為漢王送與單于和親以維護兩族友好的一名宮女，大約可推測其姿容姣好，故單于驩喜，而於其他部分則線索闕如。

　　到了《後漢書‧南匈奴列傳》，對於昭君的描述漸多：「昭君字嬙，南郡人也。前書曰：『南郡秭歸人』。初，元帝時，以良家子選入掖庭。時呼韓邪來朝，帝勅以宮女五人賜之。昭君入宮數歲，不得見御，積悲怨，乃請掖庭令求行。呼韓邪臨辭大會，帝召五女以示之。昭君豐容靚飾，光明漢宮，顧景裴回，竦動左右。帝見大驚，意欲留之，而難於失信，遂與匈奴。及呼韓邪死，其前氏子代立，欲妻之，昭君上書求歸，成帝勅令從胡俗，遂復為後單于氏焉。」〔註91〕顯然到了范曄的描述中，昭君形象立體，因「入宮數歲不得見御，積悲怨，乃請掖庭令求行」，又其「豐容靚飾，光明漢宮」，其美貌不僅竦動左右，還讓漢帝一度想反悔。昭君的美好形象與其從「賜婚」到「自請出塞」的人格自主性，在《後漢書》中鮮明呈現。

　　史書之外，民間對於昭君美貌與出塞的故事，又添加了許多想像。一說昭君出塞時，在前往大漠寂聊的旅途中，想到將遠離家鄉成為無根的浮萍，和自己飄搖坎坷的命運，不禁悲從中來，取出琵琶彈奏著「出塞曲」以抒發悲懷。她的傷懷從手上的琵琶傳出，天邊飛過的大雁聽了也感染了這位美女

〔註89〕Spivak, Gayatri（史碧娃克）著：〈屬下能說話嗎？〉，收入羅綱：《後殖民主義文化理論》（北京：中國社會科學出版社，1999年），頁112。

〔註90〕漢‧班固：《前漢書‧匈奴傳》卷94下，第64下，景印文淵閣四庫全書本251冊（台北：台灣商務印書館，1986年），頁205〜206。

〔註91〕南朝‧宋‧范曄：《後漢書‧南匈奴列傳》卷119，景印文淵閣四庫全書本253冊（台北：台灣商務印書館，1986年），頁702。

的悲怨，竟然全都柔腸寸斷，從空中掉了下來。「沉魚落雁」中的「落雁」，即由此用來形容昭君的絕世之美。此外，對於昭君入宮數載卻不識君王面，人們也以同情的角度虛構了畫工毛延壽一角。傳說漢元帝回到內宮，越想越懊惱。他叫人自宮女的畫像中拿出昭君的像來看。模樣雖有點像，但完全沒有昭君本人那樣可愛。原來有個畫工名叫毛延壽，給宮女畫像的時候，宮女們送點禮物給他，他就畫得美一點。昭君不願意送禮物，所以毛延壽未把昭君的美貌如實地畫出來。元帝一氣之下，便把毛延壽殺了。誅畫工之說，始自葛洪《西京雜記》。

　　豐富的想像與擴充，增加了昭君故事的傳奇性。晉朝石崇有〈王明君〉詞一首，將虜韓邪單于的「願婿漢室以自親」改成了「匈奴盛，請婚於漢」，兩族的權力關係瞬間反轉，昭君成了「被迫和番」。蔡邕《琴操》中也以昭君再嫁前閼氏子為辱，故「吞藥而死」，唐代《王昭君變文》亦說昭君懷鄉抑鬱而死。凡此，皆可見昭君故事的演變發展，及與正史記載之落差。而昭君美麗卻悲涼的形象與命運，成為歷代文人爭相吟詠的主題，詩作超過七百多首。例如：

- 拭啼辭戚里，回顧望昭陽。鏡失菱花影，釵除卻月梁。圍腰無一尺，垂淚有千行。綠衫承馬汗，紅袖拂秋霜。別曲真多恨，哀弦須更張。（庾信《王昭君》）

- 斂容辭豹尾，織恨度龍鱗。金鈿明漢月，玉箸染胡塵。古鏡菱花暗，愁眉柳葉顰。唯有清笳曲，時聞芳樹春。（駱賓王《王昭君》）

- 漢家秦地月，流影照明妃。一上玉關道，天涯去不歸。

- 漢月還從東海出，明妃西嫁無來日。燕隻長寒雪作花，蛾眉憔悴沒胡沙。生乏黃金枉圖畫，死留青冢使人嗟。（李白〈王昭君〉）

- 群山萬壑赴荊門，生長明妃尚有村。一去紫臺連朔漠，獨留青冢向黃昏。畫圖省識春風面，環佩空歸月夜魂。千載琵琶作胡語，分明怨恨曲中論。（杜甫《詠懷古跡》之三）

- 明妃初出漢宮時，淚溼春風鬢角垂。低徊顧影無顏色，尚得君王不自持。歸來卻怪丹青手，入眼平生未曾有。意態由來畫不成，當時枉殺毛延壽。一去心知更不歸，可憐著盡漢宮衣。寄聲欲問塞南事，只有年年鴻雁飛。家人萬里傳消息，好在氈城莫相憶。

君不見咫尺長門閉阿嬌，人生失意無南北。（王安石《明妃曲》）

以上述詩作爲例，除了王安石《明妃曲》表達出較爲豁達的感懷外，其餘詩作皆予人感傷、無奈，甚至悲憤的情調。詩詞之外，元雜劇《漢宮秋》、明傳奇《和戎記》、明雜劇《昭君出塞》以及章回小說《雙鳳奇緣》等，皆敷演昭君故事。《漢宮秋》以降，昭君與皇帝朝堂之上的「驚鴻一瞥」，變成了和親前即因琵琶相識而獲寵幸，強化了漢帝與昭君之間的情感連結，此後的昭君故事，遂多沿著《漢宮秋》所鋪設的情節而走，漢王的多情倏爾成形，影響甚鉅。

童斐〈《漢宮秋》雜劇提要〉云：「元滅金，停廢科舉者八十七年，漢族人才，皆被壓於蒙古人之下，不得伸。致遠生當元初，睹金宋兩國之見滅於宋，皆文治不修，武功不振之故。而又深受蒙古人之迫壓，一腔憤恨，無以自洩，乃藉王昭君事以發洩之。……中國人心理，對國之觀念淡，對家之觀念深，乃至被迫於強族，雖所愛之美人，不容自保，拱手而獻之他人，於痛處下針砭，意至沈痛矣。……第四折專寫聞雁，在喜觀事實者，當嫌其空泛無聊。不知箕子睹麥秀漸漸而傷殷之亡，周大夫見彼黍離離而傷周之遷，作者曲意，正與此同。唯作者主旨如此，故於昭君事實，不得不略有變更。所變更者，元帝未嘗前見昭君，而劇文則謂已見而幸之矣。昭君嫁單于，生有子女，而劇文則謂其自盡。……蓋非如此，不足以發洩其滿腹之牢騷也。」〔註92〕文人變更故事內涵與角色際遇，爲藉昭君這個酒杯，澆個人塊壘的意圖，昭然若揭。

可見歷代文人以詩作、戲曲、小說等各種形式「再現」昭君，對其刻畫書寫，多著重於其美麗而遭害、思劉想漢、抑鬱而終的單一形象。吟詠的目的，並不在單純表彰昭君美好，實乃藉其不幸際遇，抒發自己懷才不遇的感傷，或宣洩異族統治下的滿腔憂憤。顯示以男性爲主體想像的家國論述中，在強調民族中心與功名事業的同時，「再現」昭君的策略即是將之「物化」，除否定、遺忘其「自請和親」的主體與能動性外，更將之視爲附屬於男性地位的客體，其存在價值與生命軌跡，都爲服務男性、爲服膺父權社會的意識型態、道德標準而存在。

然而，眞實的昭君何在？

〔註92〕曾永義編著：〈破幽夢孤雁漢宮秋〉「題解」，《中國古典戲劇選注》（台北：國家出版社，1991年），頁169～170。

　　再看蔡文姬。《文姬歸漢》描述曹操自胡地贖回蔡琰的故事。蔡文姬事記載於《後漢書‧列女傳》，見於「董祀妻」：「陳留董祀妻者，同郡蔡邕之女也，名琰，字文姬。博學有才辯，又妙于音律。適河東衛仲道。夫亡無子，歸寧於家。興平中，天下喪亂，文姬爲胡騎所獲，沒于南匈奴左賢王，在胡中十二年，生二子。曹操素與邕善，痛其無嗣，乃遣使者以金璧贖之，而重嫁于祀。」〔註93〕據載，蔡琰夫董祀後來犯了死罪，蔡琰披散頭髮、光著腳丫，在滿座賓客中面見曹操爲董祀求情而無懼色。其情感酸楚哀傷，但表達條理清晰，在座賓客皆爲之動容。後曹操被其感動，赦免了董祀。另傳說她記憶力驚人，默寫過去讀過的四百餘篇文章而無遺誤。

　　蔡琰擅長文學、音樂、書法。《隋書‧經籍志》著錄有《蔡文姬集》一卷，但已失傳。史傳中對於文姬的出身、專長，及乖舛的際遇有所著墨，但卻無法得知文姬的心情，其爲丈夫董祀求情處，強調的也是其情深及辯才，文姬的具體形象、個人感受，似唯有從目前能見到的相傳爲蔡文姬的作品〈悲憤詩〉二首和樂府詩〈胡笳十八拍〉中尋找。文姬在文學史上留名的作品，讓後代學者汲汲考證其真偽，〔註94〕然倘其真爲文姬所寫，其中透露的就絕對是文姬的真實感受嗎？或者其中存在著美化矯飾？它是否極可能是一種「陰性特質」寫作，以模仿、效法宰制傳統的模式，並內化其藝術標準和對社會角色的觀點，包含父權文化對女性的定位與視角？〔註95〕換言之，無論

〔註93〕南朝‧宋‧范曄：《後漢書‧列女傳》卷84，景印文淵閣四庫全書本253冊（台北：台灣商務印書館，1986年），頁635～636。

〔註94〕從宋代蘇軾到近代范文瀾、郭沫若、劉大杰等人都對《後漢書》所著錄的兩章〈悲憤詩〉表示懷疑，認爲不是出於蔡琰之手。又如郭沫若發表了〈談蔡文姬的胡笳十八拍〉，以及針對他人意見陸續發表的〈再談蔡文姬的胡笳十八拍〉、〈三談蔡文姬的胡笳十八拍〉等。後收錄於其所編著的《蔡文姬》一書中。譚其驤也研究了有關論文，寫成〈蔡文姬的生平及其作品〉一文，反駁郭沫若看法。

〔註95〕蕭華特在《她們自己的文學》一書中，提出對1840年後英國女性文學的觀察與基本觀點，認爲所有文學性的次文化都有種三段式歷史分期發展：「首先，有一冗長的模仿期，效法宰制傳統的流行模式，並內化其藝術標準和對社會角色的觀點。其次，有一段抗議期，反叛原有標準和價值，提倡弱勢的權利和價值，包括要求獨立自主。最後，有一段自我發展期，轉向內在尋求自我身份認同，不再依賴反抗強權來定義自己。以女作家的例子來說，比較能恰當描述這三個時期的詞彙，可謂陰性特質階段（feminine）、女性主義階段（feminist）和女人階段（female）。

Moi, Toril（莫伊）著，國立編譯館主譯／王奕婷譯：《性／文本政治：女性主

從男性「再現」女性的角度，或由女性「自書」的內涵，都極大程度顯示宰制性的父權意識型態及其文本之於書寫及定義女性「他者」與「自我」的潛在影響。

　　長久以來，哲學真理、意識型態皆仰賴再現而得以傳承，在男性「再現」女性的論述中，背後隱藏著複雜的意識型態與權力關係，含涉著不利於女性的性別秩序。伊瑞葛來因此指出：「除非再現的主體不再被男性獨霸，否則男性的觀點將永遠壟斷人們對世界的認知，無法容許女性有自主的自我建構。」〔註96〕文學與書寫既具有創造力，同時也隱含矯飾與再現的政治意涵，那麼，究竟何者為真？何者為假？歷史與人生的虛實真幻，如何分辨？王安祈以帶有哲學思辯的角度切入王昭君與蔡文姬的人生，利用「後設」筆法安排二女跨越時空，在象徵二人命運轉折的胡漢交接處，絮絮叨叨。二女藉由跟自己對話，也與她人對話，開啓主體「自我再現」的可能性，同時宣示人物的「能動性」。克莉絲提娃認為能動性是能以有別於家庭社會所決定的模式說話的能力。對於一般的後現代女性主義者來說，我們可以說話，而且以不同的方式，為自我還有他人的最大利益而行動。真正的說話不只是一種創造力的表現，也是反抗的行為，一種政治的姿態，挑戰著讓我們無名又無聲的宰制政治。說話不僅是積極的自我改變，同時也是如成年禮般的儀式，讓自我從客體轉變為主體。

　　傳統的歷史書寫中，喜強調昭君出塞時的難捨悲戚及思劉想漢，彰顯文人對自身處境與家國認同的心境投射。然而若站在昭君的立場言，她與漢王之間究竟存在什麼樣的愛情？縱使曾有帝王恩澤，然而後宮粉黛三千，漢王何獨鍾情於她？說那便是愛情，未免荒唐！何況，再多的愛情面臨家國危難之際，女人還不得成為工具？馬致遠的漢王照樣把她往塞外送。或許昭君還寧可是自己要求和親的呢！只是無論自願或被迫，這臨行的心情啊……大漠孤煙，那可有萬里之遙呢，新嫁娘本該欣悅期待的，但想到這千山萬水阻隔，心，不知不覺沈重了起來：

　　　　一回對鏡一斷腸，燒殘紅燭理紅妝。
　　　　玉爐香繞愁千丈，伴我昭君披嫁裳。

義文學理論》（*Sexual / Textual Politics: Feminist Literary Theory*）（台北：巨流圖書，2005 年），頁 55～56。

〔註96〕 朱崇儀：《伊瑞葛來──堅持性別差異的哲學》（台北：台大出版中心，2014年），頁 186。

> 披嫁裳？待嫁娘？只道是萬里謫荒離故鄉，
>
> 誰記得我也是新嫁娘？新嫁娘？心茫茫。〔註97〕

入宮多年，青春在日日的等待中消逝，昭君感到孤寂：是我不夠美嗎？昭君攬鏡自照。不，大家都說我是美人。那麼，美人的命運何以寂寥？如果，皇上知道我這麼美，還會把我送出去嗎？昭君心頭一緊暗自想：

> 人生若似擺陣仗，昭君豈能無勝場？
>
> 此際不能扳一局，今生何以慰衷腸？〔註98〕

劇作家無須點明昭君的出塞源於史傳的「自請」或文人的「被迫」（從「自請」的角度言，多少也是「被迫」，宮闈的孤寂無望，同樣是使她不得不選擇出塞的原因；儘管與被國家當成交易對象和親的被迫有所不同，然兩者只是主體性強弱的差別而已，實則皆反映古代女性的無奈處境），因為不論何種情節，昭君出塞的結果一致，而其出塞時的心情亦同。千里邊關，孤寂常伴；捨不得的，是家鄉風土，而非對君王的眷戀。當然，還有一絲絲的怨嗟不甘：身為女子，而且是美麗的女子，何以只能任他人安排自己的命運？於是，臨別登殿，昭君豐容靚飾，決定讓自己的美在帝王諸臣的面前第一次、也是最後一次，如孔雀開屏般閃亮呈現：

> 豐容靚飾階前站，顧盼生春意態妍。
>
> 目不轉睛群臣訝，君王張口竟垂涎。
>
> 何方仙女下凡塵，遺世獨立在人間？
>
> ……
>
> 回眸琵琶半遮面，臨別一笑更嫣然。
>
> 君王頓足恨連連，欲待開言已無言。
>
> 昭君長吁氣舒展，從此仇恨兩均攤。
>
> 君攤悔恨我攤愁，你自怨悔我孤單。
>
> 人間愁恨千千萬，不教昭君一身擔。
>
> 人生若有輸贏面，昭君此刻已沾光。〔註99〕

那些男人的眼光中，映照著昭君的美麗，同時，也訴說著昭君的悲戚。昭君感到驕傲，但心底更多的卻是傷感，身為一個女人啊，怎麼「輸贏俱在芙蓉

〔註97〕 王安祈：《青塚前的對話》，收入《絳唇珠袖兩寂寞——京劇·女書》（台北：印刻文學，2008年），頁287。

〔註98〕 王安祈：《青塚前的對話》，頁288。

〔註99〕 王安祈：《青塚前的對話》，頁291。

面？此生終是誤嬋娟！」昭君以絕代美色辭別漢王，見到了漢王眼中的驚詫與悔恨，身為現代女性的我們卻不禁感到更深沈的心傷：當一個女人的人生願望，只能縮小到「令對方悔恨」這一小點時，昭君以及與之同處古代社會的女性悲劇性的命運，於此反更深刻體現。

　　據載，昭君抵達匈奴後，與呼韓邪單于非常恩愛，被封為「寧胡閼氏」，並為呼韓邪單于生下一子，取名伊督智牙師，封為右日逐王。婚後的第三年，呼韓邪單于逝世。大閼氏的長子雕陶莫皋繼承了單于的職位，依照匈奴禮俗，王昭君成了雕陶莫皋的妻子。年輕的單于對王昭君更加憐愛，夫妻生活十分甜蜜，接連生下兩個女兒。雕陶莫皋與王昭君過了十一年的夫妻生活後去世，王昭君三十五歲，正是絢爛的盛年，不必再有婚姻的絆繫，好整以暇地參與匈奴的政治活動，對於匈奴與漢廷的友好關係，產生不少溝通與調和的作用。可見昭君到了胡地，除了離家鄉故土遙遠，有思鄉之苦外，她的婚姻生活與對漢朝的貢獻，皆極為正向。然歷代文人總愛說她投河自盡以殉國，或吞藥自殺以全節，說漢王如何思念牽掛於她，昭君啞然失笑：

> 那些騷人墨客，以我為題材，寫了許多我的愛情。愛情？畫像的愛情？美色的愛情？我要的是一茶一飯、一几一座，共同的生活。〔註100〕

> 那些文人，怎會歌詠在胡地快樂逍遙的昭君？歷代文人，非但要把自己弄得窘迫不堪，凡被他們選中入詩的，也俱都是些苦命之人。他們要昭君一路哀傷，他們說「千載琵琶做胡語，分明怨恨曲中論」；他們要昭君一過疆界立刻自盡，他們說這叫全節盡忠，民族典範；他們還要昭君「環珮空歸月夜魂」，進入漢王夢境，成就個多情的君王。昭君若是歡喜留胡，那些失意不遇的文人，又怎能藉古論今呢？〔註101〕

這一切盡是文人的投射、想像與期待。

　　而對於文姬，劇作家無意辯詰詩作的真偽，而選擇自女性的生命經驗中，探究更貼近真實人生的情感真相。一生漂泊的蔡文姬，三段婚姻、二名子女。去國與歸鄉盡皆被迫，身為才女與蔡邕之女的身份，讓她承載了自我書寫與家國矛盾的壓力與愁苦，但那是全部的她嗎？身為母親與妻子，她

最在意掛念的是什麼？讓她歡喜幸福的對象與時刻又是什麼？且讓文姬自己述說。

　　初至胡地，心慌意亂，生活也不習慣，總想著回到家鄉；但有了孩子以後，一顆心就像紮了根似的定了下來，逕自斷了還鄉之念，從此不覺北風寒、牛羊腥，甘在大漠，守著丈夫孩子，一生一世過下去：

> 到北地多年，日夜悲啼。待等有了兒女，竟沒別的心思了。那夜，
> 兒啼女哭、北風呼號，我與他一人懷抱一子，他哼著胡笳曲，一手
> 搖著哄著兒子，一手環抱我母女入懷，讓我靠著他的肩頭，被他搖
> 著哄著，我竟安然入睡。入胡之後，頭一回如此安然。〔註102〕

文姬所求，不過就是家常日常的簡單幸福而已，胡人也好、漢人也罷，哪裡有愛、有孩子、有情的牽絆，哪裡就是家。可是，誰知道只有短短十二年呢？歸漢那時，望著幼兒，心如刀割；歸漢那時，結褵十二載的夫君竟不願出帳相送，他怪她無情，而她滿懷悲傷。胡地、漢室，都是家，何以必得選擇？何以無從自主？若問文姬內心真正的渴盼，她說：「我只想做個母親」。

　　君王之愛與家國之思、文章大業與千載留名，都不是文姬與昭君感興趣的。或許，一茶一飯、一几一座，才是踏實的人生？同樣的，昭君的全節與否與文姬的再婚歸漢，本不該有旁人置喙的餘地，人生的真實只有自己能說明。此處王安祈藉由女性自我發聲，意圖顛覆歷代文人將國家民族、宏大敘述視為單一價值的書寫對象與生命追求，同時也藉「一茶一飯、一几一座」此一單純的想望，彰顯文姬、昭君以及眾多古代女子顛沛流離，無法作主的人生寫照。

　　本劇以後設筆法，讓生前死後都不能自主的名女人，踏出墳塋，自說自話。藉由昭君與文姬的對話，嘲弄父權書寫、男性再現的自以為是，而給予女性角色建構自我、主體發聲的機會。從女性議題切入，王安祈更進一步嘲弄古典，也嘲弄自己：說長道短、舞文弄墨的同時，人生歷史、真實虛幻，究竟誰說了算？歷史的解讀、文學的評價，乃至人生，總是難逃主觀與虛妄。近人有詩謂：昭君自有千秋在，胡漢和親識見高；詞客各攄胸臆懣，舞文弄墨總徒勞。呼應本劇劇末漁婦的結語：說長道短終何用，虛實真假總成空；文心琴韻誰能辨，此時無聲勝有聲。創作的弔詭，盡在其中。

〔註102〕王安祈：《青塚前的對話》，頁294。

二、母性系譜的重建

（一）伊瑞葛來與克莉絲提娃對母女關係的重視

　　精神分析學家佛洛伊德把人類「生的本能」區分爲「認同」與「性欲發洩」，或可翻譯爲「同一」與「原慾實現」，簡單來說就是人們「想要變成」及「想要擁有」的兩種慾望。依照其理論，家裡只有一名小孩的家庭，男孩會想要成爲父親、擁有母親（或類似母親的女人），女孩則會想要變成母親，擁有父親（或類似父親的男人）。但現實中，當男孩發現自己無法擁有母親以後（因爲母親已被父親佔有），爲了尋找一位類似母親的人，便會以異性戀的身份追求一個可以做爲母親代理人的妻子；而女孩則會在發現自己和母親一樣缺乏陽性表記後，在渴望擁有父親的陽性表記下，轉而尋求母親的身份，以生下兒子的方式來擁有陽性表記的替代品，進而成爲異性戀女人。

　　相較於父子關係，母女關係在佛洛伊德的理論中較少被提及。對兒子而言，因爲必須服膺於父親的象徵秩序，因此男孩必須與母親的身體分離；但對女孩來說，沒有亂倫的誘因，即沒有強而有力的理由要求女孩與母親割離，導致了母親與女兒非分化的混淆狀態，同時女兒又認知到母親同自己一樣缺乏陽性表記，因此對母親的情感更加複雜矛盾。由於女兒沒有一個象徵的契約指派給她，俾使其走入以父之名的秩序，使得長久以來父系系譜獨大，女性與母親之間的聯繫鮮少受到重視，更缺乏記載；伊瑞葛來因此建議必須重新找回女性系譜，找出女性的身份，將女性寫進歷史文化中，讓被壓抑的女性永恆回復，尤其是母親的角色。

　　同樣的，從文本、語言與潛意識中探討女性受壓迫問題的克莉絲提娃，尤其關注「文化語境」中的女性、書寫婦女被壓抑的情境。在其《中國婦女》一書中，她分析了猶太一神教取代早期母性生殖宗教後，將女性置於「他者」地位的否定性結果，認爲基督教創世神話表明，女人只不過是功能性的、從屬於男性的客體：「女人從男人那裡分衍出來，是由男人身上所缺少的那件東西所造成的。她將是妻子、女兒、妹妹，或三者同時集於一身，但她沒有名字。她的作用是保障生殖——種族的繁衍，與社會的法律以及政治、宗教團體沒有直接關係。上帝通常只對男人說話。」〔註103〕因此克莉絲提娃特別關注母性的問題，對母親身份在西方文化中的表徵符號做了許多研究分析。同

〔註103〕羅婷：《克里斯多娃》（台北：生智出版社，2002 年），頁 176。

時又從十九世紀法國詩人波特萊爾（Beaudelaire）的作品中發現，其詩歌中隱含著一種女性否定論──女性往往呈現出天使、魔鬼的雙重畫像。一方面她是可以感召上帝的高尚的母親，一方面她又是自然存在的低劣的肉體、腐敗的僵屍，甚至是殘惡、野蠻、貪婪的野獸。女性在父權制文本中所扮演的這種雙重角色，無疑反映了男人對女人的矛盾態度。她既是男人的天使，又是男人的惡魔；既為男人帶來歡快與滿足，又使男人產生厭惡及恐懼。而這樣的二重性否定了女性的「人性」，直接服務於男性的「性權術」。克莉絲提娃因此指出，在基督教文化中上帝、話語、書寫構成了一種新的三位一體，而婦女只是被書寫的符號或象徵。婦女不僅被摒棄於知識與權力門外，而且被拒斥於言詞之外。為此，克莉絲提娃在拉岡有關語言與欲望關係的思想基礎上，發展出語言的「記號理論」：記號是語言的「他者」，但又與語言緊密糾纏。因為記號源於前伊底帕斯階段，因此它與兒童和母親的肉體接觸有關，與女性密切相連。記號的功能如同母親的功能，是一種曖昧的空間、母性的隱喻，母體能夠在不去否定或吸納他者的情況下，與體內的他者（胚胎）產生連結，並具有可怕的顛覆力量，構成語言的多樣化與分裂性。同時，記號又與母親的愉悅與慾望相關。由於生殖功能必須從屬於父親名下的法則，乃至父權制所壓迫的並非女性本身，而是做為母親的身份。因此，克莉絲提娃非常注重母性的意義，認為對母親慾望的表達是對男性主義的一種挑戰，並以「享樂母親」的形象，倡導將母親與性合二為一。

儘管伊瑞葛來重新發掘女性系譜的動機來自於對兩性倫理與宗教神聖之想像，但其視角確實使得長久被壓抑的性別差異得以突顯，女性地位也有逆轉的機會。克莉絲提娃從象徵秩序中女性的邊緣性、記號語言及個人主體的獨特性開啟對母性的研究與關注，則具有強烈的顛覆與衝撞能力。

若將母親或者母女關係作為一種現實的存在並考察其於文本中的描述，顯而易見的是，在中國文學傳統中，「母親」的形象一般都是極正面、乃至無比崇高的。傳統中國社會為維持宗法制度與家庭生活的穩固與基礎，皆以彰顯母職之崇高、偉大，鼓吹婦德之犧牲、順服為最高指導原則。中國自古即有為貞女烈婦立傳之傳統，同時以公開歌頌及壓制慾望的方式維持婦女從屬性機制，其影響使得許多女性將名留青史、得到褒揚或豎立牌坊視為一生最高的榮耀。而中國的寫作者，尤其是身為子女的寫作者，則深受「為尊者諱」的傳統制約。我們在古典文學中看見許多守寡數十年、含辛茹苦將子女撫養

長大的母親形象，其事蹟與精神堅韌而博大，但我們卻永遠難以窺視那些可敬又可憐的母親內心的世界；至於那些未能符合母道，或簡易被歸類爲惡母的女子，其處境、個性與心情更無從爲人所知。

母親往往是沉默的。作爲女人，父權社會將之置於從屬、邊緣的位置；但作爲「母親」，儒家倫理道德中的孝道又將之推到社會文化主體體現者的位置，形成中國文化中母親形象的特殊意蘊。然而所謂母親作爲社會文化的主體體現者位置，其前提卻必須建立在「母慈子孝」的基點上。「母慈」是對中國母親的道德規範，一個女人惟有按照母道的文化規定去要求自己、發展自己，履行母職、犧牲付出，才有機會獲得母親身分的認可，同時獲得兒女的孝養尊重。換言之，女性在取得母職後似乎獲得了某種超越兩性尊卑序位關係的可能性，一個女人在成爲母親之後（而且必須是符合母道的好母親），便能理所當然地在其子嗣面前擁有受到尊重與權威的合理性。

然而這是否意味女性的地位能因此出現改變或有所提升？波娃以爲：「主張婦女可以從生兒育女中，爭取到同男人平等的地位，是自欺欺人的。心理分析家再三強調女人有了小孩，便等於有了陽莖，……但沒有人會以爲單單佔有它，生存便有了意義，或者達到了生存的最高終點。……而且沒有結婚的母親還是受蔑視，可見只有在婚姻中——那就是，在臣屬於丈夫之下——母親才被發揚光大。」〔註104〕女人，即使身爲母親，也終究脫不去「他者」的身分，母親的權利與榮耀只是一種虛幻的假象。日本社會學家上野千鶴子也說：「家父長制（即父權制）是一種讓男人用來欺壓自己兒子的養育機制。但男人可以侮蔑『女人』，卻不能侮蔑『母親』，因爲男人侮蔑『母親』便等同於侮蔑自己的『出身』。」〔註105〕換言之，男人對於母親權威的認同，並不是認同「母親那個人」或其所屬性別，而是認同母親背後所代表的父權宗法，因爲唯有歸屬登錄在某個男人戶籍下的女子及其所生育的子女才能得到社會的認可，「母親」充其量不過是父權宗法制度的代理人或執行者，而不是她本人。

傳統父權社會對母職的褒揚，對女性的要求（純潔的女兒、忠誠的妻子、愛護孩子犧牲奉獻的母親、孝順的媳婦等），抹去了女性身份與個體的特殊

〔註104〕 Beauvoir, Simone de（波娃）著，歐陽子／楊美惠／楊翠屏譯：《第二性》（*The Second Sex*），頁 134。

〔註105〕 （日）上野千鶴子著，楊士堤譯：《厭女——日本的女性嫌惡》（台北：聯合文學出版社，2015 年），頁 137。

性，將女性等同於母親／女兒／媳婦，並只鼓勵以犧牲、順從、包容、忍耐等美德的母親形象，意味著女性只能以其生殖能力與無我付出的角色而存在。她們沒有任何個人的東西可以界定自己，除了從屬於某一個男人，或者受到某一個男人的支配與統治，並表現出甘願自我犧牲的精神時，才能得到社會的認同。但母職不應與女人相互混淆，母職不應扼殺女人特殊性的存在，即便是母親（或女兒／媳婦），也應該有各種不同的面貌，也應有作為女人，成為一個慾望主體的權利。

（二）重塑母女爭拗與情深：《紅樓夢中人：探春》

王純菲歸納中國母親在文學文本中出現的類型，大抵分為三類：深明大義的慈母、濫施淫威的惡母，以及不似前兩者絕對但仍深刻受到母道文化影響的一般母親。此一分類看似粗糙，卻凸顯傳統中國文學中母親形象的「單一化」。〔註106〕傳統文學與戲劇中母親形象之單一尚有可表，但針對「母女關係」及其二者內心情緒深入描寫者，卻真是寥寥無幾。王安祈延續國光劇團從「邊緣」出發，鉤掘女性內心幽微的精神與路線，從《紅樓夢》小說中捻出一段矛盾糾葛的母女情懷，深入追索，故事雖以「探春」為名，實則扣緊探春與生母趙姨娘間剪不斷理還亂的情感糾結。

身處內圍封建閨閣內的探春，縱然心志高、能力強，卻擺脫不了二個事實：一是無法改變的生理性別，一是使其處境難堪，心情痛苦的來源——賦予她血肉生命源頭的母親趙姨娘。由於在父權社會中，母親並不具有象徵地位，母親對子女的愛往往變成兩種極端：不是付出得太多，就是付出得太少，不是好母親，就是壞母親。女兒為順利進入父親的象徵秩序，同時受到母道文化觀念內置的影響，往往也只能選擇「憎恨壞母親」、「仿效好母親」，從而自母親到女兒，最終都是面目模糊、沒有慾望，同質而無分別的父系社會商品。在原作者曹雪芹筆下粗鄙不堪、老是惹是生非、難以獲讀者認同的趙姨

〔註106〕根據其分類，深明大義的慈母以《岳飛傳》中岳飛母親、《楊家將》中之佘太君、《狀元堂陳母教子》之陳母為代表，其共同特色都是品德高尚、溫良賢慧，並以聖賢之道教育兒子。而濫施淫威的惡母則以《孔雀東南飛》之焦母、《西廂記》之崔夫人、《紅樓夢》之邢夫人等為代表，其惡在於利用母親權威施展手段，扼殺兒女的幸福。所謂惡母仍是父權社會倫理化的產物，是一種倫理秩序化異化現象，而非來自於母親個人情感或慾望的衝突。見王純菲：〈特殊的他者：中國文學母親形象的文化意蘊〉，《遼寧大學學報》第40卷第1期（2012年1月），頁128～133。

娘，顯然並不符合儒道對於「良母」的要求，但她又眞是一個徹底的「惡母」嗎？若果如此，那麼身爲女兒的探春應有足夠的理由與態度同他人一般對她輕賤唾棄之，爲何卻又充滿痛苦與矛盾之情？趙姨娘身爲側室，尷尬不被認同的地位，使其面對自己親生的女兒時，豈是「付出得太多或太少」如此簡單的二元論述可以評定？而女兒對母親的依戀或憎惡，果眞僅能以母親的「好／壞」截然二分？無論從血緣、倫理、情感等面向，趙姨娘與探春母女間的感情糾葛，皆值得關注、書寫。

　　賈家少女中，唯一能與黛玉、寶釵、湘雲匹敵的，是探春。賈家四姐妹屬她最有才幹，不但格局、氣度、才智超卓，生得「俊眼修眉，顧盼神飛，文彩精華，見之忘俗」（《紅樓夢》第 3 回）〔註107〕，頗有女中豪傑、不讓鬚眉的氣度；而且其個性爽朗，欣賞芭蕉的勁直碧綠，自號爲「蕉下客」。她是「海棠詩社」的發起人，其詩才雖不及黛玉、寶釵，卻另有經濟英才，在王熙鳳因小產養病的時候與李紈、寶釵一同代掌賈府家事，展現不凡的手腕與決斷。其精明不下於鳳姐兒，連王熙鳳私下與平兒議論起探春時也都對她敬讓三分。如此「看得透、拿得定、說得出、辦得來」的聰敏女子，卻可惜生錯了時代。

　　《紅樓夢》第五十六回回目「敏探春興利除宿弊」，探春之「敏」爲其特色，然王安祈的改編中，不單突出探春的「聰敏、敏捷」，更從原著中沒那麼明顯的「情」中拉出線索，突顯探春在情感上的「敏感」。儘管身爲女性而不能如同男子般自由出遊乃至追求功名、實踐自我，爲探春心中極大的遺憾，但這是當時父權社會中女性普遍共同的命運際遇，不獨探春如此。相較於對自己恨不爲男兒身的感嘆，其出身及其生母趙姨娘，才是使其痛苦的最主要來源。本劇深入探春與母親之間的種種矛盾，一方面揭露父權文化中女性從屬地位之無奈，一方面藉母親與女兒之情感互動，窺看人我間難以輕易梳理割離的血脈天倫，大觀園中母女相異又相似的個性、處境，遇事時矛盾而衝突的考量、理智與感情的糾纏，爲傳統戲曲向少著墨之「母女議題」進一步開啓了豐富的面向。

　　探春與趙姨娘間的衝突始自探春代掌家事起。由於庶出身分，好強的探春具有強烈自尊心，爲了不輕易讓人看輕，總是更自覺地端正自己的行爲處

〔註107〕見曹雪芹著，其庸等校注：《紅樓夢校注》（台北：里仁書局，1984 年），頁
　　　46。以下所引《紅樓夢》內文皆同此一版本。

事，嚴守規範，避免落人話柄。可偏偏才初掌家事，便遇上親舅舅趙國基病逝。探春爲建立威信，亦不願讓人說自己徇私，援例發放二十兩喪葬費，此舉卻引起生母趙姨娘強烈不滿，當場哭鬧不休。探春並非不在意生母感受，她心中是有這個母親的。第一場〈相望如對鏡〉中，趙姨娘出場之際，探春忙不迭請侍書、翠墨「快快看座」，在喪葬費事件無法滿足趙姨娘，又爲其當面指責而心酸不已之際，探春仍謹守分際，以理說之，最重的話莫過於「哪有個行端理正的，要人拉拔？」〔註108〕然此語並非如外人般著意輕賤鄙視趙姨娘，更多的實是一種恨鐵不成鋼、怒其不爭的心情。趙姨娘行事糊塗，錙銖必較，探春何嘗不知？無奈舅舅與弟弟亦不長進，眾人早將趙姨娘當作笑話，探春又何嘗不曉？即因如此，此次承夫人信任委以重任，探春不但不能徇私破例，反而更應嚴謹自重，不讓人有說長道短的機會，其實正是在爲自己的生母爭一口氣。然而探春的心意趙姨娘並不能理會，自然也不領情，口口聲聲被親生女兒糟蹋，一再強調探春身世，以致探春又生氣又難過：「這一陣，尖聲指責、厲聲嚷，好叫我心疼心酸、窘迫難當。怕不知我是她，親生親養，不時的鬧一場。枉叫人背後指點、面無光。家下人，睜大雙眼要掂我斤兩，淚自吞、氣自忍、苦味自嚐。」〔註109〕倘若探春眞不在意母親感受，也不會「心疼心酸」，她深知母親是被冷落久了，整個大觀園中沒有人將她當一回事，而她又沒有能力改變，只好不斷地撒潑裝癡，以維護僅剩的一點尊嚴。這樣的母親令探春不捨，使得探春更想以自己的行止表現讓其有臉，不料母親卻是自己先丟了顏面。無奈之下探春只能隱忍，將委屈往肚中吞。對任何一個孩子而言，家庭與父母都是無從選擇的，貧富好壞都得概括承受；但孩子渴望榮耀父母或以父母爲榮的自尊也是存在的，特別如探春這樣心高氣傲的女兒。所以探春此刻心中的無奈與感嘆必然極爲強烈，失望傷心之餘，唯有沉默，不能再隨趙姨娘之撒潑起舞了。隨後王夫人出場提及海疆王爺託人說媒一事，卻再次觸動身爲母親的趙姨娘內心最深的傷痛：她雖是探春生母，在面對女兒的婚姻大事想表示點意見時，卻被王夫人厲聲喝止：「此事無須妳多言答話」，〔註110〕父權宗法的大斧硬生生斷斷一個母親表達關愛的機會。趙姨娘無法反抗，悻悻然而去。但其失落與傷心探春全看在

〔註108〕王安祈：《紅樓夢中人：探春》。《戲劇學刊》第 21 期（台北：國立台北藝術大學戲劇學院，2015 年），頁 302～303。

〔註109〕王安祈：《紅樓夢中人：探春》，頁 304。

〔註110〕王安祈：《紅樓夢中人：探春》，頁 305。

了眼裡。

　　夜裡，探春思及趙姨娘離去時落寞失望的神情，不忍之心油然而起，便派翠墨爲之送去素淨披風一件，傳話交代母親「小心風寒」，自己也終宵爲舅舅守靈，以表孝心。從此我們可以清楚看見探春心中對母親的愛與心疼，以及其處境之尷尬爲難。反觀趙姨娘，這個白日裡在眾人面前數落自己女兒，唯恐天下人不知不笑話的母親，看著女兒爲她準備的披風，又是怎樣的反應呢？在翠墨面前，彷彿要爲自己留一點面子的她，先是接過了白披風，「丟在地上」，嘴裡大聲嚷嚷：「這算什麼？出生的時候，我這個做娘的想打一對金環給她戴上，銀子不夠，還是國基兄弟幫著湊了一大半，怎麼？舅舅死了，她拿『按例而行』四個字來頂我。當著人作賤我，背地裡偷偷叫人送件披風來，這就是她的孝心？她孝她的，我就得受嗎？」〔註111〕看似罵給下人聽的一段話，卻確實點出了心中的無限委屈。趙姨娘既無權勢，也少教養，在賈府的地位是何等卑下、爲人所輕蔑鄙視？婚姻生活中長久積累的不愜意與不滿足，自然使得她對於與自己一母所生的親兄弟趙國基更爲親近，同時也期望自己懷胎十月誕下的女兒能「光明正大」站在自己身邊無條件的支持自己，無論自己與兄弟如何不濟、如何地沒有出息。俗話說「癩痢頭的兒子自己的好」，母親對兒女是這樣的心情，反之當然也希望兒女是護衛著自己的。所以在趙姨娘的心目中，旁人或許可以忽略她、看輕她，唯獨女兒不行，畢竟女兒是從她腸子裡一寸一寸爬出來的！這是人之常情，也是一位母親最基本的想望。無奈她所處的文化與環境中，連這點最基本的欲求都不能使之滿足。犀利的謾罵隨著翠墨離開，終於漸漸無聲。嘴上雖嚷著「她孝她的，我就得受嗎？」實則內心卻已點點軟化。長夜悄然，唯有一點眞心與明月相映。趙姨娘終究撿起了披風，披上了它，也意味著她接受了女兒的關愛與孝心。

　　身處在女性價值遠不如男子的時代，趙姨娘也爲賈家生下了賈環，按理說是有機會「母以子貴」的；在那樣的時代，兒子就是母親的功績與前途，以及唯一的仰賴。然而不幸的是，賈環之前尚有嫡出的寶玉，賈環本身又畏縮無才，難以獨當一面；相較之下女兒探春的表現反而更像個男孩子，也因此不免讓趙姨娘更爲感嘆了。她想起十八年前那個月明之夜，初爲人母時，曾特意打了一對金環給女兒，新生命的降臨，曾讓她多麼地幸福滿足，心中有多少的期望與愛啊！女兒的眉眼神情，分明就跟自己一模一樣，血緣親情

〔註111〕王安祈：《紅樓夢中人：探春》，頁306。

是騙不了人的，可是怎麼女兒長大了，卻與親娘的心越離越遠了呢？母女之間曾經臍帶相連，那是多麼親密的纏綿！肖似母親的女兒，如同母親重新年輕一次，面對這個自己製造出來的新生命，母親多渴望把一切最好的都給她。那曾經是趙姨娘心頭的一塊肉：「妳來自我骨血，妳來自我血泊，贈兒金環繫兒身，莫失莫忘、不離不棄，相守一生。」〔註112〕而女兒探春呢？記憶中母親的溫柔、和煦仍歷歷在目，她曾經因為探春而流下喜悅的眼淚，如今「金環依舊耀眼明」，但昔日那和煦溫潤的母愛，哪裡去了呢？母親的性情越發乖戾卑瑣了，眾人皆虎視眈眈地等著看她笑話，但她是母親啊，耀眼的金環瞬間變成了沉重的枷鎖，摘不下、逃不開，這一輩子的印記，教探春愛恨交織、無所適從。

這是本劇的基調，是文本中企圖挖掘呈現的母女內心。表面上尖酸刻薄、處處逞強鬥狠的趙姨娘，實則內心有許多脆弱自卑，她像隻刺蝟刺傷別人的同時，是為了掩飾自己的無知與不安，遂用一種先聲奪人，以免被人欺侮的心態架起重重防衛。抄檢大觀園後，賈府一夕之間搖搖欲墜。海棠逆時而開，眾人惶然，趙姨娘內心的無助也頃刻發酵。第五場〈殷紅如花墜〉，趙姨娘為求心安，夜裡焚香拜月。一面喃喃告訴死去的司棋「不是我害死你的」，一面又將賈府之垂危怪到通靈寶玉之上。也難怪她只能將責任往外推，畢竟多年以來，她從這個家得到的並非善意的對待與保障，而是不斷地奚落與排擠，又怎能奢望她在危難之際忽然變得勇敢，能挺起胸膛擋下賈府將墜的一片天呢？她自然是徬徨的，故而不斷焚香叩首，以為如此就能得到老天的垂憐。但偽裝的堅強終於在探春即將遠嫁那一刻，徹底崩潰了。第六場〈風箏凌空騰〉，眼見女兒將登舟遠去，趙姨娘瘋狂追趕而來；先又是照例刀子嘴尖酸地指責女兒「家一敗，你就這樣遠走高飛啦？」見女兒不為所動，情急之下趕緊說：「銀子我有！賈家倒了，我還有銀子，喏，妳瞧，夠咱們娘仨活下去。……」是啊，為人母的有何奢求？不過希望與兒女在一起，踏踏實實的生活就足夠。此刻趙姨娘是真的心慌意亂了。然而探春去意甚堅。眼見挽留不住，趙姨娘再也無法故做堅強：「妳真要走？一句話也沒有？叫環哥把這對金環拿給我，就這麼走了？這可是妳出生的時候娘給妳打的，探丫頭（哭著說），妳可是我腸子裡爬出來的……」〔註113〕她終於卸下盔甲般的防衛武裝，

〔註112〕王安祈：《紅樓夢中人：探春》，頁307。
〔註113〕王安祈：《紅樓夢中人：探春》，頁328。

將自己的脆弱、害怕、不甘與不捨，一股腦兒全拋了出來，畢竟她也只是個單純的女人，渴望平實簡單的天倫之樂而已。

趙姨娘或許鄙俗，令人怨怒，但她並非天生狠毒，其悲哀源自於沒有關懷也缺乏愛，沒有任何機會與管道讓她學習自重，因為整個社會環境與家庭文化從未先尊重她。身為一個僅具有工具意義的母親，趙姨娘沒有選擇（無法出走也改變不了自己的處境），只能繼續任由父權宗法剝削壓抑，終於成為一個「焦慮、歇斯底里的母親」。而女兒探春，在無法改變父親（撼動整個父權體制）以幫助母親，而自己也無有能力和機會逃離的情形下，逐漸漸長成「抑鬱的女兒」。同時，也因為明知自己與母親在血緣上的不可分割，但又意識到現實中無法像正常的母女般與之相對相處（必須以正室為尊），而感到自責，並對焦慮的母親產生時而不捨、時而憤怒的複雜情緒。

探春與趙姨娘確實是相像的。不獨面目五官，更多的是在個性上。第四場〈抄檢大觀園〉中，仗勢欺人的王嬤嬤輕佻狂妄的動手翻了探春衣角，反招來探春一記耳光，讓人見識到探春的威嚴與不容輕賤。此時趙姨娘見女兒被下人侮辱，本著保護女兒的心情衝了進來，劈頭一句：「誰敢欺負我姑娘？」並指著王嬤嬤的鼻子大罵。在趙姨娘心中的女兒是何等勇敢且不容詆毀欺侮的：「我女兒、不像迎春，懦弱樣，她對我親娘、也剛強！」〔註114〕這一句「她對我親娘也剛強」可是實話，其中雖有些對女兒「嚴以律母」的抱怨，但更多的反而是驕傲，這樣一位剛烈有個性，無論如何都要捍衛自我人格的人，是「我的女兒」！無論制度與現實如何迫切地意圖消解趙姨娘與探春之間的關係，遺傳與基因上的相承卻是無需證明，也無法抹滅的。探春如此強烈的自尊心與好強的個性，實在與趙姨娘如出一轍；所不同者，探春貴為「小姐」，有機會讀書識字、受到教養，在府中的地位還高於丫環出身的親娘，一般人尚不敢等閒視之，因此其性格上相似的強勢、剛烈，不容他人侮辱、詆毀的自尊心，比起趙姨娘有更為合理與合宜的抒發管道；而趙姨娘由於地位卑下，無人搭理，強烈的自尊被長久漠視後，也只能用幾近裝瘋賣傻、蠻橫無理的方式捍衛僅存的尊嚴了。也因此，探春是了解母親的，因為了解，所以同情、不捨、心疼，但也因為了解，而不免憤怒。她有時真希望趙姨娘「低調安分」一些，像其他安靜無求的母親一樣，乖乖待在她的位子上，至少不會讓她為難；可是趙姨娘總像一顆不定時炸彈，不知何時就闖一點禍、胡言亂語、不

〔註114〕王安祈：《紅樓夢中人：探春》，頁316。

知輕重，讓她尷尬難堪；探春知道如若要讓自己在眾人面前得到更多尊重與認同，必須與趙姨娘劃清界線；除了尊王夫人為母外，面對趙姨娘的吵鬧、要求，她還得比對別人更為剛正無私；然因為對趙姨娘的同情不捨，以及面對趙姨娘的無知昏昧與「不能領會」，使得探春又得面對自己內心彷彿「背叛」生母的情感一般，感到痛苦、煎熬與自責。人心是肉做的，雖知理智上應將生母視為無關緊要之人，情感上卻無法置之不理，因為血緣與感情如此的糾結難理，更使得探春與趙姨娘母女間就像纏繞的生命共同體，只能一起上升，或者，一起沈淪。

　　以下藉本劇幾個段落，說明探春對生母趙姨娘的複雜情感。前文已提到第一場母女二人為喪葬費不愉快一事，趙姨娘驟失兄長，在強烈不安全下本渴望探春額外恩賞，也顯得自己畢竟與眾不同，有個能幹的女兒掌理家事。僅僅是爭一口氣的情緒，卻讓探春打了回票，趙姨娘因此不滿。探春雖知生母意圖，但自己的立場卻須有更多考量，因此儘管「窘迫難當」，心中不免還是「心疼心酸」，既有不捨，也有自責，還有委屈與憤怒。後來見趙姨娘失望傷感的離開，私下為其送去披風，則表現出探春對生母與生俱來的孺慕之愛。但這愛有時卻是沉重的壓力，因此矛盾難解。第四場〈抄檢大觀園〉中，同樣的情緒再現。眼見趙姨娘挺身而出保護自己，探春非常感動，但隨即趙姨娘又露出小人得志的姿態，讓探春又羞又恨，心情如洗三溫暖；抄檢的事情越演越烈，當司棋與潘又安相戀的事情東窗事發，探春前往探視時，聽潘又安說「那晚被趙姨娘撞見」，心中意會這一切災難的源頭或與趙姨娘有關。探春本是果斷之人，極力協助掩護二人私奔，可惜如同天羅地網般的宗法社會，有情男女終究只能以死相殉。探春具有跨越階級的意識，和寶玉一樣能夠保護他人的癡情，而在潛意識中，也許也想藉由成全一對有情人，替引起這一連串危機事件的母親贖罪吧！然而父權社會裡的女兒哪有自由飛翔的機會？整個家族也在長久的積弊下即將崩裂。探春沉重地感嘆：「我們這樣的大家族，從外而入，一時之間是推不倒、撼不動、殺不盡、損不傷的，如今卻是自家人，自舉發、自殘殺、自踐踏、自抄家，眼見得一敗塗地，大勢去矣。」〔註115〕她是當局者中少數的明眼人，內心澄靜通透、意念底定。此刻探春已然下定決心，看著與母親一樣的眉眼，她想「抹去相似的眉，重勾另樣的痕」，這不是對母親的埋怨與不諒解，而是意圖走出如生母及其他大觀園中的女子

〔註115〕王安祈：《紅樓夢中人：探春》，頁323。

一樣無奈的宿命與悲哀。「莫陷污濁入泥淖，芭蕉勁挺蕉葉碧」，唯有「清正的人格」是探春得以掌握並擁有的眞實。

於是當家族將徹底頹倒時，探春「主動」選擇嫁往遙遠的海疆，「此身雖無千斤兩，獨支大廈莫頹亡……願此去保賈家福壽綿長」〔註116〕，時代的侷限無法改變，家族的命運難以挽回，但探春至少可以選擇自己的未來。面對賈政所以爲「女孩兒家，就有見識，又有何用」的尊卑之見、時代之限，探春已然突破閨秀面貌，自我超越，有用無用由我自己決定，可見編劇在此有意賦予她更高的主體性。遙遠的海疆與未知的婚姻，代表將與生母永遠分離了。探春有沒有一絲不捨？庶出的身份，讓她多年來面對親情，始終無法抬頭挺胸、難以釋懷，然而生母再不濟，也是賜予生命的源頭，沒有趙姨娘怎麼能有探春？往後卻再也聽不見她扯著喉嚨罵人、看不見她四處巴結、樹敵、沒有尊嚴的可笑模樣了。探春原是要決然而去的，連金環都已託弟弟交還給母親。可是當趙姨娘跌跌撞撞瘋了般的一路追趕至江邊，那著急傷心又無助的模樣，雖然依舊口沒遮攔地怪著探春，但探春知道，母親是眞的難過、害怕極了。賈家倒了，女兒走了，她能依靠誰呢？於是，再堅硬決絕的探春終也心軟了，「停住腳步，向前，拿過趙姨娘手裡一對金環，分一支收進自己懷中，另一支塞進趙姨娘手中。深深一拜，站起，轉身，扭頭離去」。〔註117〕既不能不走，那麼此刻所有的言語都是多餘。母親孕育探春時特意打的一對金環，如今一人一支，就讓金環從此代替女兒，在母親身邊長相左右吧。探春要做一只風箏，飛往遙遠浩瀚的晴空追尋未知的生活，但此後心中將永遠有一絲牽掛與感恩，那就是自己生命的起源——趙姨娘。一切的恩怨情仇將隨風而逝，但母女親情永難斷離。

伊瑞葛來謂：「我們必須反對父親的律法去禁止母親的慾望。我們必須讓她有表達快樂、爽快和情感的權利，並給她有說話的權利，有時也給她喊叫和生氣的權利。」換言之，我們應該讓每一個母親都有機會發聲，讓人看見母職對女人生命、人格、情感的種種影響與變化，以及身爲母親或女兒的女人其內心的各種情緒。《探春》以擺脫傳統將母親形象二元對立的方式書寫趙姨娘，呈現角色可鄙可恨背後許多的可悲可憐，讓人思考趙姨娘的刻薄計較並非與生俱來，更多源於其身處父權政治中的寂寞無助與不安，同時也表現

〔註116〕王安祈：《紅樓夢中人：探春》，頁326。
〔註117〕王安祈：《紅樓夢中人：探春》，頁328。

在對親生女兒探春的矛盾衝突與情感傳遞上。母親／女兒只是一個身份，所有的母親／女兒都有其獨特的樣貌，彼此間的互動也各自不同。本劇除突顯女性內心情感外，也藉由這複雜難解的母女關係，重新省視父權禮法對古代女性的壓抑與影響，並在探春自主選擇遠嫁海疆的決定上，看見屬於她的主體展現。

小 結

在後現代思考的脈絡裡，「去中心化」顛覆了文化傳承中「求同劃一」的傳統模式，取而代之的是對多元和差異的突顯與尊重。西蘇、伊瑞葛來等人，對於「女性他者地位所具備的獨特價值」具有正面積極的看法，強調性別差異、肯定女性特質，企圖以多元化、開放性與尊重差異的理念為女性尋求更廣闊的生存空間。從此一角度觀看王安祈的新編劇作，過去的戲曲、文學中出自男性視角，不脫大歷史、大敘述的男性思維，正是「求同劃一」的「中心化」傳統。女性於戲曲中長期的闇啞無聲與弱勢邊緣，反映古代女性在男性社會中的他者地位，因此也成為王安祈新編劇作時著意關注深掘的層面。她自女性視角切入，探索女子的幽微心事、纏綿情懷，娓娓訴說女性的生活悲歡與生命歷程。學者陳芳英以「女書書女」指稱之。〔註118〕

由情出發，可謂王安祈為筆下女子書寫自我的主要視角。無論孟月華生命切片中短暫幽微的奇思異想、情生意動；曹七巧肯定自我情欲並主動追索的痛苦過程；湘琪、雙月與廣芝所體現的生死愛欲、孤寂情懷，以及角色楊妃尋尋覓覓的情路探索，充分顛覆男性霸權對女性慾望想像的同時，更肯定了女性自覺追求的主體力量與現代情思。

延續對內在情感的探究與辨析，一代坤生孟小冬尋找聲音、完成藝術自我的人生觀照，開啟了戲曲女性主題與女性形象的另一視野。王安祈筆下的女性人物，得以在男女情愛的寄託之外，更多了以自我為主體，開展個人多元價值的新面貌。歐蘭朵經歷四百年奇幻的生命旅程，不論性別身分如何改變，創作的初衷始終不變；《十八羅漢圖》藉畫抒情，淨禾女尼與宇青在藝術創作的路上修心修行，終於得到自我的確認與淨化超脫。富貴功名、物質生

〔註118〕陳芳英：〈絳唇珠袖之外——從幾部新編戲曲思考新典範的可能〉，收入氏著：《戲曲論集：抒情與敘事的對話》（台北：國立台北藝術大學，2009年），頁297。

命的外在追求不曾成為王安祈的創作主題，精神層次的內在觀照，才是王安祈意圖於其劇作中深度鉤掘的情感源頭。王安祈也嘗試以顛覆的角度提出對性別、文學、人生與創作的思考。《青塚前的對話》打破歷代文人對古代女性的想像描繪，從女性的生命經驗探索女性內在心靈，從而建立女性對自身情感與生命歷程的表述傳統。又從邊緣出發，深度鉤掘探春母女間的愛恨情愁，建立戲曲世界中前所未有的女性系譜與新的觀照層面。

　　綜觀王安祈國光「新」劇中女性人物的主體追尋與自我建構，包含了女性對自我身體、慾望、經驗、歷史、情感、聲音的多重覺察與主動追尋，也突顯女性藉由語言、藝術行動完成自我詮釋，奪回書寫自我的慾望與自信。這些迥異於傳統戲曲、充滿主體性與能動性的女子，不僅豐富了當代新編戲的內涵，也成功開展了戲曲題材內涵及形式的新可能，尤其沒有將主題與氛圍鎖定在情慾、禮教的「對抗」中，使得女性更能自由的發展自我，內在的自覺與個性得以彰顯。而在上述劇作中與女性主體相輝映的男性角色身上，也可見有別於傳統的新突破：王有道、柳生春的迂腐，在作家筆下格外令人「同情」，是對父權體制的小小嘲弄；多情皇上，自宮女身上返視檢討自己的「濫情」，而說出「男歡女愛、天經地義」的「感悟」，也是對傳統君王形象的一大顛覆。新編劇作因應主題的變化與擴充，在人物形象塑造上的多元變化，不獨在女性人物身上出現，男性角色同樣受到關注與影響，由此可見。

　　再從主演魏海敏女士的表演與角色塑造上看，每一個劇中人物必有她個人的體會與生命經歷於其中，但所表現出來的已非魏海敏「個人」的情感，而是她所詮釋的劇中人。「演員的最高境界是：你已經沒有你自己了。就像佛法說的『空無』。我是空無的，但我同時又是包含萬有的。若我是一個執著的人，我就不可能包含萬有，我在任何情感上不執著的話，我就可能演出、掌握各種不同的角色。當我不執著於某種情緒時，我就能演任何情緒。我就能完全開放地認識、理解、憐憫，而後呈現。」〔註119〕魏海敏透過對角色的了解、認同，設想其遭遇，善用自身紮實的表演技藝，以及開放的心，創造出「一人千面」的格局，也充分透過表演體現演員的主體性。

〔註119〕附錄二〈魏海敏訪談紀錄（一）〉，頁223。

第四章　王安祈國光「新」劇中的多元書寫

　　王安祈國光「新」劇在追求現代化的過程中，除了戲曲題材的擴充、主題意識的開展、故事情感務求與現代思維接軌外，因應每部戲不同的調性、不同的關注點，採取不同的說故事的方法與寫作策略，此即「因戲制宜」。綜觀王安祈劇作，不乏以諧擬、後設、互文等方式進行戲劇重探、解構書寫之作，又以文學探索心靈，深入角色內在，近年來的創作更是掏心挖肺地全心投入，往人性深處勾掘，也往自己的內在深旋。「向內凝視」與「內旋深掘」的角度與筆法，遂成就王安祈劇作中女性主體與抒情自我交融展現的面貌，呈現出「詩劇」般的傾向與風格。後現代伊瑞葛來在打破西方哲學論述、重省典律的理論進程中，選擇參照鏡像凝視、反射的作用，以「戲擬」權威論述切入神聖典律，達到重新自我詮釋的目的。而特別重視女性邊緣位置，並以爲語言系統中的意識型態與哲學基礎爲獨裁且具壓迫性質的克莉斯提娃，則自語言的異質性層面，融合巴赫金的文本對話原則、複調結構等理論，率先提出了「互文性」概念。本章首先論述王安祈的內旋與意象化筆法，再由後現代理論「後設」角度、伊瑞葛來的「諧擬」與克莉斯提娃的「互文」理論，略論王安祈國光「新」劇的多元書寫手法與特色。

第一節　內旋與意象化筆法的展現

　　二十一世紀台灣京劇發展的目標，係以「文學性、個性化、現代化」爲創作特色，而且三者相互支撐。所謂的「現代化」，不只是劇場手段的創新，現代化的核心更在於劇本的情感思想，京劇也不再只是傳統藝術在現代的存

留，而是與台灣現代文化思潮能夠相互呼應的現代文學藝術創作。王德威認為，國光劇團的新戲與大陸京劇的劇本編寫及劇場打造相比，展現了強烈的「人文訴求」與「抒情特質」，而這不僅與藝術總監王安祈的個人風格有關，也同時折射了臺灣劇場的審美要求與品味轉變。〔註1〕梅家玲指出：「國光新編京劇意圖讓『現代戲曲』與現代小說、散文、詩歌等並駕齊驅，成爲『臺灣現代文壇不能漠視的新作品』，自當從劇本的文學特質與文學史脈絡去詳其究竟。而『女性主體』與『抒情精神』的交融互動，應是其中最值得重視的面向。」〔註2〕此中的「女性主體」除指劇中的女性人物外，同時也包含「女性劇作家」的主體。王安祈曾自剖其劇作中的「女性主題」有「政治」考量，是對京劇歷史與現況反思後刻意採取的手段，同時也關乎她個人長久的觀劇體驗與創作心得。如何將劇本的思想內涵從「古典記憶」中提出「當代觀照」，爲其創作時首要關心之處，又受到崑劇內旋深掘、意象化的抒情筆法所影響，使其成爲王安祈抒發女性內在心聲的主要方式。本文第三章雖主要針對王安祈劇作文本的故事情節論析女性人物主體追尋與自我建構的姿態，實際於行文脈絡中已關注到女性人物的內在心思與幽微轉折處，即是王安祈對筆下人物情感的「內旋深掘」。本節再就其劇作中以「意象化曲文內旋書寫」的筆法彰顯抒情自我的角度舉例說明之。

　　一個傑出作品的誕生，背後往往有強大的傳統支撐，對王安祈而言，戲曲的傳統就是「詩劇」。不僅是文辭要有詩的美感，而且整齣戲要以「抒情」爲其主旨。陳世驤在《中國的抒情傳統》一文中便曾指出：「中國所有的文學傳統統統是抒情詩的傳統」，《詩經》、《楚辭》都以「歌之言」（言辭、樂章）爲其特色，其所具備的形式、結構，以及在內容與意向上表現出來的「主體性」與「自抒胸臆」，是爲抒情詩的兩大關鍵。戲劇，雖然是外在世界的敘事形式，仍然無法自外於此一抒情傳統。〔註3〕因此王安祈強調：一齣戲劇情要好看，必須「在敘事架構之上，展現抒情的精神」。〔註4〕抒情傳統源於一種

〔註1〕王德威：〈新世紀，新京劇——國光京劇十五年〉，《中國文哲研究通訊》第21卷第1期，頁7～10。

〔註2〕梅家玲：〈女性主體與抒情精神——國光新編京劇的文學特質與文學史意義〉，《中國文哲研究通訊》第21卷第1期，頁43～50。

〔註3〕陳世驤：〈中國的抒情傳統〉，收入《陳世驤文存》（台北：志文出版社，1972年），頁45。

〔註4〕附錄二：〈王安祈訪談紀錄〉，頁209。

哲學觀點，它肯定個人的經驗，而以爲生命的價值即寓於此經驗之中，也承認在此生命中確實有不同程度的價值及不同的體現方法，個人至少可以做他自己的抉擇。高友工以爲在中國抒情傳統中，「個人的經驗可以成爲一具體的『心境』，生命價值即蘊藏在此一『心境』之中」，因而「詩言志」就發展爲『以藝術媒介整體地表現個人的心境與人格』的美學理論：其核心義是在個人心境中實現它的理想，一個『自然、自足、自得、自在』精神的實現；「抒情的自我」與「抒情的現時」變成一個擴大及持續的世界。所以中國的田園、山水詩體始終不能與自我心境的表現所生的詠懷、言志詩體分離。〔註5〕陳芳英以高友工的抒情與美典論述爲據，提出其以爲「抒情美典」之四要項，分別爲：內化、象意、自我和當下。亦即：我們面對外界的種種，有所感知，經過內化的過程，以象意的符號呈現出來；呈現之際，必須以當下的自我結合，也就是說在呈現那一刻，時間是定格凝止的，轉而成爲在固定的空間迴盪回顧。〔註6〕梅家玲亦提出對於「抒情精神」的詮解，認爲：「所謂『抒情精神』，基本上是以個人此時此地的情感心境爲主體，以『內省』爲過程，以『意象』爲描寫方法，藉由文字聲音等形式，將生命中的瞬間流變凝定下來，『形成生命另外一種存在和延續，通過長長的時間，通過遙遠的空間，讓另外一時一地生存的人，彼此生命流注，無有阻隔』。它講求『抒情自我』與『抒情現時』的交會，以經驗存在的本身爲一自足的活動，不必外求目的或理由；然而通過美學化的形式，此一經驗卻可以感盪不同時空的心靈。更有進者，一個深刻動人的經驗在感覺與反省之後，必對個人的精神生命產生衝擊；而這濃縮了瞬息的個人心界的藝術，將『不僅只與人美感，而且顯示了個人生命的意義』。」〔註7〕王安祈於〈中國傳統戲曲的藝術精神〉一文中，指稱中國傳統戲曲的抒情精神，體現在「突破時間限制」、「點線組合的劇情結構」、「回憶場面的經常出現」與「疏離效果」等劇本特色之上，具體而微說明了戲曲在敘事架構上以展現「抒情精神」爲主的表藝特質與編劇方向。

〔註5〕高友工：《中國美典與文學研究論集》（台北：台大出版中心，2011 年），頁 97。

〔註6〕陳芳英：〈遙望——從孔尚任《桃花扇》書寫策略的幾點思考談起〉，收入氏著：《戲曲論集：抒情與敘事的對話》（台北：國立台北藝術大學，2009 年），頁 184。

〔註7〕梅家玲：〈女性主體與抒情精神——國光新編京劇的文學特質與文學史意義〉，頁 45。

　　王安祈國光劇作中抒情精神的展現，除劇本思想旨趣外，更與其「向內凝視」與內旋深掘、意象隱喻的筆法有極大關聯。「向內凝視」是王安祈劇作近年來引導的走向、豎立的風格，也是戲曲文學性與現代化的核心價值。在抒情美典的定義下，文學本是作者切身反映的自我影像。詩歌傳統——包括戲曲，是以詠懷為主要目的，戲曲中戲劇動作停止、凝固在某一剎那時空的唱段，是劇中人物當下的反省，也是劇作家藉劇中人之口的詠懷之作。王安祈編寫完《王有道休妻》後曾有這樣的體會：「王有道妻子是用青衣、花旦兩個行當『同時同台同步』分飾同一人，或許因為唱詞是女子與自己的私語纏綿，這段寫作經驗像是『勾掘靈魂底層終而認識自我的過程』。」〔註8〕當她在為筆下的孟月華訴說心聲時，才慢慢認清自己所塑造的人物，甚至也才認清自己。換言之，對劇中人而言，曲文唱詞是自我探索、自我發現，而對王安祈而言，她也在創造故事人物的歷程中潛入角色內心進而反觀了自身、完成了自我。

　　從《王有道休妻》開啟的「女性內在幽微情思的探索」之路，王安祈以崑劇內旋深掘、意象隱喻的筆法，潛入女性的恍惚難言、幽微隱約處，成就女性主體與抒情精神的交融互動。「我非常喜歡崑劇的『唱』，他的唱可以針對內心有非常深度挖掘的能力，而且挖出來的是一種說不出的情緒，像一道河流，又像一道絲線，那麼隱微、不可具體言說的心緒。崑劇的唱能使整個戲走到一種往內深旋的境界，於是我就把他與多年來鍛鍊而出的說故事的技巧結合起來，創造了後來的國光女戲。」〔註9〕崑劇傳奇以生旦為主角，女性情愛經歷或生命歷程本有足夠劇幅展現，而文人善用「意象化」與「內旋深掘式」的曲文寫作，情感剖析細膩，女性內心不可言傳的幽微情懷恰可由曲文中窺見，最具代表性的例子即為《牡丹亭》。〔註10〕這種內旋深掘式的曲文，有些是人物不便對人言明的內在心聲，藉內心獨唱款款細訴；有些甚至是劇中人自己都未必清楚明瞭的模糊念頭，也許是乍然湧現的潛在意識，也許是旋起即滅的飄然浮想；劇中人原本自己都摸不透的，竟在唱曲過程中，逐步發現自我、認識自我。通過劇作家層層內旋探索，筆下人物的點滴心情勾掘

〔註8〕王安祈：〈作家身影——潛入內心、走出京劇？〉，《中國文哲研究通訊》第21卷第1期，頁61～64。

〔註9〕附錄二：〈王安祈訪談紀錄〉，頁204。

〔註10〕王安祈：〈京崑女性塑造比較初探〉，收入洪惟助主編：《名家論崑曲》（台北：國家出版社，2010年），頁441～483。

浮現，促使女性內在的聲音得以細膩深刻地呈現在觀眾面前，而編劇與筆下人物亦在曲文衍生的過程中彼此認識、交互完成。以下，以王安祈國光「新」劇爲例，說明其劇作中「意象化」與「內旋」筆法的運用。

一、「意象化」曲文

「意象」，合「意」與「象」而成。西方的「意象」（image），原爲一個心理學名詞，後來爲文學批評援用，應用於藝術、文學上，指以各種藝術的媒介所表現的心理上的圖畫，但它偏指於「象」一物。中國「意象」的源頭，可上溯至《老子》的有無思想與《易傳》的象意哲學概念。《易‧繫辭上》：「子曰：『聖人立象以盡意，設卦以盡情僞，繫辭焉以盡其言，變而通之以盡利，鼓之舞之以盡神。』」「象」是有形直觀感性的外在之物，而「意」則是不可形而見之、不可得而聞之的無形意念思慮。主觀內在的「意」，唯有通過客觀外在的「象」才能顯現出來，兩者在藝術媒介中和諧交融，具體展現了創作者在認識、把握世界的過程中的心理活動規律。《文心雕龍‧神思》篇中強調「意象」融合人類抽象的心志情思與事物具體的形貌聲色，呈現作者個人情感及豐富的藝術想像之間緊密的關係。章學誠《文史通義‧易教下》：「象象之所包廣矣，非徒《易》而已，《六藝》莫不兼之；蓋道體之將形而未顯著也。睢鳩之於好逑，樛木之於貞淑，甚而熊蛇之於男女，象之通於《詩》也，故道不可見，人求道而恍若有見者，皆其象也。」將意象由哲學概念過渡到藝術美學，以爲《易傳》以「象」來說明義理，《詩》以形象來表達情意。黑格爾也認爲，藝術作品的核心內容，不是題材本身，而是反映在作品裡的藝術家的心靈。因此，「意」，是創作者構思之「意」，它包括創作者的情感、想像、理智等多方面因素，是創作者「感於物」、「本於學」的創作過程。而創作者藉助於具體的、切近的、顯露的、變化多端的「象」來馳騁想像，以充分表達深遠的、幽隱的「意」。因此，所謂「意象」，簡單來說就是文學作品中熔鑄了作者思想情感的事物，意謂客觀物象經過創作主體獨特的情感活動而創造出來的一種藝術形象。中國傳統詩論中所指寓情於景、以景托情、情景交融的形式，以及寄託象徵的「比興」法則，即爲常見的意象呈現方式。

據此，所謂「意象化」便不只是對文學形象單純的描寫，必然是作者自其具體帶有主觀情感與聯想的意出發，透過對一外在形象的文字描述，旨在

融合意象之間。作者的情感、旨意既可傳達且尤為重要，而形象的描繪亦不可偏廢。以《牡丹亭》為例，杜麗娘的尋「春」之旅，曲文中從春光、春色、春花、春景等大自然意象切入鋪陳，但實際所欲展現的並非自然春景的美，其重點乃在藉春之意象延伸而出的，對於愛情、美好、生命、自由等內在意蘊的追尋與想像，以及杜麗娘體驗生命、發覺生命的心路歷程。

以下將王安祈新編劇作中的意象化寫作概分為二類，一是劇作中特別設計從具體物象延伸而出，具象徵或隱喻之意的意象，兼具抒情與形象塑造的效果；另一類則是貫穿整部劇作，以統一的意象完整表達劇作中心思想與劇作家主體意識的作品，以《孟小冬》、《水袖與胭脂》為例，並由此論述意象化與內旋深掘筆法的同步運作。

（一）

1.「鏡象」虛實，映照女子幽微情思

鏡子，是意象，也是隱喻。以銅為鏡，可以正衣冠，鏡子代表的原是客觀映照影像的物質，卻因其功能與性質，從而延伸出精神與文化層面的許多象徵。因此鏡子雖是客觀的存在，但映照而出的往往是照鏡者自我的解讀。《花間集》裡描寫棄婦懶起梳妝、不敢對鏡，正因鏡子不僅映其容顏，更照見她們內在的寂寞；而人因照鏡而有「正衣冠」之思想舉措，也使鏡子帶有對理想寄託的涵義，突顯鏡子照實映虛的本質。王安祈劇作中，鏡子時而是具體的存在，時而是抽象的隱喻。透過鏡子的映照、對比、折射，人物在虛實之間穿越，內在意識與自我得以對話或顯現。七巧面對三爺的婚禮，在自己房中對鏡私語：「出嫁日、對鏡時、淒風一陣，鏡閃爍、影搖曳、光影繽紛。忽而是、姜家堂、碧樓朱櫳，廉帷動、又似藥鋪、清暗幽沉。」她陷入現實與回憶的恍惚中，當年出嫁的喜悅在流光幻象中，只剩閃爍搖曳的光影，此刻鏡中的她，徬徨迷離。七巧繼而幻想著她是三爺的新娘，戴上紅色蓋頭：「看朱門、與小戶，重影疊映，波攪深潭、心紛紛。親手兒、扶鏡框，紅巾蓋定，鏡中人、紅暈暈、光耀一身。我心中、原也是、清明如鏡，半由運命、半是自身。回首悵望來時路，無限幽憤怨難伸。」鏡中人是光耀一身的新嫁娘，鏡外人卻是現實受盡婚姻折磨的怨婦，鏡裡鏡外兩相映照、七巧難堪地自我面對，更顯淒楚惆悵。鏡象反映出當下與過往，在虛實之間悠悠訴說七巧的心聲。

《探春》一劇，同樣運用鏡子的意象映照虛實，配合曲文編寫，對比出

趙姨娘與探春母女的情感矛盾，重點在二度吟唱的母女對鏡歌，折射出二人難以釐清的血脈糾纏：「母女初相認，癡望兩凝神。日月屏息、星辰靜，照我母女、倆凝神。一樣的眼、一樣的眉，熟悉的臉、相似的唇。相望如對鏡，對鏡兩相親」。對母親趙姨娘而言，對女兒的期待是緊密的聯繫：「你來自我骨血中，你來自我血泊中，贈兒金環、繫兒身，莫失莫忘、不離不棄、相守一生」，而成長後的探春卻在母親失落的親情中既留戀又掙扎：「癡望著妳的眼，妳溫潤、如和煦的風。你喜淚、滴上我的臉，妳喜淚、潤濕我的唇。……匆匆十八年，欲尋難尋、欲尋難尋，難尋、是那和煦的風。是那和煦的風。」母女二人同在場上，隔著鏡子對望，思緒在回憶與當下穿梭，各自抒情，牽絆感概共存。鏡子在此既虛且實，看得見的是母女相似的眉眼，看不見的是二人內在翻攪的親情愁緒、難以排解的矛盾糾結。

　　孟小冬死前回眸，憶起自己與梅蘭芳的一段感情，二人曾合演了一齣《遊龍戲鳳》。這齣戲原是孟小冬扮皇帝，梅蘭芳飾鳳姐，戲臺上曖昧的情誼延伸到了台下，對鏡卸妝時，孟小冬的情思百轉纏繞：「鏡裡的我、紅了雙頰，忽的、鏡中也出現了他，他望著鏡中的我、笑微微、也紅了雙頰，我雙頰更紅、紅似海棠花。鏡兒裡、紅頰兩雙、海棠兩朵、雙雙映菱花。」那是甜蜜的時刻，相愛的記憶停留在鏡象中兩張紅豔的臉頰。而後，兩個人相互扮妝，交互反串《遊龍戲鳳》：「妝成雙對鏡、驚見鏡中人、竟覺認不真，似曾相識、認不真，可是真？認不真，轉身對凝神，回眸再對鏡，我怎成俏佳人？你怎是男兒身？……是耶非耶？誰假誰真？心迷濛、神恍惚，但只覺春煙裊裊、春水溶溶，相對望、夢酣春透、夢酣春透、琥珀濃」。這一次在鏡中呈現的是乾坤倒錯的趣味，現實中的他們與戲臺上的他們性別相反，致使孟小冬在對鏡相望時，竟有一種「陰陽顛倒」的錯覺，鏡子映現的不該是最真實的嗎？此刻鏡中的他們才是原來的性別，可是孟小冬卻問著：是耶非耶？誰假誰真？鏡中影像，究竟能不能當真？「鏡子」再度產生自我內心從外在形象映射後的一種詰問與反省，也暗示梅孟之戀在孟小冬生命中的「不真實」。

　　2. 金環與風箏

　　在《探春》劇中，金環意喻母女之間的聯繫，是愛，但也是束縛。探春因舅舅喪葬費一事與母親鬧得不愉快，見到首飾盒中的金環，心情先是感受到一絲柔軟：「又見紫金環，深藏寶篋中。菱花月色、雙照影，十八年依舊、耀眼明」，那是當年出生時母親特地打造的。可是多年來母親的存在、大觀園

的存在，對她又彷彿是一種束縛，探春想「重施脂粉、對寶鏡，抹去相似的眉，重勾另樣的痕」，母親卻拿著金環，像一根無形的線，圍繞著探春：「金環爲妳重圍緊，莫失莫忘、不離不棄、相守一生」。而風箏則爲探春遠走、追求自我的寫照，象徵著她渴望高飛、嚮往自由的心情，然其中又帶著些許的飄忽、不確定。遠嫁之際，探春望著廣袤的天空想像著：「一回首、故園已遠，諸芳散盡，二回首、天際依稀、影浮沉。莫不是江畔有人放風箏，紙鳶乘風、凌空騰。扶搖直上，九萬里。橫天攪開、五色雲。願它衝破天一線，轉教紅塵俱清明。問他絲繩、可掌穩，願他絲線、長無垠。莫教他、志未酬，先折翼，莫教他、惆嘆息，此身終究不由人、欲飛終欠萬里風。」對未來，她的心裡有期待，也有擔憂，但卻顯得平靜，因爲這是她自己選擇的路。回到現實，「哪裡有、飛鳶隨風行？哪裡有、絲纏一線身？遙天只聞哀泣聲，催肝裂膽一聲慟、劃破天際震碎心」，是母親趙姨娘帶著命運的金環來見女兒了；臨走前探春本將金環送還母親，如今再見，終究不忍，收下其中一只金環，遠揚的紙鳶這一頭，永遠還有一絲剪不斷的情意纏綿。

　　3.「雨絲」綿密，情思嬝嬝。

　　孟月華在雨夜迫不得已與柳生春共避一亭，淅淅瀝瀝的雨勢，恰似情思欲想的起伏流漾。柳生春眼中的孟月華，與亭外綿密的雨絲相連結：「水冷冷、清淺淺、澱灩灩，透水荷花、春意盎然。……眞個是、留客雨、送潮風、雨留客、風送潮、滴溜溜、疏剌剌、滴溜、疏剌、留客、送潮……」，而孟月華在幾分驚恐、羞怯之後，竟也「止不住、轉腰肢、身軀舒展，雨珠兒，順髮絲、滴落裙衫。滴溜溜、疏剌剌，雨串珠、珠連線，牽牽綿綿、蕩雨迎風任流連、任流連。」雨絲既是外在的自然現象，又是孟月華內心陶醉於被看的情動纏綿，回看自身的情思一旦啓動，竟不由自主因爲「雨未止、風未靜」而「焚香祝禱謝神明」。此處的「風雨」同樣可視之爲女子內在湧動的情緒，有趣的是當這「焚香祝禱謝神明」的意念脫口而出之際，孟月華自己都被嚇到，因爲那是她潛在意識的發聲，連她自己都沒想到自己有這樣的一面。如此的情思，原是因緣際會，無端而起，自然也無端而終。因此當孟月華二度與柳生春相見時，那一夜迴波千旋的情懷已然無處尋覓：「天涯陌路擦身過，聚散離合盡偶然；亭中會、雨裡緣、一宵幻，雨霽雲收兩無干。」雨起雨停，如同孟月華來去無蹤的情生意動，徒留悵惘。劇末孟月華一人默默靠在御碑亭外欄杆上，「甜蜜而惆悵的聽雨，揮落雨水」，那曾勾起的奇思異想、情慾

流漾，卻又如雨絲纏繞，才下眉頭，卻上心頭。

　　4. 吃魚

　　《金鎖記》下半場描繪曹七巧以瘋狂的行止對待自己的兒女，長白成婚日，七巧將兒子留在煙榻邊一起抽鴉片，劇作家以一段「吃魚」的意象曲文，隱喻七巧內心對過往情感傷害的憤恨，以及與兒子之間曖昧的情慾想像：「有一日買得鮮魚回，我剔骨挑刺做魚球。只望冤家嚐一口，我問他、你要煎、要炸、要醋溜？可恨他虛意假應酬，我真心一片付東流。剩幾尾鮮魚摔底樓，任他扎掙肚腸流。輕移步、下樓頭，朱唇咬碎，連皮帶骨吞下喉。利刃刺腹腸穿透，尖刀橫插五內鈎。切膚之仇向誰訴求，如此冤恨怎罷休？兒啊兒，娘的兒啊，兒有娘照應你莫擔憂。備幾尾鮮魚兒嚐幾口，要煎、要炸、要醋溜？」從買魚、殺魚、煮魚、摔魚到刺魚，七巧由愛生恨的情感轉折層層遞進。而難以走出母親掌控的長安，與童世舫相識後，初嚐情滋味，劇作家同樣又以「吃魚」為喻，突顯她對愛情的憧憬與渴望：「正月嚴寒冰雪驟，我為夫、暖上一壺二鍋頭。二月迎春年關到，他寫喜聯我備珍饈。燉雞滷肉憑火候，他愛吃的燜筍要多油。三月鮮魚多肥厚，問夫郎、要川、要燙、要醋溜？想到此、心已醉、止不住、吟吟笑口，面頰紅、好似那、五月石榴。」「吃魚」的唱詞雖不實際抒情，意在摹塑一種情境，但透過其意象與曲文，不僅將母女對情慾的渴求與失落之情，以戲劇寫意的韻緻表露無遺，同時隨著二人生命軌跡的發展，經由如此相似的前後對照，自然呈現出一股難言的蒼涼之感。

　　（二）

　　1.《孟小冬》的「聲音」與「梧桐」意象

　　本劇突顯孟小冬於京劇聲腔藝術的自我修練，描述她如何窮盡畢生心力，追尋一種純粹的、自己的聲音。因此，「聲音」成為整齣戲最重要的意象，從孟小冬死前靈魂的回眸中，貫串其記憶中生命全部的，就是「聲音」。聲音是整齣戲的主軸，開場第一句話，孟小冬獨白：「什麼聲音？」劇末更收束在「嘈嘈嚷嚷中，我聽見他在後台的咳嗽聲」。除了孟小冬追求嚮往的聲音外，還有外在環境的無法擺脫的嘈嚷：槍聲、鞭炮、掌聲、喝采，以及始終未曾間斷的流言蜚語。曲文中以大量詩韻的詞體現孟小冬對聲音的種種心緒，譬如嫁給梅蘭芳後失去舞台與聲音時的落寞：「梧桐院落、深深靜，雕花勻窗、

月影沈。(梅先生總在排戲)絲竹不綴、弦未停，葬花奔月、西施洛神、俊襲人。他嗓更美、味更濃、清純雅正。恰是我、一路追尋的、心底聲音。難道說、我今生竟爲此音生？倘若說、我今生原爲此音生，爲什麼、這聲音近在耳畔又遠在天邊、欲待聽時、飄渺無蹤？欲近難近、欲親難親，長夜漫漫、伴我的、卻是唱盤、片中音。」發現自己聲音時的欣喜：「千絲萬縷俱滌淨，精醇只向音聲尋。非關文辭與戲情，一字一音韻最眞。尋尋覓覓、耗盡了心血用盡了情，原來竟在自身丹田氣息中。水流千遭歸大海，到此時、澄明透亮、海闊天清。……到今日，忽悟眞諦，豁然貫通，不高不低、不大不小、不偏不倚、恰的其正、滿心歡欣。多年追尋得安頓，立庭院、對春風、連歌幾聲。」杜月笙祝壽公演後散盡戲衫，不再登台，唯求自身修行時的心緒轉折：「著此衫、我曾唱出擊鼓罵曹、無限激憤，著此衫、扮陳宮，唱出了捉曹放曹、悔愧心情。伍子胥一夜之間急白雙鬢，諸葛亮坐空城、羽扇輕搖、險中弄險、顯才能。一生情意戲裡盡，今日裡、伯牙摔琴謝知音。青衫一一贈他人，只留下一副黑髯偕老終生。留幾許心事心底存，任幾許往事飄飄如風，從今後心事只許自己聽，一字一音內裡尋。人生有限藝無盡，蒼勁精醇待修行。」又以色彩寫出「聲音」的光澤，遇見孟小冬的梅蘭芳，在一段七彩繽紛的影像裡，以爲自己找到了七彩融成的純淨，但其實那只是照相館裡的一道閃光；直到孟小冬跟著余叔岩學唱，聽見了自己的聲音那一刻，七彩斑斕不再混沌一片，剩下一片純白、安靜。

本劇並以「梧桐」爲意象，象徵孟小冬的高貴與寂寞，也隱含王安祈對孟小冬生命情調的嘆惋於其中。「梧桐院落、深深靜，雕花勻窗、月影沈」、「梧桐院落、一派幽靜，沈水檀香、散入秋風」分別是梅蘭芳與杜月笙爲她安排的住所，清幽也寂寞。但在杜月笙心目中，孟小冬還有著「鳳凰」般的心氣，是杜月笙對她的欣賞與肯定。聲音本是抽象的感官表徵，沒有絕對的好壞之分，但由於孟小冬曾爲坤生，聲音對她而言就不只是抽象的存在，更有藝術與人生價值的涵義。而孟小冬對聲音的追求、琢磨，重點不在演出時的滿堂喝采，而在於潛心揣習藝術的過程中，「如何耗盡了心血用盡了情」，「爲自己唱，不爲座兒唱」；回憶梅杜情緣，重點也不在愛恨嗔癡，而是彼此在藝術上的相知相惜。因此，孟小冬對於藝術的琢磨與追尋，便具有另一層在自我心境中得到生命經驗圓滿自足、自我完成的超越價值。

王安祈：「我年輕時編新戲，有感於傳統京劇老戲情節拖沓重複，而極力

追求情節曲折、高潮迭起，講究緊湊張力與戲劇性。……但經過多年的積澱沈浸思考，最近自己編新戲的路子有些不同，更重視戲劇性和抒情性的調融，期待舞台呈現『抒情自我』的心靈迴旋之音」。〔註11〕劇作家隨著孟小冬的回眸，將情節關目整體抒情化，有心編整了孟小冬的生平，同時開展出極為動人的抒情視界。〔註12〕而究其原因，絕不能忽略劇作家潛入內心、凝視自我，與孟小冬情感上的「若合一契」。就本劇而言，是孟小冬對余派京劇藝術的深情執著，然而王安祈對京劇藝術的一往情深，亦可與孟小冬相互比擬。這使得孟小冬不只是舞台上的一個過往伶人，它更蘊含著劇作家對於劇中人的感知、體貼、認同與移情。換言之，王安祈所內旋深掘的，絕不只於孟小冬的情感，同時也是她個人在劇本創作這條路上幽微心緒的展現。值得一提的還有，王安祈讓孟小冬以靈魂出竅的姿態回憶過往，她的回憶經過「選擇」，不是一切還原歷史，而是王安祈對孟小冬的體會感知後，幫孟小冬所做的選擇。而「選擇」的筆法，又蘊藏著王安祈對其母親的思念與回憶。〔註13〕

2.《水袖與胭脂》的「扮演／戲劇」意象

本劇以角色（劇中人）探究創作本質，扮演／戲劇意象貫串全劇。透過楊妃對於演繹自己故事的作品之追尋，探討戲劇的本質為何？戲劇反映的是真實的人生？還是人們期待的人生？戲劇除了扮演，還具有幫助人挖掘自己、剖析自己、面對自己，進而為自己療傷止痛的作用，「情到深處事亦真」，而這正是創作的價值所在。故事以楊妃的追尋為線索展開，劇中自然穿插許多與楊妃有關的戲曲故事，以表現其心路歷程。又如楊妃見到梅妃在戲場上的盛況，不覺感慨：「她一世寂寥、人憔悴，戲場未必、黯無聲。一點幽姿、成別韻，冷香浮動、月黃昏。你看她、攬鏡低訴平生怨，低咽長吟、動人心。水袖翩翩、驚鴻舞，一抹胭脂、泣殘紅。」現實裡梅妃愛情失意，卻成就她的戲場得意，兩相對照，楊妃因此更急於尋找自己的一齣戲。當仙子不提防穿上唐明皇戲衫而「角色上身」，唱出唐明皇的心情時，脫下戲衫的楊妃有了更多複雜的情緒：「不提防、竟唱出、他無盡思念，他餘生孤零、竟由我，脫

〔註11〕王安祈：〈回眸與追尋——《孟小冬》創作自剖〉，《水袖・畫魂・胭脂——劇本集》（台北：獨立作家，2013年），頁28。

〔註12〕梅家玲：〈女性主體與抒情精神——國光新編京劇的文學特質與文學史意義〉，頁48。

〔註13〕王安祈：《水袖・畫魂・胭脂——劇本集》，〈自序〉（台北：獨立作家，2013年），頁18。

口成聲。原來你、策馬重經、傷心地，原來你、暮年終得、迴龍廷。任憑你、秋風秋雨、梧桐淚，怎比我、馬嵬泣血、幽恨深？雖說是白髮空廷、堪憐憫，欲問你、可有一絲、悔愧情？」楊妃一點一點走入唐明皇的內在世界，開始與他有情境與情意上的連結，回過頭也更加清楚自己內心的感受想法。又如當楊妃得知十八王子當年的抉擇時，不能置信自己原來只是傀儡，劇作家也勾掘出她當下內心的沈痛憤恨：「多少年深宮內苑受嬌寵，到頭來六軍鼓譟把命催。……獻我奪我爲自己，寵我愛我把命逼。滿朝文武皆無罪，漁陽鼙鼓由我起。六軍不發馬嵬驛，千夫所指斥奸妃。風流富貴隨風去，分明玩物足下泥。」即以唐明皇一角，劇作家同樣深入探尋其內在情意，點出他不敢面對自我的軟弱矛盾：「曾經過、興亡夢幻，曾經過、富貴風流、悽惻慘然，輝煌也孤單。心兒裡只剩下無邊惦念，我自問那一晚馬嵬坡前、可有悔恨鑄心間。獨自個、太極宮、甘露殿、悄然溫眼，身已死、魂未安、上窮碧落下黃泉。一靈兒，漂蕩在這仙山梨園，萬般心事託管弦。忽而是落魄書生訴憤怨，一忽而將軍平亂凱歌還。一翻妝扮、一世迴轉，流年如水、世變時遷。升沈浮降誰爲主？水流殘月影斑斑。」而楊妃的心終於得到安頓：「這不是寫山寫水、借景點染，這是他、獨立蒼茫、側身天地、掏心自剖、才有這泣血悔愧至誠言。回頭看，七夕盟言非虛謊，死別徬徨、教人悲憐。值了值了，生生世世俱無憾，不枉紅塵走一番。」

　　王安祈在接受筆者訪談時提到《水袖與胭脂》的創作動機：「太眞仙子是我讀《長生殿》所感受到的遺憾不足，我就在我自己的戲裡去補足這個遺憾。如今我所選擇的角色人物都是我內心情感的共鳴與出口。對我而言，《長生殿》這部中文系必讀的劇本爲何是經典？若只演到〈馬嵬埋玉〉、〈七夕冥追〉，或者唐明皇的思念、孤單，我認爲都不足以稱爲經典；直到唐明皇一點一點唱出他的悔恨，這才是悲劇的最高境界。當唐明皇有了悔恨與救贖，楊貴妃的情感也才得以淨化，一部經典才算完成。我覺得創作就是要掏心剖肺。不面對自己，創作就不眞誠，就成不了經典。如同《長生殿》中的唐明皇，若沒有掏心剖肺地正視自己的情感，面對自己的錯誤與悔恨，他就感動不了人，成不了經典。所以《水袖與胭脂》中的《長生殿》不只是一齣戲中戲，而是我讓《長生殿》在《水袖與胭脂》中一點一滴的成形。〈馬嵬埋玉〉不是悲劇，〈七夕冥追〉不是悲劇，總要到〈迎像哭像〉唱出悔恨，創作才完成，楊貴妃才得到安頓。所以我讓《長生殿》在戲中點滴成形。這是我的脈絡，但這

個脈絡很個人、很內在。」〔註 14〕若說《孟小冬》是王安祈與孟小冬之間微妙的聲氣相通，那麼《水袖與胭脂》就是王安祈對楊妃失落愛情的感懷與情感的相知。因為這樣自覺地向內凝視角色與自我，使得王安祈編劇的時候沒有被形式所拘束，只是深入的抒情，甚至潛入內心，勾出劇中人的心底隱密，進而面對劇作家自己的潛意識。

此一「向內凝視」的角度，在《孟小冬》與《水袖與胭脂》的體現上，以一種飄忽、迷離，抒情的成分遠重於敘事層次的特徵，更進一步彰顯了王安祈對自己及角色的內在凝視與抒情自我。在《孟小冬》以前，王安祈關注女性內在幽微，多仍以相對完整的敘事與排場讓劇中人在有脈絡可循的故事中傾訴情思，而自《孟小冬》以後，其劇作故事性越來越淡，「不追求線性情節的明確，相較以前喜歡把故事講得情節清楚且精簡緊湊，後來則是故事性越來越模糊，著重的是內在的聲音」。〔註 15〕所強調的也許只是一段心情，一種價值、一個回眸，而劇情就從這充滿劇作家個人內在意識的脈絡中發展起來，成為一齣戲。此中，不僅劇中女性人物孟小冬、楊妃的主體得以彰顯，劇作家的女性主體更形強烈。

抒情精神源遠流長，以之入戲，是一種傳統復歸，其內在驅力，來自於女性編劇現代生命經驗的流注。而對王安祈而言，當代新編戲劇在作家主體性與抒情自我的彰顯，何嘗不是另外一種層次的京劇「現代化」？〔註 16〕

第二節　後設與諧擬

一、後設與後設戲劇

後設是一種以其他的文學虛構作為對象的虛構，後起又超越於原有一切虛構之上的虛構，譬如後設小說就是用一部小說來說明或詮釋另一部小說，其主要目的在於探索文學虛構作品之外的世界可能具有的虛構性。〔註 17〕根據後設理論的說法，現實和歷史都沒有永恆，只存在建構的系列、技巧以

〔註 14〕見附錄二：〈王安祈訪談紀錄〉，頁 202～203。
〔註 15〕見附錄二：〈王安祈訪談紀錄〉，頁 199～200。
〔註 16〕見附錄二：〈王安祈訪談紀錄〉，頁 199～200。
〔註 17〕Waugh, Patricia（渥厄）著，錢競、劉雁濱譯：《後設小說：自我意識小說的理論與實踐》（*Metafiction: the theory and practice of self-conscious fiction*）（台北：駱駝出版社，1995 年），頁 7。

及非永恆的結構。因此，後現代主義的作者開始懷疑和排斥有序現實相契合的形式：完美製作的情節、編年體的順序、權威的全知作者、角色行爲舉止與他們性格之間的邏輯一致性等。後設的態度中因而隱含對權威的批判與挑戰。

　　台灣的後設戲劇理論主要建立在西方後設劇場理論上，而西方學者中最早以專書談論後設劇場的代表，爲亞伯（Abel）在 1963 年正式提出的「後設劇場」（Meta-theatre）一詞。亞柏考諸自希臘悲劇以降的戲劇作品，認爲自文藝復興時期起，由於神權退位，個人意識抬頭，使得純粹宿命式的悲劇殊不可能。「自覺」使眞正的悲劇難以生成：劇作家的自覺，以及角色（在劇作家個人意志的滲入之下）的自覺在新興的戲劇形式中呼之欲出，即是他所謂的「後設戲劇」。亞伯以爲這新興的戲劇類型打破戲劇與實際人生的分界，強調兩項命題：（一）世界就是舞台（the world is a stage），（二）浮生若夢（life is a dream）。換言之，劇作家自我審視的意圖遠超過其模仿眞實人生的初衷。亞伯理論的可貴之處在於他敏感地覺察到文藝復興作品中萌生的「自覺」與前此戲劇形式的細微差異；這種自覺在當時仍隱微潛藏，二十世紀後才被劇作家拿來大作文章。皮藍德羅（Luigi Pirandello）所做的《六個尋找劇作家的角色》（*Six Characters in Search of Author*）被公認爲第一齣眞正的「後設戲劇」。

　　鴻比（Richard Hornby）於 1986 年出版《戲劇、後設戲劇與洞察力》（*Drama, Meta-drama, and Perception*）一書，本書應該是目前可見將後設理論做最完整整理與開拓的著作。鴻比認爲戲劇不能眞實的反映現實，而是代表著其他意義，他將「戲劇之於人生」的辯證簡化歸納爲以下幾點：（一）戲劇不是反映人生，相反的，戲劇反映的是自身；（二）戲與戲之間互爲參證，形成自我指涉的系統；（三）該系統復與其他文學、非文學、藝術及文化等系統互動、互補；文化在戲劇中佔有中心地位，可以將其連結爲「戲劇／文化錯綜結構」；（四）我們透過戲劇／文化錯綜結構的脈絡闡釋人生。鴻比不僅提出對寫實主義的質疑，更懷疑戲劇反映現實的可信度，以其結論而言，「人生如戲」的說法應該新詮爲「戲劇提供我們觀省人生的看法」。鴻比爲後設戲劇下了一個簡單的定義：「關於戲劇的戲劇」。也就是說不管主題如何延伸，最後都會回到自己身上的戲劇。但鴻比也指出，因爲他提出了「戲劇／文化錯綜結構」的概念，所有戲劇的主題一定都與其脫不了關係，因此可以說無處不後設。

繼而鴻比再度爲後設戲劇設限，他認爲後設戲劇必須是劇作家持續地以其對戲劇文化的概念化成作品的語彙或題材，同時提醒觀眾對於參與的戲劇文化進行整體思考，甚至能夠讓觀眾連結到過去經驗中直接或間接接觸過的戲劇進行比較思考，這樣的戲劇作品才能稱爲後設戲劇。鴻比並對後設戲劇的各種類型做了詳細說明，提出後設戲劇的五種表演形式，分別爲：（一）戲中戲。（二）戲中儀典。（三）角色的角色扮演。（四）對文學及眞實生活的參照。（五）自我參照。

　　研究台灣當代劇場時首先提出「後設劇場」概念者，爲紀蔚然於 1992 年發表的〈支解「哈姆雷特」：評李國修「莎姆雷特」〉一文，認爲《莎姆雷特》具有「後現代劇場」精神，而「後現代劇場」精神的特點之一就是「具有濃厚後設劇場的味道。」〔註 18〕而後呂健忠、戴雅雯等學者陸續關注台灣「後設劇場」的型態與表演，慢慢累積了相關論述。林盈志 2002 年的碩論《當代臺灣後設劇場研究》即對臺灣後設劇場論述做了頗爲詳實的整理。2013 年林少緯碩論《關漢卿戲劇文本中的後設元素：以《西蜀夢》、《蝴蝶夢》、《竇娥冤》、《魯齋郎》爲例》，爲少數以後設角度切入古典文本的研究。〔註 19〕相較於現代劇場，臺灣傳統劇壇對後設的運用大多仍停留在比較廣義的層面，舉凡內容思想論及浮生若夢、人生如戲，形式上涉及戲中戲者，多屬於形式上的變化。因此，有意識的後設戲曲創作不多，相關論述也較爲貧乏。〔註 20〕林盈志認爲鴻比的理論若以台灣劇場作爲檢視對象，恐怕不是太過切合，因此另提出台灣當代後設劇場的五個形構：劇場結構的實驗、對角色的探索、解構劇場成規、舞台與觀眾距離的實驗、劇場中的虛實反思，以及嘲諷、諧擬、改編、鏡淵、揭露等五個理論，作爲檢視台灣當代後設劇場的條件。〔註 21〕

　　王安祈國光「新」劇中，明顯得見具有後設思維的作品有四：《王有道

〔註 18〕紀蔚然：〈支解「哈姆雷特」：評李國修「莎姆雷特」〉，《當代》第 74 期（1992 年 6 月），頁 86～95。

〔註 19〕林少緯：《關漢卿戲劇文本中的後設元素——以《西蜀夢》、《蝴蝶夢》、《竇娥冤》與《魯齋郎》爲例》，國立臺灣藝術大學戲劇研究所碩士論文，2013 年。

〔註 20〕本觀察爲謝筱玫於其論文〈展演後設：國光劇團的《豔后》與《水袖》〉中所提出。該篇論文從後設角度談國光劇團《豔后》與《水袖》二戲使用後設手法的策略與意義，《清華學報》新 45 卷第 2 期（2015 年 6 月），頁 315～342。

〔註 21〕林盈志：《當代臺灣後設劇場研究》，國立成功大學藝術研究所碩士論文，2002 年。

休妻》、《青塚前的對話》、《孟小冬》、《水袖與胭脂》。林盈志提出：「後設是對於藝術本身有意識的提問，並探討虛構與真實間的問題；後設揭露語言形構的世界的真相，後設小說呈現小說語言本身被建構的事實，同時又利用此語言自我建構成小說。因此後設小說的特性便是自我解構又建構，顯現其中的曖昧之處，當然將後設小說轉換為後設劇場也能做如是觀。」〔註22〕以下援引鴻比的五種後設形式及林盈志提出的相關概念，分析王安祈四部劇作中的後設形式：

（一）戲中戲

在故事發展的過程中，穿插敘述另一個故事的文學技巧或巧喻，稱之為「戲中戲」。但不是幕啓幕落或插劇就稱之為戲中戲，而必須是內戲（inner play）與外戲（outer play）交融。外戲必須認知內戲的存在。

最明顯的例子即是《水袖與胭脂》。楊妃在其所在的梨園仙山、角色世界中尋尋覓覓屬於她的一齣戲，而行雲班的演員世界譬如無名、祝月所搬演的戲曲故事成為楊妃尋覓歷程中重要的線索。可視之為「內嵌型」戲中戲。行雲班伶人的演出為內部戲，其表演與主要情節（楊妃追求）可以分開，但又必須互相整合，換言之，楊妃的尋覓必須漸漸隨著行雲班演出的內容探入核心，所謂的戲中戲才具有意義。第六場行雲班敷演〈馬嵬埋玉〉，本由伶人無名與蒲娘演出，但後來楊妃與喜神也情不自禁融入戲中扮演起劇中人，劇情推向高潮，情感的張力也到達頂點。另一方面，楊妃走出自己的故事，打斷／介入正在排戲的演員間並與之互動對話，無疑也指出戲劇再現的虛構性。又如《青塚前的對話》，江上漁婦的夢境，可視為外部戲，目的在於框架主戲，亦即昭君、文姬的跨時空對話。屬於「外框型」戲中戲。史特林堡（Strindberg）的《夢幻劇》（A Dream Play）為著名的外框式戲中戲，整齣戲以夢的形式出現，「作者意圖模仿夢境中狀似邏輯，實則離析紛亂的形式。無事不能發生，萬物皆有可能、可信，時空分野並不存在；想像力在一個無意義的現實背景上設計、潤飾嶄新的圖形：一個記憶、經驗、自由幻想、荒謬，以及即興的大混合。」《青塚前的對話》以江上漁婦的一場夢境開闔收束主要故事，形成摧毀時空、邏輯架構限制的特色，雖然劇作家本意為藉模仿傳統男性論述（李開先《園林午夢》）以嘲弄古典，竟意外與《夢幻劇》的結構與

〔註22〕林盈志：《當代臺灣後設劇場研究》，頁18。

特色相似。

　　《孟小冬》劇以孟小冬死前的回眸爲編劇筆法，讓孟小冬返身回看自己的一生，形成所謂「由孟小冬觀看／詮釋孟小冬」的後設視域，靈魂回眸的孟小冬具有高度自覺，回憶的段落、說與不說都由她自己決定（當然，其實是劇作家的決定）。因此本劇不是眞實歷史的還原，而是劇作家爲孟小冬所作的選擇。由於《孟小冬》的形式爲接近一人演出的獨腳戲，若要自戲中戲的角度審視，則台上靈魂游離的孟小冬與台下觀眾當下的對話及她回述往事時許多的獨白，代表的就是外部戲，而她回憶中的人生片段，各階段的故事，則是主要的內部戲。內／外戲的演員都是她。由於戲中戲有二個以上多層次的疊合，就如同一面無可逃離的鏡子，具有其反射性與隱喻性，可以用來反諷、揭露人生，提出虛實、眞假的反思。

（二）角色的角色扮演

　　角色的角色扮演指的是劇中角色去扮演不一樣的角色，因爲扮演角色時必須脫離原來的身份進入別的身份，觀眾就可以看見角色如何脫卸自身的角色設定而進入另一個角色。這涉及角色自身的認同，借用鴻比的說法即是：「不是指劇中人是什麼樣子，而是他想要變成什麼樣子」。林盈志也提出當代台灣後設劇場的形構之一爲「對角色的探索」。

　　此處以《王有道休妻》、《水袖與胭脂》爲例說明。

　　《王有道休妻》中的孟月華一角，具備了「角色的角色扮演」特色。劇作家刻意安排了兩個孟月華在舞台上演出，分別代表一個人內在的兩種聲音。雖然從人物上言，她們是同一個人，但由於人性的複雜多樣，因此可將之視爲如同「性格分裂」的兩個人，在面對同一境遇時截然不同的反應。孟月華所扮演的另一人，雖也是孟月華，但卻是「內在樣態」不一樣的孟月華，如此也可視之爲「角色的角色扮演」。若說原來的孟月華是溫婉的青衣，那麼所扮演者則是情動的花旦孟月華。透過孟月華（青衣）的扮演孟月華（花旦），可以相當程度地呈現出青衣孟月華內在原本沒有意識到、也沒有流露出來的潛意識，亦即她心底也想面對、認同的另一個自我。換言之，兩個角色的對照，解構了青衣孟月華對自己原先的認知，同時提供觀眾（及孟月華自己）清楚的線索，得以破除青衣孟月華本身的身份掩蔽，而進入花旦孟月華的意念之中。

　　《水袖與胭脂》一大主題在討論「扮演」，劇中有一段「角色上身」的設

計，導演以戲服的穿脫呼應「角色上身」，同時以絲線懸吊收放戲服，彷彿演員在角色附身時的不能自主。導演的設計源自於他從自己身為戲曲演員對戲曲角色及扮演的體會，[註23] 結果在場上製造了極佳的舞台效果。此處原扮演楊妃的劇中角色，因為誤穿了喜神（及唐明皇）戲衫，不能自己地扮起了唐明皇，唱出了他的心聲；又如排戲十八王子一段，楊妃與角色無名先後扮演十八王子，楊妃因此得以進入十八王子的內心瞭解他的想法。此皆為角色的角色扮演。以此點出演員與角色之間的關係：演員與角色之間沒有絕對的必然性，披上戲服後，演員就進入了另一個角色的扮演，進入另一個角色的生命。觀眾透過觀戲過程，也能進一步思考演員與角色之間的關連，以及「扮演」本身的弔詭之處。

（三）對文學及真實生活的參照

劇作家在創作時，讓戲劇與各種不同的文學作品互相發酵，進而相互指涉，擴散為一種文學再現的形式。就像在一個主戲劇中，插入或包覆其他戲劇，主戲因此被打斷或介入，並與其他的文學作品、或真實的生活產生關連。但並非所有的引用都具有後設效果，鴻比認為文學的參照有四種類型：

1. 引用：可直接引用一段話或一個事物，作為批判或評論的標準。當劇作家在文本中引用另一文本時，自然會不經意地流露出對該作品的看法，如此一來戲劇便產生自我參照，觀眾也會以此提出的批評意見來評價這齣戲，便產生後設的自我意識。
2. 寓言：以一齣戲象徵另一齣可討論的戲。
3. 諧擬：諧擬是具有動機的模仿。將典型化的人物、情況、語言和動作拿來荒謬化。
4. 改編：將一齣戲改編為另一齣，並能讓觀眾清楚地意識到是兩個以上的戲劇主題重疊，是另外一種分身，在觀看時能分辨出其中不一樣的諷喻性質。

《水袖與胭脂》裡打散化用了《長生殿》、《梧桐雨》、《長恨歌》等文學作品，為了站在死後楊妃的角度重新探問愛情，其中有劇作家對於傳統楊、李之戀的遺憾與看法，也有對何謂經典及創作的反思。同時也從演員、角色及扮演的層次，探討現實與虛構的關係。除了以楊妃為主的戲文外，同時也

[註23] 見附錄二：〈王安祈訪談紀錄〉，頁205。

巧妙將程嬰、西施、梅妃等戲曲中的角色穿插於梨園仙山中，藉由小小的顛覆表達劇作家對「傳統」的看法。

《青塚前的對話》引用了《漢宮秋》、《文姬歸漢》等戲劇重新建立了一個文本，目的在於嘲弄古典，提出對歷史、文學的質疑。同時也讓自己建構出來的這個文本有被讀者檢視的機會，從而產生歷史／文學／真假／虛實之間的辨析與思索。

《王有道休妻》改編自《御碑亭》，其中藉「亭子」之口說出這齣傳統老戲的內容：「話說三百年前，也是一場大雨啊！一男一女在我這兒避雨，兩人背對背坐了一整夜，動都沒動一下，可是，那女子回得家去，竟也跟你一樣被休棄了！這事兒後來還有人演成了戲呢，……」由此對比孟月華的遭遇，點出老戲觀念上的迂腐、可笑。劇作家改編的目的便在於自重探與嘲弄的角度對老戲提出顛覆與反思。

《青塚前的對話》同時也是檢視諧擬最具代表性的劇本，筆者將於下一部分討論。

（四）自我參照

自我參照是後設類型中最強烈的後設戲劇形式，直接提醒觀眾意識到它就是一部戲，是虛構的。

中國傳統戲曲中常有劇中角色游離於劇內／外的特色，或直接與觀眾對話，或像檢場一樣自由出入於台上，卻不是劇中人，其目的也都在提醒觀眾：這是一齣戲。以《王有道休妻》中的亭子為例：第三場〈亭會〉，主要人物為柳生春、孟月華以及「御碑亭」。亭子本來不具生命，是客觀的物件存在，於舞台上可以用「景」處理，或甚至不處理。因為它是男女主角發生偷窺事件的「地點」，劇作家因此讓亭子也成為一個「角色」，在劇中說話，甚至與劇中其他角色有心靈的對話。從〈亭會〉開始，御碑亭這角色一上場，就與觀眾對話：「別瞧我長得不起眼，身材雖小，眼界甚寬；有蓋有頂，無窗無門，耳聽四面、眼觀八方。……說我大用，實則無用，若說無用，大凡是人不敢想的、不敢做的，到了我這裡，就都敢想了、都敢做了。……我，御碑亭。別笑，笑什麼？笑我這小小的亭子，出場的架勢不小是吧？……今當清明時節，良辰美景、賞心樂事，我且在這兒，等著平常不敢胡思亂想的人，上我這兒來作夢！……」其中除有傳統戲曲「自報家門」的程式特色外，亭子一角顯然游離於劇內／外。當他說「別笑，笑什麼？」時，明確的對象是戲台

下的觀眾。此時的御碑亭，很清楚自己在演戲、被觀看，即是所謂的角色自覺。隨後御碑亭便擺盪在演員與角色之間，並用兩個身份的特點觀看孟月華與柳生春的互動，時而提出評論。譬如：當孟、柳在亭中初會，一下面對面，一下背對背，亭子就說話了：「四目相對，看個正著！」「背對背，可就瞧不見了啦！」「嘿！貼到一塊兒了！」「今兒晚上，可真熱鬧啊。」這些話不是在劇中對著男女主角說的，有一點像自言自語，但更多的是說給觀眾聽，因此此時的亭子彷彿游離出劇外，而以演員的身份在說話。柳生春擔心與陌生人同處一亭，進退無門而表現出手足無措的樣子時，亭子又回到了劇中，像是與柳生春說話似的：「她怕你是應該的，你、你還怕她啊？」而柳生春竟也像聽到了一般回答：「我怕的是我啊！」雖然從寫實的角度言，亭子不會說話，也不能與人對話，但透過賦予他具有生命的角色設計，使得人物內心的「獨白」得以被勾掘出來。又當亭子以演員的身份看著兩人的互動時，提出了許多劇外人的看法：「我做了幾百年亭子，竟還不知道，擋雨的姿態這般的撩人！女人家如此風情，從不會在外人面前展示；不過，話說回來，如此風情，一旦展示，最怕的就是沒被外人瞧見！又怕人看、又怕人不看，那有多難哪？所以啊，『偷窺』這行為，絕對有其存在之必要！」從表現的形式來看，中國傳統戲曲原本即存在「內、外兩套交流系統」。內交流系統指劇中人和劇中人之間的對手戲；外交流系統指劇中人和觀眾的直接互動（如亮相、自報家門、打背躬等）。二套系統幾已到了水乳交融的境界，傳統戲迷看戲時往往自然融入參與，而無須刻意提醒或覺察其存在。然此劇中亭子的角色設計則顯然更加著意於強化兩套交流系統的展現，亙古存在本無生命的「物」竟然會說話，其目的不僅在逗觀眾笑，提醒觀眾「你在看戲」，在此劇中更多了發人深省的評點意味，運用一種具有「疏離性」的外在的角度去看劇中人，也看整齣戲。而透過亭子的游離劇內／外，以及他與男女主角之間的對話交流，「觀演」之間的互動被刻意強調，使得觀眾不得不產生一種對戲劇虛／實、真／假的思辨。同樣的特色也出現在《孟小冬》一劇。孟小冬一會兒回述往事，自抒情懷，一會兒又跳出戲外看自己，一會兒又像在跟觀眾對話閒聊，強烈的疏離特質形成抒情性，也點出戲劇的虛構本質。

以上，為對王安祈新編劇作中幾部具有後設元素的作品所作的討論。狹義的後設戲劇，重點在於劇作家對戲劇性的自覺並有意識的在劇作中使用與討論。若自此一定義切入，則以《水袖與胭脂》最符合其精神。若將本劇結

構分為三層觀看，則第一層為楊妃的情感追索，第二層欲探討思索情感的本質——什麼樣的感情才是經典？第三層則進一部對於戲劇、扮演、創作的本質提出討論。劇作家在劇中讓楊妃遊走於自己的梨園世界，時而旁觀、時而介入伶人的演出之中，揭露出戲曲再現的虛構性。同時，劇作家也在劇中透過楊妃、無名等角色之口，淡淡地置入她對戲劇的看法：「演戲原為抒情，不必拘束。」「人生種種無奈，戲文理應溫柔以待，只取一段真情」。當唐明皇角色上身終能唱出悔愧時，無名又言「人生在世，許多言語心事未能明言，抹上胭脂，披上戲衫，才能暢敘幽懷、盡吐真情。」說明戲劇療癒人生的效果，同時又提出「戲劇與人生之間如何分辨真假／虛實」的疑問，而劇作家則提出「情到動情處，真假難分」、「人間多少難言事，只留戲場一點真」。從虛構的角色出發，歸結到對表演、戲文的討論，展現出劇作家對「戲劇性」的高度意識。

　　後設元素在當代傳統戲曲的運用上尚屬小眾，王安祈也曾表示其作品中如《孟小冬》等，並非為了後設而後設，而是心中先有了故事、情感與想切入的角度，自然而然就變成後設的方式了。〔註 24〕在未刻意為之的情形下所創作的作品，著重的依然還是抒情自我、向內凝視的本質，而不拘泥於敘事的結構或方法，因此與西方後設理論間往往仍會有許多不相符合之處；甚且許多形式其實在中國傳統戲曲中本有，譬如出入戲內戲外的亭子先生，或是《孟小冬》裡如同傳統說唱曲藝般的喃喃自語。東西方相異的取徑卻有著相似的戲劇效果，由此一角度觀之，也是一種收穫。

二、重省經典的諧擬書寫

　　諧擬，又稱擬仿或戲擬，是在自己的作品中對其他作品進行借用，以達到調侃、嘲諷、遊戲或者致敬的目的。諧擬是經由模仿對方，進入對方的世界，然後站在外部拉出批判的距離，諧擬因而是內在於又外在於模仿對象，嘲諷中帶著尊敬、同情與瞭解。其書寫必須以被模仿的客體逼真度為基礎，與模擬的客體虛中有實，但仍解構了被模仿的客體的原型。在後現代文本中，常見源自各種經典文本的典故、角色，被以諧擬的方式重新刻劃，利用諧音、文字遊戲、情節顛覆等方式，兼有模仿（imitation）加反諷（irony）的意味。諧擬非但與原典有互文性，更進一步為其重塑再造。

〔註24〕附錄二：〈王安祈訪談紀錄〉，頁 206。

　　堅持「此性非一」的伊瑞葛來，爲批判佛洛伊德鋪陳性理論的過程中所點明的觀念：「任一科學眞理以及論述邏輯均暗藏『性別無差異』的預設立場」，〔註25〕因而選擇以「諧擬」的角度，刻意突顯女性特質。其著作《另一個女人的內視鏡》即爲以諧擬形式完成的代表作。諧擬的目的是爲了打亂再現的程序，因爲佛氏的理論「完完全全都是根據男性特質的參數爲藍本，亦即根據獨尊陽具的秩序而定。」〔註26〕諧擬並非爲了要取而代之，而是要攪亂其論述並加以修正。伊瑞葛來認爲：「女人的性慾從來都是根據男性的性別而定義。佛洛伊德並未看到『兩個性別』，而兩者間的差異在男女交媾的性行爲中即可觀察得到，甚至更廣泛的說，從規範社會、文化如何運作的想像、象徵過程中，亦可查知。所謂『女性特質』，總是被冠上缺陷、萎縮之詞加以形容，適正彰顯另一性——亦即男性——獨享價值壟斷的特權。」〔註27〕

　　佛洛伊德所描述的或許正是他當時所見的事件眞實狀態，但其問題出在於：佛洛伊德未嘗深究歷史因素對他所處理的資料造成什麼重大的影響。換言之，佛氏將其所見女性的個別歷史視之爲「常態」，卻從未質疑這些現象跟特殊的社會、文化狀態有何關連，以致於到頭來仍將女人重新歸順到父親的主流論述之下，並且讓女人的需求噤聲。緣此，伊瑞葛來以詮釋的方式重讀哲學史與希臘神話，以爲必須揭發哲學論述慣常使用的型態，藉以找出哲學論述從女性特質所假借而得的意涵，更進一步要求哲學論述「正式歸還」，並放棄其自女性特質所質借而得的意涵。爲了達到這樣的目的，第一件事首推致力於摧毀論述的機制，並透過「諧擬」模式涉入嚴密的語言體系架構之中。伊瑞葛來以「諧擬」顛覆父系霸權論述的出發點雖源自於佛洛伊德對女性慾望的解釋，然其重省典律的動機與精神，對於哲學傳統只尊崇男性眞理卻具有強大的顛覆力與影響力。

　　王安祈京劇小劇場作品《青塚前的對話》中，即援用「諧擬」的寫作風格，意圖呈現嘲弄、諷喻的文學效果，顛覆的同時並藉戲曲的實驗性創作提出對於人生／文學／歷史／虛實的思考與探索。本文第三章曾自男性再現與

〔註25〕Irigaray, Luce（伊瑞葛來）著，李金梅譯：《此性非一》（*Ce Sexe Qui N'en Est Pas Un*）（台北：桂冠出版社，2005 年），頁 90。

〔註26〕Irigaray, Luce（伊瑞葛來）著，李金梅譯：《此性非一》（*Ce Sexe Qui N'en Est Pas Un*），頁 89。

〔註27〕Irigaray, Luce（伊瑞葛來）著，李金梅譯：《此性非一》（*Ce Sexe Qui N'en Est Pas Un*），頁 90。

女性自我言說的角度論述《青》劇，說明文本中如何藉由昭君與文姬的心靈絮語、自述心懷，顛覆歷代騷人墨客對古代女子的想像書寫，體現新編京劇中女性人物取回發言權，爲自我發聲的主體意識。此處再藉由文中刻意化用古典，意圖「以古典嘲弄古典」的方式嘲弄歷代文人，也嘲弄劇作家自己的寫作內涵，補充說明劇中諧擬之書寫方式。

本劇可將之分作三部分。第一部分移植自明代李開先《園林午夢》院本。《園林午夢》一作，敷演一漁父於午覺中夢見家喻戶曉的故事人物崔鶯鶯和李亞仙超越時空相逢。此二女作爲相近，卻各有偏見，互相挖苦，並喚出丫環紅娘與秋桂各爲其主，言語爭鋒，不能彼此欣賞。漁父醒來，感嘆人世擾攘，自己恐機心尚在，故決定早斷俗緣、一笑置之。本劇緣此典故開展而出，只將漁夫身份改成了漁婦，其餘角色、對話盡皆如故。第二部分即敷演文姬與昭君幽魂跨越時空的心靈絮語，也是作者筆力著意之處；第三部分則是從另一視角，再度模擬《園林午夢》而重塑了文姬與昭君的對話，也呼應第一部分的情節。三段看似不相干的內容，則由江上漁婦的一場夢境統合。

首段故意用典，末段諧擬典故的色彩明顯，而作爲戲核的第二段則不著痕跡地運用了《昭君出塞》、《文姬歸漢》、馬致遠《漢宮秋》、杜甫詩、《後漢書》、〈胡笳十八拍〉、〈悲憤詩〉、〈琵琶行〉等相關文學經典與意象，對歷代文人騷客進行了嘲諷。李開先《園林午夢》本具供人笑謔特質，但除博君一笑外，似也有作者寄寓其間，曾永義以爲：「他覺得世間的人我是非，『到頭都是夢』，因此覺得『浮名何用腦吟懷』。而黑白的倒置，又往往由於個人的主觀武斷。」〔註28〕選擇此一題材，既扣緊內文鶯鶯與亞仙二女爭鋒、自我言說的初步體現，以此鋪墊主角昭君與文姬穿越時空的相遇與對話；同時藉其詼諧調笑本質，於劇末設計昭君與文姬忽爾話鋒一轉，一反先前互相安慰、彼此相知的情誼，反而互揭瘡疤、各逞其能，幾近無厘頭之舉，正是諧

〔註28〕據考，李開先共有六個院本作品收錄於一，總名《一笑散》，現僅存《園林午夢》、《打啞禪》二劇。沈德符《野獲篇》卷二十五云：「本朝能雜劇者不數人，自周憲王以至關中康王諸公稍稱當行，其後則山東馮李亦近之。然如小尼下山、園林午夢、皮匠參禪等劇太單薄，可供笑謔，亦教坊耍樂院本之類也。」曾永義編著《中國古典戲劇的認識與欣賞》曰：「這六本院本的用意大概都在博人一笑，所以以『一笑散』爲名，正合了宋金雜劇院本『務在滑稽』的本質。」（台北：正中書局，1991 年），頁 337～338。

擬本意，荒誕油然而生的同時，更突顯經典論述中的「矯飾虛妄」。陳芳英教授提出：「關於歷代文人對兩人評論比較的質疑，不太明白劇作家創作時是基於什麼理由，也許希望戲有頓挫，於是不只是抒情或彼此傾心或同情，……於是話鋒一轉，兩人忽然像潑婦一般叫罵起來，……這一段爭吵後，漁婦醒來，說一段並未涉及兩人爭吵內容的話作結，戲就結束。真的是讓閱聽者目瞪口呆。」〔註29〕若能自刻意「諧擬」的角度觀看這一段「莫名的爭吵」，或許更能理解劇作家寫作初心。至於二女對罵內容則是「完全的男性沙文主義父權心態」，〔註30〕應也是劇作家刻意的反諷處理，恰當與否，見仁見智。《園林午夢》原典寄寓人多主觀武斷矯造之情的感嘆，延續至文學而歸入人生如夢、真假虛幻難辨的感悟，在這一點上，本劇則加以挪用。因此本劇看似散淡，沒有情節，卻深具思想性；探究的是歷史、文學、讀者、女性彼此影響卻又相互解構的關係。尤其揭示了歷史與文學創造之間虛妄二律背反的本質，可視為一齣「討論文學的文學」的後設戲劇，並以眾多文本（古典）間多重雙聲的對話風格呈現。如果說文學世界是由現實世界轉化而來，這齣戲透過昭君、文姬的對話，貫穿了現實（史傳中兩人形象）、文學（歷代騷客或主角自身的創作）閱讀（兩人彼此的詰問）三個世界，嘲弄了歷代文人，也嘲弄了編劇自身，在兩人閒談的話語之中，文史的虛妄性撲面而來。

第三節 「伶人三部曲」的互文與對話

一、克莉絲提娃與互文性理論

　　「互文性」（Intertexuality），又稱為「文本間性」或「互文本性」，此一術語是由法國符號學家、女性主義批評家克莉斯提娃（Julia Kristeva）受俄國學者巴赫金（Mikhail Bakhtin）觀念的啟發而創造的詞彙。在其《符號學》一書中提出：「正如意指作用（signification）由『無限組合的意義』（signifiance）不確定地反映出來，主體則被投射入一個巨大的互文性空間，在那裏他或她變成碎片或粉末，進入他或她自己的文本與他人的文本之間無限交流的過程

〔註29〕陳芳英：《戲曲論集：抒情與敘事的對話》（台北：台北藝術大學，2009 年），頁 333。
〔註30〕陳芳英：《戲曲論集：抒情與敘事的對話》，頁 333。

中。」「任何作品的本文都像許多行文的鑲嵌品那樣構成的，任何本文都是其它本文的吸收和轉化。」〔註31〕「互文性」的基本內涵是：每一個文本都是其它文本的鏡子，每一文本都是對其它文本的吸收與轉化，它們相互參照、彼此牽連，形成一個潛力無限的開放網絡，以此構成文本過去、現在、未來的巨大開放體系和文學符號學的演變過程。1974 年克莉斯提娃在其《詩語言革命》（*Revolution in Poetic Language*）一書中進一步指出：「新的文本對於既存的舊文本不是單純或直接引用，而是以戲仿、嘲諷、改寫、錯置與顛覆等種種方式創造差異，來與舊文本連結：新的文本因此呈現不同的書寫意義與世界觀。」在克莉絲提娃之後，互文性理論引發西方學人不少的闡述與運用，其中蘊含消解威權、顛覆中心的理念，大大開展了文學研究的領域。

「互文性」概念強調的是把創作置於一個坐標體系中予以觀照：從橫向上看，它將一個文本與其他文本進行對比研究，讓文本在一個文本的系統中確定其特性；從縱向上看，它注重前文本的影響研究，從而獲得對文學和文化傳統的系統認識。也即「一個確定的文本與它所引用、改寫、吸收、擴展、或在總體上加以改造的其他文本之間的關係，並且依據這種關係才可以理解這個文本。」所以對文本間的蹤跡，即兩個具體或特殊文本之間關係的考察是互文性理論在實踐操作中的第一步，文本的語詞、修辭、題材、文體等都是文本間蹤跡的表現，互文性批評也正是在文本的細節中獲得批評可成立的前提條件。雖然克莉斯提娃是提出互文性術語的第一人，但其基本內涵在俄國學者巴赫金的詩學中已初見端倪。巴赫金把互文性的概念——文本／文化關係引入了文學批評理論中。他在《杜斯妥也夫斯基詩學諸問題》一書中，提出了「複調理論」、「對話理論」與「狂歡化」等概念，認爲杜氏的「多聲部」小說創作結構形成了「眾聲喧嘩」的多重複合性，表現出「文學的狂歡節化」，而文學的狂歡節化實際上就是一種互文性理論。

在克莉絲提娃提出互文性理論之後，不少西方批評家也對之進行了探討，並形成了有關互文性的廣義與狹義之分。狹義的界定以熱奈特爲代表，他認爲互文性「指一個文本與可論證存在於此文中的其他文本之間的關係」；廣義的定義則以克莉絲提娃與羅蘭巴特（Roland Barthes）爲代表，他們認爲「任何文本都是一種互文，在一個文本之中，不同程度地以各種多少能辨認的形式存在著其他的文本；譬如，先前文化的文本和周圍文化的文本，任

〔註31〕轉引自羅婷：《克里斯多娃》（台北：生智出版社，2002 年），頁 112。

何文本都是對過去的引文的重新組織」。從狹義的範疇學上講，它是一個文本和另一個它進行吸收、改寫的文本，二者的影響與被影響的關係構成一種互文性；而從廣義的角度看，互文性注重的是在文本的海洋中，一個文本對其他文本的折射關係，也就是說，互文性視野下的文本不再是一個個獨立的、毋須其他的自我了，它們的生命力更在於它們是在一個文本之網中確定自我。

　　雖然互文性概念起初是針對小說而建立，但套用在戲曲文學上，依然若合符節。就表演型態而言，戲曲是以人物的對話來進行，劇中人透過其「聲音」在戲中交互辯證，投射出彼此相對立或相認可的意識型態，形成複調音樂般在劇中呈現。〔註32〕而就劇本創作而言，不同的劇作家在相同題材上所創發的不同作品中呈現出明顯的「對話性」，同一作者在相似題材上的不同作品間，也可能出現互相嫁接、吸收、補充、轉化或影響的多元差異互文特色。若自克莉斯提娃的互文性涵義切入觀察王安祈新編劇作，明顯可見其諸多作品皆與前文本具互文性質，譬如：異質文類如小說與戲曲的互涉（小說《紅樓夢》與戲曲《紅樓夢》、《探春》，小說《金鎖記》與京劇《金鎖記》）、跨文化／跨文類的文本互涉（中文戲曲版《歐蘭朵》與英文劇場版《歐蘭朵》、小說《歐蘭朵》；《基督山恩仇記》與《十八羅漢圖》）、沿用同一戲曲題材不同立意創作出的不同作品（《征衣緣》與《三個人兒兩盞燈》；《昭君出塞》、《文姬歸漢》、《漢宮秋》與《青塚前的對話》；《御碑亭》與《王有道休妻》）等，至於戲曲作品中大量引用穿插的經綸典故、詩詞文學，就更為複雜而豐富了。上述每一種互文現象的運用皆可專文深入探討之，本文限於篇幅與研究深度，願以「伶人三部曲」試析其中的互文與對話意涵，管窺王安祈新編劇作的多元書寫特色之一。

二、「伶人三部曲」的互文與對話

　　「伶人三部曲」指王安祈以「伶人」為主角先後創作的三齣戲：《孟小冬》、《百年戲樓》、《水袖與胭脂》。伶人的舞台在「戲」中，因此這三部曲也可視之為以「戲」為主角的戲。本文傾向於探討三文本個別與其中「其他文學」的關係，以及三個文本之間的聯繫，強調的是文學語境與思想內涵的考

〔註32〕如沈惠如《從原創到改編：戲曲編劇的多重對話》（台北：國家出版社，2006年）即以巴赫金「複調」、「對話」理論進行劇本改編的研究。

察。所謂文學語境，可以具有非常廣泛和普遍的意義，例如某個文學的流派或主題；也可以是其他狹窄、精確的意義，如作家對特定作品作了某個形式的借鑑，其中包括續書、戲仿等等。我們也可以從較廣義的「互文性」定義，如巴赫金的「複調」或「對話」關係出發，所謂「每一個表述都以言語交際領域的共同點而與其他表述相關聯，並充滿他人話語的回聲和餘音」〔註33〕來作檢視，那麼其互文作用及文本意義的證成，便可能是雙向或流動的。

（一）三文本與其他文學的關係

顧名思義，伶人三部曲皆以「伶人」為主角，其中包括演員以及演員所扮飾的劇中人，即「角色人物」。由於刻畫伶人的生命故事與情感內涵，內容自然與「唱戲、演戲」無法脫離，「伶人三部曲」因而呈現出引用、穿插大量戲曲故事、唱詞的「戲中串戲」現象。不論「戲中戲」或「戲中戲中戲」，絕非隨意擇取戲曲段落，而是有所隱喻象徵者。此外，文本中亦有多處擷取古典詩詞、文學，用以貫穿劇情或塑造人物、點染氛圍。以下分就三文本說明之：

1.《孟小冬》

本劇演繹孟小冬藝術追尋與自我完成的歷程。以後設筆法讓孟小冬靈魂回眸，觀看自己的一生。貫串孟小冬一生的男子有三位，他們與孟小冬都與梨園關係密切，因此演繹孟小冬的人生，必然得由「戲」綴連而成。有些戲只是歷史的真實：〈宏碧緣〉、〈槍斃閻瑞生〉、〈花子拾金〉、〈三堂會審〉、〈大登殿〉、〈抗金兵〉、〈花木蘭〉，有些戲卻在歷史之外，另有深刻的隱喻之意。孟小冬與梅蘭芳第一次「陰錯陽差」的合作，唱的是〈四郎探母〉，孟小冬扮楊四郎，梅蘭芳是鐵鏡公主，素昧平生的二人，第一次在台上就演夫妻，眉眼流轉間，年輕的孟小冬深深地受到梅蘭芳的吸引。而後，二人又合作了〈遊龍戲鳳〉，一樣的乾旦坤生，更多的眉目傳情、更多的風流瀟灑，恍惚間孟小冬以為「四郎看著公主，不，皇帝看著鳳姐，鳳姐看著我……梅先生看著我」〔註34〕。舞台扮裝與真實人生重疊掩映，一齣〈遊龍戲鳳〉從戲裡唱到戲外，恢復女兒身的孟小冬「反串」起鳳姐，在相館裡與梅蘭芳成雙對鏡。這兩齣

〔註33〕Samoyault, Tiphaine（薩莫瓦約）著，邵煒譯：《互文性研究》（天津：天津人民出版社，2003年），頁8。

〔註34〕王安祈：〈孟小冬〉，收入《水袖・畫魂・胭脂——劇本集》（台北：獨立作家出版社，2013年），頁62。

戲置放於此即有其特殊寓意，說明梅孟的結合。而後，是〈龍鳳呈祥〉。孟小冬說她喜歡孫尚香，這麼果斷、勇敢、不讓鬚眉的女子，卻沒想到孫嫁給劉備以後，也只能像其他的女人一樣，活在守候等待丈夫歸來的日子中。此處以孫尚香的遭遇暗比跟了梅蘭芳以後的孟小冬。梅蘭芳金屋藏嬌，並希望孟小冬「不要再唱了」，陪伴孟小冬的，只有余叔岩的唱片〈捉放曹〉：「一輪明月照窗下」，隱喻孟小冬婚後的寂寞。梅蘭芳出國巡演，〈天女散花〉、〈西施〉、〈洛神〉固是梅派劇目，但更象徵梅蘭芳「完美無瑕」的形象，如同〈天霸拜山〉，正是杜月笙豪爽義氣的表徵。

　　一齣原該由余叔岩與梅蘭芳合唱的〈四郎探母〉，意外結下梅孟之戀，也開啟孟小冬與杜月笙相識機緣。在杜月笙鼓勵下，孟小冬與之合唱了一段〈武家坡〉，由孟小冬反串王寶釧。如她先前所說：「旦角這行當，算是沒學過，就算扮過一回，也唱砸了。」〔註35〕此際卻在杜老闆面前又唱起了旦，為二人後來在情感與藝術上的結合做了鋪墊。孟小冬對著瓶口兒練唱〈文昭關〉：「一重恩當報九重恩」，伍子胥對東皋公與皇甫訥的感恩之情，孟小冬感同身受。

　　學余五年的孟小冬，在杜老闆壽宴上再度登台，唱的正是余叔岩的〈搜孤救孤〉，為的是「伯牙摔琴謝知音」，為的是「聽見自己的聲音」。

　　除戲中戲的穿插隱喻外，本劇另自李後主詞「寂寞梧桐深院鎖清秋」（〈相見歡〉）的情調出發，讓杜月笙為小冬在北京置辦的小屋院內植上一株梧桐樹。杜甫詩：「碧梧棲老鳳凰枝」（〈秋興八首〉之八），寂寞的鳳凰蒼茫獨立，是孟小冬終其一生追尋、探索戲曲世界中單純聲音的形象與身影。

2. 百年戲樓

　　百年戲樓以三段故事敷演伶人心事，在藝術與政治的變換洪流中，從背叛到贖罪的過程。整部戲在唱詞方面全引用老戲，但並非將老戲全本搬演，而是依據劇情推展做適當地嫁接、擇取，同時作為劇中敘事、抒情的元素。這部用老戲曲文編織而成的新戲，充分體現戲與人生互為隱喻的象徵。全劇最重要的老戲為《搜孤救孤》、《白蛇傳》的挪用及其與新戲間的對話。

　　年輕的旦角小雲仙因不能忍受時人對乾旦侑酒陪宴，以禁臠視之的無理要求，不肯向老班主學習《白蛇傳》裡的〈盜仙草〉。他告訴新班主白鳳樓：「京劇不只一種樣子，為什麼祖宗的東西改不得？」小雲仙的理想白鳳樓縱

〔註35〕王安祈：〈孟小冬〉，頁78。

然理會，然而，在講究師承的京劇班，創新就等於背叛。劇中藉白鳳樓教導伶人甲、乙演繹《搜孤救孤》中「白虎大堂拷打公孫」的那場戲，說明「京劇的典範」不能任意更動。白鳳樓對京劇也有他的理想，當年相似的痛苦歷歷在目，但他說服自己，爲了演好戲，必得有所犧牲。小雲仙卻忍不下，他選擇離開戲班，改名華雲，改唱老生。二十年後，華雲的戲班推出了新戲全本《白蛇傳》，也終於回到師父白鳳樓面前，爲自己當年的出走與背叛「贖罪」。他傍著師父在台上再演一回《搜孤救孤》，白鳳樓飾程嬰，華雲扮公孫忤臼，大堂之上程嬰鞭打公孫，實則是白鳳樓鞭打華雲，戲裡戲外，追求理想正義與原諒救贖的心靈與肉體，透過鞭打的儀式得以完成，如同人生必要的犧牲與付出。

老戲《白蛇傳》，則從第一幕一路貫串至第三幕——文革期間伶人無奈的命運。《白蛇》故事家喻戶曉，白蛇爲許仙傾盡所有，卻遭許仙二度背叛，縱然如此，白蛇依舊情深。戲中的白蛇被許仙背叛，而現實人生卻恰好相反。文革來臨，茹月涵（飾白蛇）爲了保全自己，背叛了師父華崢（飾許仙）。月涵曾說要一輩子傍著華崢的許仙，可惜真實人生未能盡如人意。風暴之後，茹月涵找到華崢之子華長峰，與之重唱《白蛇傳》。華長峰原諒了茹月涵，正如戲中的白蛇終究原諒了許仙。戲裡白素貞對著許仙唱著：「誰的是、誰的非、你問問心間。」人生的恩怨無奈、是耶非耶？就如戲詞所唱一般，恍惚難辨。

老戲的挪用借代，具有向傳統經典致敬之意，同時在開展新戲的主題與思想功能間，起了一個重要的提示作用：戲與人生緊密相關，戲劇既是人生的反映，所演繹者便是人性的鋪陳，政治、社會、時代都會改變，而人性不變。是故，老戲中的人性刻畫，情感追求，不論經過多久，依然能引起共鳴。選擇《白蛇傳》，除了符合背叛主題外，蛇具有獨特纏綿繚繞的意象，恰似人心之糾結；而白素貞以蛇妖之姿卑微渴望許仙給予她的接納與認同，某種程度上一如過去伶人的社會地位，以此突顯戲與人生之間的虛實相間、詭譎相映。

3. 水袖與胭脂

本劇以戲劇「角色人物」探究創作的本質。虛擬的梨園仙山上，死後的太真仙子楊妃靈魂意圖尋找屬於她自己的一齣戲，因此劇中必然得穿插幾段與楊妃相關的戲曲：《梧桐雨》、《長生殿》、《楊貴妃》、《長恨歌》、《釵鈿情》

等。但這些戲曲出現的目的不在「戲中串戲」，而是藉由相關的戲曲，鋪陳開展楊妃在戲中曲折尋找自我與情感答案的「歷程」。換言之，這些相關戲曲在劇中扮演著呼應楊妃處境、映照楊妃心事的作用。劇中的楊妃每聽到一段與自己有關的戲曲，都是又期待又害怕，她不確定那些戲裡描述的楊妃是否真實？會是人們想像中的楊妃？或是自己不想面對的楊妃？比如戲中一曲「七夕盟言」便激怒了她，她聽見唐明皇口口聲聲唱著「情比金石堅」，事實卻是他在馬嵬坡前捨棄了她；譬如楊妃直到聽見戲裡的唐明皇唱出：「我當時若肯將身去抵擋，未必他直犯君王。縱然犯了又何妨？泉台上倒博得永成雙。」才終於感到欣慰，得以安頓自身。老戲原已成形的《長生殿》，在本劇中被重新打破，而後再一點一滴重塑。楊妃所追尋者，也是所有劇中人的自我追尋。尋找的歷程、曲折的心事，藉由一段一段的老戲與詩詞開展而出。

（二）三個文本之間的聯繫

儘管互文性批評的角度，在於放棄那種只關注作者與作品關係的傳統批評方法，轉向一種寬泛語境下的跨文本文化研究，但未必需就此否定作者與作品之間意圖的聯繫與其重要性。尤其同一作者在其不同作品間，也可能隱含相近的思想、意涵與脈絡，而具有彼此對話的互文關係。對於「伶人三部曲」，王安祈自己曾說：「因為都是看戲的經驗，想的愛的都是戲，寫戲時自然而然也用戲來思考、回應。……一個人關懷的東西一定是有脈絡可循的。我覺得自己也是這樣。譬如我在編《孟小冬》時，並沒有想到下一部《百年戲樓》、下下一部是《水袖與胭脂》，但就自然而然自成系列、自成一個脈絡。」〔註36〕可見三部戲中必有某些概念可以互相參看、補充。筆者以為《孟小冬》、《百年戲樓》與《水袖與胭脂》三戲之間，除皆以「伶人」、「戲曲」為主軸外，更有以下幾處特色值得對照、互相呼應：

1. 對伶人「性別」的關注

所指乃戲曲演員中的「坤生」、「乾旦」傳統，及其表藝特色與因台上／台下性別倒置引發的某些現象。孟小冬即為「坤生」。她與梅蘭芳在現實與戲曲中「陰陽顛倒」的組合，實具特色。《百年戲樓》中白鳳樓、小雲仙也都是先唱乾旦，再轉學老生。其主因在於舞台下對乾旦諸多卑瑣不堪的待遇，劇中雖未露骨明言，但已有所點撥。至於乾旦、坤生於表演技藝上的特質與重

〔註36〕附錄二〈王安祈教授訪談紀錄〉，頁206。

點，《孟小冬》中藉杜月笙之口說了：「別跟男伶比雄豪，坤生妙就該妙在『一絲甜潤潛運轉、三分清韻留其中』。恰好比坤旦唱女聲，嬌音軟媚不耐聽。必須要男兒音寬沈，方顯得底韻深藏、情濃味醇。」「乾旦坤生理相通，男身女形，女學男聲，不諧之處正相成。」〔註37〕《百年戲樓》裡，白鳳樓也對小雲仙講述了「男身女形」的重點：「男演女，不能一個勁兒往柔媚處走。再柔，柔得過女子嗎？再媚，也媚不過姑娘。演的是女子，還得展現女人做不到的男兒本色。嗓子要寬厚，氣沈丹田，以渾厚之氣、運轉嬌柔之音，否則就單薄了。」〔註38〕

2. 人生的不圓滿，要在戲裡求

三劇皆強調戲劇的療癒、創造作用，以及戲劇與人生的虛實相照、密不可分。舞台下的孟小冬，因時代、戰爭、感情、身份而為各種聲音包圍籠罩，無所適從，直到她在杜月笙支持下潛心學余，找到自己的聲音與舞台後，才真正感受到生命的安頓與穩定。從戲中看，晚年的孟小冬雖不上台，以清唱之姿獨立人間，但「我唱我的戲」，戲曲藝術本身才是孟小冬情感、精神、自我價值的追求，而非外在的掌聲。父親因遭背叛而死，華長峰卻選擇原諒，他說：「誰能分得清（戲與現實人生）？為什麼要分清呢？戲臺下的不圓滿，不都得到台上求嗎？唱戲，不就是為求個圓滿？分清了，那還唱得下去嗎？」〔註39〕〈水袖與胭脂〉中尋尋覓覓後聽到唐明皇悔愧之音的楊妃終於體悟：「情到動情處，真假難分。人間多少難言事，只留戲場一點真。」無名也說：「人生在世，許多言語心事未能明言、抹上胭脂，披上戲衫，才能暢敘幽懷，盡吐真情。」〔註40〕

3. 以戲抒情，凝視自我的創作精神

三劇皆藉由伶人生命歷程與戲曲藝術價值，同時彰顯劇中人與劇作家「向內凝視、抒情自我」的精神。《孟小冬》一劇是王安祈對孟小冬一生諸多傳奇的「選擇」，因此包含孟小冬臨終回眸記憶的擇取，以及她「獨抒性靈、向內凝視」，只為自己而唱的孤高與堅持。《百年戲樓》中的白鳳樓與小雲仙，面

〔註37〕 王安祈：〈孟小冬〉，頁79。
〔註38〕 王安祈：〈百年戲樓〉，收入《水袖·畫魂·胭脂——劇本集》（台北：獨立作家，2013年），頁112。
〔註39〕 王安祈：〈百年戲樓〉，頁161。
〔註40〕 王安祈：〈水袖與胭脂〉，頁226、227。

對理想，做了不同的選擇；而茹月涵的背叛與贖罪，華長峰的原諒，在在都是人性體悟，也是王安祈藉由個人經驗切入台灣京劇百年歷史的觀看角度與選擇。歷史不必還原真相，而選擇是人生的必然。透過選擇，劇中人與劇作家從而自我完成。《水袖與胭脂》中以楊妃為主的生命追尋歷程中，從文辭的創作、演員的扮妝點出「創作本質」的討論，最終的答案唯有「面對自己、自我剖析」。沒有掏心剖肺、出自真心的創作，難以成為經典，正如劇中的唐明皇，若無正視自己的情感、面對自己的錯誤與悔恨，就無法感動人，也成就不了經典。戲劇可以幫助你我剖析自己、挖掘自己，戲劇可以為楊妃、為唐明皇、為孟小冬、茹月涵、華長峰療傷，戲劇就是人生，就是真誠對待自己、觀看自己、書寫自己的過程。

小　結

　　本章由王安祈的書寫策略切入，論述其內旋、後設、諧擬、互文等創作方式。王安祈以崑劇特有的意象化、內旋深掘筆法，勾掘劇中人幽微細膩的心思，從而形成其作品獨特的抒情自我意境。後設、諧擬、互文皆為後現代文學創作中重要的形式，具有重省典律、顛覆傳統及高度自覺意識。自後設戲劇角度切入王安祈劇作，則其中多具有劇作家對戲劇、創作、文學或演員等意義與價值的思考，充滿劇作家的主體意識。透過互文現象觀察王安祈新編劇作〈伶人三部曲〉，其中最明顯之處，即為三齣戲皆以老戲連綴、串連，作為新戲的隱喻、象徵，戲中戲、戲中戲中戲成為獨特的書寫形式。而三戲之間更同時具有「戲說人生」、「關注伶人性別」、「抒情自我」等可以互相參看、對話之處，顯示王安祈近年來戲曲創作的路徑，更朝向剖析自我、向內凝視的角度，以心情的抒發為主，而與雅音時期說故事的方式有很大的改變。「諧擬」則是王安祈透過京劇小劇場的實驗特質，刻意為之的寫作策略，意圖透過對古典的模仿、解構，帶出嘲諷與更深的思維，既可由重探典律的角度展開論述空間讓女性人物自我言說、彰顯主體，亦深化戲曲文學的關懷面向，從女性生命而走向文學／歷史／人生的虛妄辯證，從個體的遭遇與感悟中見證更深刻的人生困境。

結 論

本文自西方女性主義文學批評角度，援引法國女性主義者西蒙‧波娃的「第二性」概念、埃蓮娜‧西蘇「陰性書寫」、露西‧伊瑞葛來「女性言說」及朱莉亞‧克莉斯提娃的「女性邊緣化」與「個體性」論述，進行王安祈國光時期「新」劇中的女性主體性研究。面對台灣京劇曾有的邊緣與尷尬處境，王安祈有其堅持——讓京劇脫離政治，重尋其藝術與文學本質，並躬身從劇本的創作上實踐這樣的理念。自創作的行為與動機言，王安祈已然透過「女性言說」的具體行動，彰顯了「陰性書寫」的力量與價值，尤其在相對傳統的戲劇文類中，其「有意識」的書寫方向，益發具有象徵意義。面對自己的創作，王安祈隨時自省、充滿自覺，並有其意圖「挑戰自我、突破自我」的行動力。其本意在由「個人／女人」出發；以「小」劇場形式進行京劇的創新與實驗挑戰傳統京劇程式，故而大量以「女性人物」為主角，關切「女性內在幽微」，其「以小博大」的策略，將克里斯提娃及波娃所謂女性的「他者化、邊緣性」處境提煉而出，做為改變當代戲曲的工具。克里斯提娃與伊瑞葛來皆認為女性應利用其邊緣化位置，找到施力點，以此有機會向根深蒂固的父權文化展開批判與顛覆。王安祈從「邊緣」出發，面向「他者」，同時「回返自身」的創作理路，與二者的主張若合符節，同時也呼應伊瑞葛來女性言說的策略意義——借用女性身份是顛覆的開始，也是必要的手段。

至於王安祈新編劇作中深度挖掘女性內在幽微，包括女性情慾的探索、藝術人格的追求、身體意識的覺察、母性系譜之重建、性別政治下女性的處境彰顯等，主題內涵之突破與擴充又與伊瑞葛來的性別觀念可以互相印證。朱崇儀歸納伊瑞葛來的性別論述與立場，提出「性別政治與權力關係」、「重行想像女性身體」、「重省典律」三方面的啟發作用，若以此檢視王安祈新

編劇作中女性意識與女性主體的表現內涵及方法，亦有其相合之處。此外，王安祈筆下的女性人物各展風情、各懷心事，難以化約為一，因而「打破同一」、強調「性別差異」的「個體價值」，也可在王安祈作品中找到相應的特質。

女性主義文學批評本建立於婦女長時期對自身處境的反思與具體行動實踐所累積的成果上，其基本假設就是婦女在社會文化中遭遇了結構性的不平等，而此一現實銘刻反映在文學的生產與歷史之中，東西方社會皆然。因此儘管王安祈從未以女性主義者自居，並一再強調自己對於女性主義理論完全外行，然而，她的「戲劇本位」使其清楚意識到戲曲中女性長期的弱勢無聲，也深刻瞭解傳統文化中父權論述、家國書寫、性別壓抑在戲曲中的全面體現與壟斷，因而自主地將戲劇內涵朝向相反的角度切入書寫。其目的不必在於翻案或批判，而是自戲劇的思想意涵上做出有別於傳統的改變與新的呈現：改變京劇說話的方式、改變京劇說話的主角、改變京劇思維的視角，擴大呈現過去未曾深入的、被人忽略的，尤其人性共同的處境與幽微的情感。因此角色故事儘管不同，人心人情實則相似。而言說方式可以是硝煙瀰漫、砲聲隆隆，也可以是娓娓訴說、緩緩流洩，從普遍人性的角度入手，不以二元對立的標準檢驗評斷之。

值得注意的是，儘管王安祈女性書寫的動機與精神非常「政治」，但其利用「女性／邊緣」書寫的終極目的，卻與政治無關（或者應該說是希望與政治無關）。其目的並不在於「翻轉古代人物的性別關係與真實處境」或意圖藉此「改變當代台灣的性別意識或書寫環境」，因為創作的考量從來不是「政治」，而是文學與藝術本身，尤其重視情感在戲劇中的抒發、挖掘與共鳴。古代女性失語的處境可由當代劇作家為之補足、發聲，這是文學的考量；但古代女性的生命不會因此重來或改變，而當代台灣的性別觀念也早已走在世界潮流之端。因此劇作中重探古人生命，以當代人的觀點照看古代人的生命情思，讓古人有機會現身的同時，今人亦能得到古今生命經歷的相互碰撞，進而產生情感的共鳴體悟與對自我的反思覺察。至於王安祈的劇作體現出相對於女性主義文學較多辛辣批判風格外的溫柔敦厚，彰顯的是中國傳統文化在其身上的浸潤涵養、其個人的生命情調、人格特質，其對台灣女性主義時代思潮的體會掌握，以及對台灣當代京劇發展與個人創作方向、風格清楚的定位與選擇。王安祈個人的主體性由此得以清晰展現。對王安祈而言，無論時

代如何改變，文化的深刻與生命的價值終究在於人性的反映，在於人類於相異的處遇下永恆相通的情感與體會，而文學與藝術是最好的媒介。王安祈國光「新」劇從女性著手是策略，是選擇的位置，但並非終極目的，自然也不會是當代戲曲唯一的走向。當台灣京劇逐漸走出自己的定位，成為精緻的文學風景而擁有一定支持的聲音後，不必然只是女性議題，許多新的主題都可以嘗試書寫，沒有侷限。

　　女性劇作家創作的過程曲折，戲曲女性文學史建構的歷程更是艱辛，本文自王安祈及其劇作入手，僅僅只是針對當代眾多女性劇作家研究的第一步，未來在戲曲女性作家們及其作品「個性」與「共性」的相關討論上，將女性作家當成一個群體來研究的方向，仍有極大的深入空間。而自西方女性主義文學批評的角度切入中國戲曲研究，似有諸多矛盾扞挌之處難以貼合，然細究中西文化之於女性處境與待遇之相似背景，以及當代戲曲之新思維與新形式，則仍不排除有可資連結、對話的向度。此外，筆者以為針對王安祈劇作的書寫手法、策略，除本文略微點到的互文、諧擬、後設外，諸如自抒情美典的角度切入等，未來可專文開展，仔細爬梳論述，尚有極大的發揮空間。

附錄一　王安祈創作年表（1985～2016）

劇　　名	演出團體	導　演	主要演員	首演時間	首演地點	備　　註
劉蘭芝與焦仲卿	雅音小集	郭小莊	郭小莊 曹復永 吳劍虹	1985年 8月1日 至3日	國父紀念館	與楊向時合編
新陸文龍	陸光國劇隊	張義奎	朱陸豪 吳興國 周正榮	1985年 10月3日	國軍文藝中心	獲文藝金像獎最佳編劇獎
再生緣	雅音小集	郭小莊	郭小莊 曹復永 孫麗虹	1986年 7月3日 至6日	國父紀念館	獲新聞局第十二屆金鼎獎作詞獎
淝水之戰（棋機）	陸光國劇隊	張義奎	朱陸豪 吳興國 周正榮 馬維勝	1986年 10月4日	國軍文藝中心	獲文藝金像獎最佳編劇獎
通濟橋	陸光國劇隊	張義奎	吳興國 郭勝芳 朱陸豪	1987年 10月4日	國軍文藝中心	與侯啓平合編同獲文藝金像獎最佳編劇獎
孔雀膽	雅音小集	郭小莊	郭小莊 曹復永 朱陸豪	1988年 5月7日 至14日	社教館	
紅綾恨	雅音小集	郭小莊	郭小莊 曹復永 朱陸豪	1989年 7月20日 至24日	國家劇院	根據粵劇《帝女花》重新編寫

紅樓夢	盛蘭劇團	馬元亮 齊復強	馬玉琪 魏海敏 曹復永 吳興國 朱傳敏 曲復敏	1989 年 11 月 16 日 至 19 日	國家劇院	獲教育部文藝創作獎首獎
王子復仇記	當代傳奇劇場	吳興國	吳興國 魏海敏 朱勝麗	1990 年 3 月 6 日 至 10 日	國家劇院	根據莎士比亞《哈姆雷特》新編
袁崇煥	陸光國劇隊	張義奎	吳興國 馬維勝 吳劍虹	1990 年 10 月 6 日	國軍文藝中心	與張啓超合編
問天	雅音小集	郭小莊	郭小莊 曹復永	1990 年 12 月 12 日至 12 月 16 日	社教館	改編自王仁杰梨園戲《節婦吟》
瀟湘秋夜雨	雅音小集	郭小莊	郭小莊 曹復永	1991 年 8 月 7 日 至 11 日	國家劇院	
金屋藏嬌	當代傳奇劇場	吳興國	吳興國 夏禕	2002 年 10 月	國家劇院	傳統戲《烏龍院》修編
王有道休妻	國光劇團	李小平	盛鑑 陳美蘭 朱勝麗	2004 年 3 月 27 日	國光劇場	依據傳統老戲《御碑亭》新編
三個人兒兩盞燈	國光劇團	李小平	陳美蘭 朱勝麗 王耀星	2005 年 3 月 25 日 至 27 日	新舞台	與趙雪君合編。2013 年授權上海崑劇團改編為崑劇《煙鎖宮樓》
金鎖記	國光劇團	李小平	魏海敏 唐文華	2006 年 5 月 26 日 至 28 日	城市舞台	依據張愛玲小說改編
青塚前的對話	國光劇團	李小平	陳美蘭 朱勝麗 王耀星	2006 年 12 月 15 日 至 17 日	國家劇院實驗劇場	
歐蘭朵	國光劇團	羅伯‧威爾森（Robert Wilson）	魏海敏	2009 年 2 月 21 日 至 3 月 1 日	國家劇院	兩廳院台灣國際藝術節／與謝百騏、吳明倫合編

孟小冬	國光劇團	李小平	魏海敏 唐文華 盛　鑑	2010 年 3 月 11 日 至 14 日	中山堂	京劇歌唱劇
百年戲樓	國光劇團	李小平	魏海敏 唐文華 溫宇航 盛　鑑 朱勝麗	2011 年 4 月 22 日 至 24 日	城市舞台	與趙雪君、周慧玲合編
水袖與胭脂	國光劇團	李小平	魏海敏 唐文華 溫宇航 朱勝麗 陳清河	2013 年 3 月 8 日 至 10 日	國家劇院	與趙雪君合編
紅樓夢中人：探春	國光劇團	李小平	黃宇琳 魏海敏 朱勝麗 劉海苑	2014 年 6 月 1 日	國家劇院	
十八羅漢圖	國光劇團	李小平	魏海敏 溫宇航 唐文華 凌嘉臨	2015 年 10 月 9 日 至 11 日	國家劇院	與劉建幗合編

附錄二　王安祈訪談紀錄

訪　談　人：林黛琿
記　錄　人：林黛琿
訪談對象：王安祈教授
時　　　間：105年1月6日下午2：00～4：30
地　　　點：台北市古亭區速食店（麥當勞）2樓

一、您何時開始有較為明確的戲曲「現代化」意識？對於「現代化」的看法從過去到現在有沒有改變？

戲曲現代化意識我很早就有。小時候喜歡看戲，就帶同學去看，結果同學的反應給我很多思考。我認為戲曲的表演本身沒有問題，有問題的是故事及思想，以及說故事的方法（敘事方法）。這樣的想法越來越深化，因此我以為的「現代化」，是指戲曲的故事與情感應與現代人的思想情感接軌，若選擇古代人的故事時，就要用現代人說故事的方法。

現代化還有一種「相對性」。我一開始編劇時，比較著重二方面：一是說故事的方法，比較緊湊，主要是針對老戲的拖沓重複；另一方面則是，若以《紅陵恨》為例，如果只是演君王公主皇家的思想，就會與現今觀眾的情感距離很遠，因此我特別著重在崇禎皇帝的死亡這件事上，該如何去看待它？這是我當時較著力之處。亦即當時編劇即企圖在「結構」與「思想」兩方面都盡量顧及到，只是當時敘事的方式較朝向緊湊。而這四、五年來，則越來越朝向不要太張揚外露，敘事比較朝向「往內凝視」，因此也常常會用比較隱晦的手法，譬如後設或互文的方式；並且越用越往內在走，不追求線性情節的明確，相較以前喜歡把故事講得情節清楚且精簡緊湊，後來則是故事性越

來越模糊，著重的是內在的聲音，不光是說一個故事而已。思想當然一直在關注著，但因爲選擇的故事不同、題材不同，每一齣戲有不同的關注點，每一齣戲有不同要去挖掘的層面，也有不同的調性、不同的說故事的方法，也就是所謂的「因戲制宜」。譬如《孟小冬》，當然可以選擇她的兩段感情大做文章，那必然很狗血、很八卦，可能也會很好看，但我就是不想。一開始就決定不要走到那條路上，而是有我自己選擇的「我看孟小冬」的一個角度。也因爲如此，才會有用歌唱劇表現的形式出現。因爲戲中有台上的她、台下的她；台上的她有唱老生的時刻，台下的她有回憶梅蘭芳的時候，因爲有三種不同的聲音，於是形成京劇與歌唱劇結合的方式來呈現。因此主要還是看是哪一種題材的戲？我想要強調的重點是什麼？決定了這齣戲說故事的方法。

我當年絕對不敢寫《孟小冬》，也絕對不會寫《水袖與胭脂》這種這麼內在的題目，而現在我又不想寫《帝女花》或《孟麗君》這樣的故事。編劇對我而言，是一個歷程——越寫越走入內心的歷程。以前是我講一個故事，這個故事適合郭小莊演、適合吳興國、朱陸豪演，我的工作就是把故事講好，表演的部份要強，讓演員在舞台上有所發揮；但我今天寫的東西，卻是打我心裡面長出來的一種情感境界，而我必須找一個方法把它具體呈現出來。譬如《水袖與胭脂》，它完全不是一個故事，而是我心中想要探討的一個東西。我以前不敢做、不敢嘗試，如今敢寫了，也想寫，這也可以算是另外一種的「現代化」，把傳統戲曲推向另外一種層次與面向。

王璦玲教授即提到台灣「新京劇」的特點之一在於展現了作家的主體性與抒情自我的多重性（見王璦玲：〈「經典性」與「現代性」——論當代台灣京劇發展之美學新視野與其文化意涵〉一文），我自己也很清楚的感覺得到，所以現在想故事變成是一件很難的事。以前找故事可以從很多歷史小說中爬梳，現在常常一挖就挖到心裡，是非常掙扎的過程。

二、當代戲曲的「文學性」更具體的涵義是甚麼？

剖析人性。向內凝視。想像力。創造力。尤其在主題與表現手法上。還有文采。不只是文辭優美、押韻，具有節奏感，更重要的是如何用古典文辭呈現當代意識？要能將情感挖得透（很難，但也很有挑戰。譬如張愛玲《金鎖記》中的情感，跟古代傳奇中的情感是很不一樣的，那對我而言就是極大的挑戰）。《金鎖記》我與趙雪君的分工大概是：她想故事，把脈絡、念白想

清楚，唱詞則由我來寫。

三、對於戲曲女性人物的關注始於雅音後期嗎？請說說其因緣。

　　在幫雅音編劇時，我幾乎沒有什麼性別意識，只是想把京劇做到讓現代人喜歡看，完全不覺得自己有什麼女性意識。有一年中山大學邀我參加一個女性研討會，要我分享自己作為女性創作者的經驗談。她們認為我本身是女性，又幫一個女性導演及演員（指郭小莊）寫劇本，怎麼會沒有女性意識？但我當時真的完全沒有。傳統京劇本來就沒有什麼女性意識可言，京劇旦角是梅蘭芳創造的，男性創造的旦角藝術，何來女性意識？後來雖有女演員演旦，但她們也都是模仿老師（乾旦），根本不會從女性自身的角度去做思考。而我又是看這樣傳統的京劇長大的，沒有女性意識好像再自然不過。

　　我當時唯一想的事是不希望郭小莊的戲演得跟軍中競賽戲一樣。軍中競賽戲一定講家國、政治、宏偉崇高論述，而我認為「雅音」是一個民間劇團，好不容易脫離了軍中束縛，民間劇團應該自主，應該自己尋找一種情感，而這種情感是不應被國家政治所牽制的。

　　我認為文藝不能被政治左右。我並不是排斥政治（從前的我的確對政治比較無感、不關心，但不是排斥），藝文界的人本來就少觸碰政治，我們認為作家才是主體。當年在清華時，有同事便曾問我為何幫軍中寫劇本？當時我說因為劇團都在軍中（除非我不寫，否則一定是幫軍中寫，根本沒得選），我當時所有的思考其實只有「京劇」本身。但這些不同的聲音、意見卻也都對我產生了影響；它們像一棵種子種在我心裡，使我知道純粹的文化、文學是絕對不能為政治服務的。《陸文龍》這齣戲前後的修改中（1985 年首編，1995年國光創團首演時再修改），就可見我將京劇帶離政治的企圖。當年一位不愛看戲的朋友提供其意見給我時，我尚覺得傳統京劇就是這樣演啊，陸文龍得知自己的身世後，殺了金朝養父為宋盡忠，很合理啊，但朋友的質疑還是印在了我心裡。我不是一個強勢的人，理論上旁人的質疑或批評我是可以用一句話就反駁回去的；但因為我的個性膽小，容易緊張、沒自信，因此我不會這樣做。但這樣的個性對我而言是好的，因為這些不同意見的出發點會成為我時常反省思考的點，也許過了五年、十年，它就發酵了。所以當我找到一個機會，譬如國光開團大戲再演《陸文龍》時，我就能夠不從國族角度來看，而純粹從「人性」的角度切入，對於之前沒有深入鋪陳挖掘的陸文龍心中的掙扎痛苦能有所體會與抒情，我就覺得自己又突破了一點，尤其是掙脫了我

自己個性上較乖、較正統的那一部份。

我清楚知道自己的個性很乖，很傳統，可是在傳統之外，我也知道自己心中其實有另一個境界想要追求。別人的質疑或批評讓我知道我還不夠好，還沒有到那個境界，所以我會將它放在心裡。雖然不敢說有一天一定如何如何，但好像自然而然後來有機會就做了一些調整了，說起來也非常幸運。如今我在一個國立劇團，我也一直提醒自己不要成為政策的傳聲筒。小心堅守文學的純粹性，也因此便擴大到不做崇高論述，而走入剖析自我的內在凝視。因此我選擇的題材便也從過去的《陸文龍》、《淝水之戰》、《紅陵恨》等走向現在的《孟小冬》、杜近芳與葉盛蘭間的糾葛（《百年戲樓》）或者是虛幻的太真仙子（《水袖與胭脂》）。太真仙子是我讀《長生殿》所感受到的遺憾不足，我就在我自己的戲裡去補足這個遺憾。如今我所選擇的角色人物都是我內心情感的共鳴與出口。

四、談談您寫《水袖與胭脂》的由來及對創作的看法：

《水袖與胭脂》到上海演出時，蔡正仁老師便問我這戲怎麼想到這樣編？我就告訴他這戲就是為他而編的。怎麼說呢？我其實不太喜歡《長生殿》，覺得這是一段沒有基礎的愛情關係，沒有那麼感動人。整齣戲唯一讓我感動之處是在楊貴妃死後多年，衰老的唐明皇在思念之外的「悔恨之情」。當一個君王竟能夠唱出這樣的悔愧：「我當時若肯將身去抵擋，未必他直犯君王。縱然犯了又何妨？泉臺上倒博得永成雙。」（而這句話我就是看蔡正仁老師扮演〈迎像哭像〉中的唐明皇一角時唱的，唱得真好啊！）我才覺得整部《長生殿》有感動我的地方。楊貴妃死時，唐明皇並沒有馬上表現出其悔恨，直到安史之亂結束了，他回到京城，迎來楊貴妃的雕像，他對著它才終於唱出：我對不起妳，我當時應該捨身保護妳，就算死，在黃泉之下兩人在一起，也比今天我孤單一人要好。這個地方讓我很感動很感動。對我而言，《長生殿》這部中文系必讀的劇本為何是經典？若只演到〈馬嵬埋玉〉、〈七夕冥追〉，或者唐明皇的思念、孤單，我認為都不足以稱為經典；直到唐明皇一點一點唱出他的悔恨，這才是悲劇的最高境界。當唐明皇有了悔恨與救贖，楊貴妃的情感也才得以淨化，一部經典才算完成。

所以透過這齣戲我想討論的是：《長生殿》為何是經典？因為他最後寫到了情感的悔恨、救贖，以及楊貴妃因這樣的悔恨而得以淨化；情感必須如此深刻的剖析才能稱之為經典。而當我聽到蔡正仁唱出唐明皇的悔恨時，當下

我就覺得可惜楊貴妃沒有親耳聽到，所以我就想要編一齣戲，讓楊貴妃親耳聽到，不然楊貴妃的生命是無法安頓的。因此這戲完全是因為我看戲的感受，「伶人三部曲」都是如此。是「戲」啓動了「伶人三部曲」。《水袖與胭脂》從經典出發，擴大想要討論的還有：什麼是「創作」？什麼是「戲」？包括文辭的創作與演員的扮演。因為第一部《孟小冬》演的是個別的人物，《百年戲樓》是一段歷史（人與歷史的關係），我以爲《水袖與胭脂》應該關注更大更全面的主題：戲是什麼？創作是什麼？

我覺得創作就是要掏心剖肺。不面對自己，創作就不眞誠，就成不了經典。如同《長生殿》中的唐明皇，若沒有掏心剖肺地正視自己的情感，面對自己的錯誤與悔恨，他就感動不了人，成不了經典。所以《水袖與胭脂》中的《長生殿》不只是一齣戲中戲，而是我讓《長生殿》在《水袖與胭脂》中一點一滴的成形。〈馬嵬埋玉〉不是悲劇，〈七夕冥追〉不是悲劇，總要到〈迎像哭像〉唱出悔恨，創作才完成，楊貴妃才得到安頓。所以我讓《長生殿》在戲中點滴成形。這是我的脈絡，但這個脈絡很個人、很內在。傳統的崑迷們也許可以體會，但對於有些連《長恨歌》都不熟悉的觀眾而言，可能就會糊里糊塗。但我覺得無所謂。我不追求大眾化，京劇也永遠不可能大眾化；我對京劇的要求也不是用現代化召來越多人越好，沒有那麼廉價。我也不會想特別編一些戲給外國人看，好像京劇這麼棒，外國人都看不懂好可惜，對我而言那都是廉價的東西。我認爲創作是眞誠對待自己的過程。自己心底有一些看不到的東西，有些時候自己可能也不那麼了解自己，但透過創作，會知道自己的潛意識。創作就是認識自己、看見自己的方式。那怕曲高和寡，我找的是知音。

這一切都是我看戲後的感受。我的感受不是用散文、詩歌來寫，而是用一部戲來寫。我這一輩子除了戲沒有別的，看戲的心得也必須用戲來回應。而我很感恩的是這樣的劇本是很個人化的東西，可是我們的導演與主演也能貼近、也通過我的戲一起有他們的創作歷程，大家一起努力而建立國光非常獨特的京劇表現。

五、我感覺您這三十年來編劇的過程似乎經過了由「情感高潮」→「情節高潮」→「抒情自我」的一種歷程與改變，請您談談這其中的心情與變化。

是。現階段我創作的方式確實與雅音時期說故事的方式很不同。

現在國光的戲不是在說故事，而是一種心情的抒發。而所謂一段心情的抒發，其實本來就是中國文學的抒情本質，所謂詩劇、劇詩。陳世驤先生在《中國的抒情傳統》一文中曾指出：「中國所有的文學傳統統統是抒情詩的傳統」，戲劇，當然也無法自外於此一抒情傳統。我是聽戲長大的，傳統戲曲中有時只是一段唱，我不用看前因後果，光那段唱，就能讓我想很多，情感上得到很多抒發洗滌，所以我絕不會落入只說故事的方式；但我仍然必須經過雅音的那個過程，因為當時傳統老戲的確有太多拖沓，還是必須讓故事精簡，觀眾才會接受。但光如此我不能滿足，我一定要回到我自己，回到我喜歡戲的初衷，喜歡戲的初衷是某一段唱觸動我很深很深的情感，我自己也說不清，於是我就找一種我說得清的方式：透過楊貴妃、透過孟小冬來說。

大家都以為我提現在化、創新，好像是悖離傳統，其實是因為許多人不知道傳統特質，我是要找回傳統最原始的部份，那份抒情本質、那份美好。很幸運的是這幾年這幾部戲我覺得都有找到，從《王有道休妻》開始，那個戲已經是很往內在勾掘的了，尤其用兩個演員來演一個人的表現形式，觀眾很容易看見一個女人心底不同的聲音。我並沒有左右她的行為或改變她的結局，而只是把她內心的波瀾寫出來。這是我很傳統的地方，如果讓她跟書生跑了，我覺得也很不合理，根本沒有情感基礎。我想強調的只是一個眼神，交換了我自己對我自己美感的重新認識，某種程度上跟《牡丹亭》很像。說到這個，當然也不能忽略崑劇對我的影響。我非常喜歡崑劇的「唱」，它的唱可以針對內心有非常深度挖掘的能力，而且挖出來的是一種說不出的情緒，像一道河流，又像一條絲線，那麼隱微、不可具體言說的心緒。崑劇的唱能使整個戲走到一種往內深旋的境界，於是我就把它與多年來鍛鍊而出的說故事的技巧結合起來，創造了後來的國光女戲。

六、身為編劇，與導演及演員的互動如何？會有衝突或矛盾產生嗎？

不會。有時導演、演員在細節點上會有些與我預期的不同，但我們信任度很夠，默契很夠，對方若要做不同方向的處理，我會尊重他。我很慶幸在國光有很好的導演與演員、團隊互相配合。每個人對文本的體會是從自己不同的媒介，然後各自創作、發展，他們未必要忠於我的觀念。但每一次的創作都很妙，我有自己的中心主旨，但導演與我的體會也許不同，因為他切入的媒介不同。編劇是用文字，每一個字對我而言可能都是關鍵，但導演讀劇

本時未必知道，他甚至未必知道《長生殿》、《長恨歌》，但他有他的專業及敏銳度，他的思考不是逐字逐句的，而是像構圖般一個畫面一個畫面的。譬如《水袖與胭脂》這戲，他模模糊糊感受到了其中有一段楊妃與十八王子交互詰問，兩個腳色身分互相交換、交互扮演，他體會到那個畫面裡有東西。他是從表演與扮演中感受到的。我演你，我跟你對話，因為演你，所以可以窺看你的內心，就是說自己都不了解的自己，經過扮演，就會比較瞭解自己。對我而言，我自己都不了解的自己，我透過編劇／文字來了解自己。但對導演而言，則是通過扮演來了解自己（小平本身是演員出身）。導演讀到了劇本這一段時特別有感覺，於是在這一幕他就想到用戲服吊掛在上面，腳色互換時，戲服就披在演員身上，然後再飛上去。這一段效果非常強！小平導演為何想到這樣做？他自己說因為他以前唱花臉，作為花臉演員的最高嚮往就是楚霸王一角。楚霸王的衣服就高高地掛在那裡，但他一直沒有機會穿上。所以對演員而言，戲服掛在那裡，是他們終身追求的最高目標。因此這齣戲中就有很多戲服高懸的構圖，象徵梨園世界中演員的追求與努力。因此，導演儘管不一定完全懂得整個劇本的內涵，但他抓到了某個點，而這個點與我是能夠契合的，雖然可能與我原本要強調的東西不同，但結果卻是讓這個戲更豐富。

　　而演員譬如魏海敏在讀劇的時候，首先關注的可能是自己的戲份，看自己是不是主角、有沒有發揮的地方？她切入的點也與我不同。譬如她本身有在靈修，所以常常思考宇宙、不同的空間等形上學的概念，所以她也會從自己的角度體會詮釋我的劇本。如此交互的影響是：增加了我原先劇本中沒有想到的部份，尤其導演與演員又是比較從表演、從觀眾看戲的角度切入，使得整齣戲因此更為美好。

七、您曾經提到《王有道休妻》這齣戲中，導演將王有道的角色太過丑化，不是您原先預期的樣子，排練過程中您沒有嘗試堅持自己的想法嗎？

　　一般我會跟他講，但導演有時當然也會忘記。當導演在教演員戲時，我很難去介入，畢竟是當眾，很不好意思。而且從文字上你看不出對方會做什麼安排，也看不出對錯，但當他表情設計成比較可笑、不符合我期望時，我確實有嚇一跳，演員又頗愛表現，因此更誇張了那個角色；但我本身不是表演專業，也不知該怎麼示範或說明，所以就選擇相信、尊重導演了。

八、您後期的作品中有許多後設及互文的實踐，這是您有意的書寫策略嗎？

　　後設與互文對我而言都不是刻意為之，不是先想好用這種方法策略才來寫的。譬如《孟小冬》，我一直很想寫，但一直沒有機會，直到台北市立國樂團邀請我們，這齣戲才有機會成形。對我而言，孟小冬最重要的就是聲音。一整個國樂團在台上伴奏，也不用有太多的戲劇情節，越簡單越好，當時從我腦海中跳出來的第一句詞就是：「什麼聲音？閃電雷鳴？疾風暴雨？槍響？鞭炮？掌聲？喝采？……」於是我就把它當成了開頭。一旦如此，這個戲就是「回眸一瞥」，就是死前的孟小冬看著自己的一生，就變成後設了。我既可以看著我自己（像靈魂出竅一般），我也可以看著杜月笙，就可以避開真實世界中杜月笙複雜的身分。因為他是死前的孟小冬心中的杜月笙，因此我只要寫他對我的好，他是我的共鳴與知音就好了，而不用去處理他的幫派與政商關係。因為我本來就是要寫孟小冬的聲音，而不是她的情史，死前的回眸因此成為最主觀而恰當的方式。有人問我是不是受到紀蔚然老師《豔后和她的小丑們》的影響？還有《歐蘭朵》？其實完全無關，一切都是我自己看戲後有感而發的思考與情感脈絡。我的後設也不是為後設而後設。

　　因為都是看戲的經驗，想的愛的都是戲，寫戲時自然而然也用戲來思考、回應。前二天我看了林奕華導演的《恨嫁家族》，節目單中就有人寫林奕華的語彙，提到看林奕華的戲不能單看一部，必須要看她的互文與脈絡，譬如前兩年的《女版三國》，她不是有意變成一個系列，但一個人關懷的東西一定是有脈絡可循的。我覺得自己也是這樣。譬如我在編《孟小冬》時，並沒有想到下一部《百年戲樓》、下下一部是《水袖與胭脂》，但就自然而然自成系列、自成一個脈絡。甚至三齣戲中有些概念也可以互相參看。譬如《百年戲樓》中談到坤生、乾旦，《孟小冬》中杜月笙鼓勵孟小冬唱戲時也說：你是女身唱男聲，陰陽相交融。而「人生的不圓滿在戲中求」的主旨、導演用「戲箱」等設計，也都在這幾齣戲中可以貫串、互相對照。國光的戲彼此都有互文的關係。戲中戲不是隨便拿一齣戲，不是簡單的戲中戲。唱白蛇時，那心就是與白蛇纏繞在一起的。這齣戲我們本要用梁祝，但覺得太明顯，一看就是反串，而白蛇則另有一種糾結、纏繞的感覺。

九、過去為民間劇團（譬如雅音）編劇時個人揮灑的空間大不大？

　　不能說不大，但當時的環境不同。且當時三十歲出頭的我，對於編劇也

還沒有想得那麼清楚，經驗少，常常很緊張，光覺得能寫出來、能寫完就很好了。而且當時觀眾看的是演員，是明星，觀眾要的也不是文學劇場。當時我們討論的空間很大，他們也都樂於接受我的意見；但我很清楚那一時期的京劇劇壇，誰是主？我的個性比較習慣退於後面，劇團的成敗在演員、團主身上，因此我會以他為主，以適合他的角色、特質為主。而且當時風氣沒有那麼開放，京劇要稍微改一改，已經是很大的挑戰了，有人走在前頭，我們當然盡力支持跟隨，且當時我自己的意識也還沒有成形。

十、您如何看待政治與戲曲之間的關係？

對我而言，在戲中談政治，是我在軍中競賽戲時期已經做過的了；雅音時期郭小莊也是很傳統愛國的，因此她的戲中也喜歡表彰愛國的女性腳色，所以我覺得我練習過了，後來就想寫些不一樣的。至於在國光沒有走政治題材這條路，最主要強烈的反制力就是來自於對國光初期從氛圍到作品泛政治的痛心疾首。所以初接國光藝術總監職務時，我一方面很擔心，一方面又有一種使命感，我覺得自己至少有分辨好戲壞戲的能力，我知道演員不夠好，但若有一個好的劇本，應該可以翻轉當時臺灣京劇的劣勢。由於前期我已經練習過與政治相關的題材了，又由於對「台灣三部曲」的反制，我決心廓清這樣的陋習。這三部曲其實並非因為政治主題而不好，但多數人會將其與政治傳聲筒直接連結，為了擺脫這樣一種包袱，因此我決定用另一個角度切入：從純粹的情感、女性的情感、個人的部份開始，來翻轉劣勢。如今大家可能忘記當初的動機了，反而會覺得怎麼還在寫女性？所以我現在覺得可以了，現在寫點通俗流行的也可以了，寫政治也可以（譬如《康熙與鰲拜》），因為現在比較自在了，台灣京劇的文學價值與藝術價值已經被肯定了。台灣三部曲時期，根本沒有人認為京劇是文學。當時台灣整個環境對京劇很不友善，軍中劇團說是合併，其實真實是縮減，是幾乎快滅頂、非常劣勢的；當時京劇為了生存下去，還必須去立法院備詢，強調京劇是很本土的，我們可以演鄭成功、廖添丁等台灣人物，好像向政治輸誠。這種想要活下去的苦衷固然可以被理解，但台灣三部曲實在做得不好，完全沒有藝術性。沒有藝術性就沒有正當性，當時的氣氛真的很低靡。

這也是我在國光第一齣戲選擇用實驗劇場的一個重要原因。就像晚明小品。明代散文有前七子、後七子，看起來很堂皇，好像唐宋八大家的遺緒，但說是復古，其實不過是模擬。套具大陸人說的，那叫「假大空」，完全沒有

個性，也因此才會有後來的公安、竟陵派，講清新，寧可拗折，也要有個性、獨抒性靈。所以「小劇場」的「小」，在劇場界是對崇高宏大的顛覆，但對於我而言還有另一層意義，若將京劇以文學來比擬的話，就像晚明小品的小——反崇高、反模擬、反宏大，我要的是個性、是獨抒性靈、是清新，寧可用日記、用遊記書寫，也要發出我自己的心聲。我從中文系的出身，從文學史中找到路徑，也從劇場界小劇場的概念切入，兩條路合而為一。

所以「以小搏大」是我的策略：把情感端出來，讓大家看到京劇可以抒情抒到這樣深，並從傳統戲曲中沒有被關注到的女性角色切入，書寫女性內心幽微的聲音。所有都是針對國光前期汙濁不堪的政治影響的反制。戲曲的政治主題不是不能做，但不應流於呼口號、歌功頌德、政策宣導、叫囂等內涵，政治就是社會的表現，其實就是人性。像國光 2014 年推出的《康熙與鰲拜》就很受歡迎很好看，反觀大陸近年的政治戲卻還在歌功頌德，實在沒有藝術性可言，不足取。

十一、身為劇團總監，其身分與編劇之間有無矛盾？

沒有矛盾。可以完整的實現我的理想。總監的工作是規劃演什麼戲？由誰編？由誰演？我覺得自己的眼光還算準，所以現在寫戲自由度也很高。

十二、您出版的劇本書是您最初的定稿還是根據哪一個演出版本？

出書時會用我心目中的版本。技術性的台本調整基本上不會收到劇本書中，尤其像《金鎖記》、《孟小冬》，可能演了不只一次。《孟小冬》下半場修改，我還是用獨白開場，但導演覺得不要跟上半場開場畫面一樣，所以小平把唱的部分挪到前面來，做了一些調整。這部分我也可以體會，出於舞台效果的考量。但基本上劇本書中的內容還是以我的定稿為主。

十三、不同時期創作時的困難或干擾為何？

忙碌、時間不夠是唯一的苦惱。

十四、有沒有比較令您失望的作品或經驗？

不能說是失望，《探春》可能是近年來合作演出比較不那麼順利的作品。對我而言，是極力想抓住年輕的新銳，讓戲曲得以傳承，所以這齣戲是為黃宇琳量身打造。不過可能是第一次合作吧，導演跟宇琳之間的默契不夠，而魏海敏扮演王熙鳳，光是在台上，可能就把小演員震懾住了，場上的能量不太平衡，因此整齣戲從排戲到演出都不太協調。黃宇琳是李寶春劇團的特約

演員，我們本來希望能與之簽約，但沒有如願。

十五、您在 2006 年發表〈一個京劇編劇的自學經歷〉，文中提到創作時的二項原則（依照劇團特色、發揮演員專長及考量觀眾需求），以及當時對自我的評價。經過了十年，關於創作的原則是否有所修正？

劇團特色當然還是首要考量。但國光劇團的特色並不是一開始就有，而是我們一點一滴透過幾齣戲的實踐慢慢建立起來的，就是所謂台灣京劇新美學。現在自然還是依照這樣的特色繼續經營下去。

當然也要發揮演員專長，特別是與資深的演員基本上都已有很好的默契；往下要做的自然是年輕演員的挖掘與培養。今年開始國光的年輕演員有增加一些，平均年齡二十出頭，有幾位唱得也很好，我們就從傳統老戲慢慢磨，打好基礎。

考量觀眾，尤其是與觀眾的互動。現在的觀眾不是來看流派、看角兒的，他們走進劇場看國光，就是來體驗一場文學的動態呈現。劇團、編劇與觀眾之間這樣的體會與認知基本上已經建立起來了。

當然對我個人而言，劇本創作時剖析自我的部分則更強烈了，觀眾也可以感受得到。同時最難的也是這個部分，要把自己挖得夠深，看自己敢面對到多深？我會擔心自己不夠豐富，若自己不夠豐富，要如何權衡？幸而這幾年也有一些年輕編劇投入創作，年輕人的點子很多、創意很夠，但不足的地方在於古典文學、中文基底沒有那麼紮實。這也是培養下一代編劇的困難之處。但我很樂觀，以後的觀眾也說不準他們喜歡什麼，也許就是更通俗的語言，也許京劇會再經歷一場質變了。

十六、一個傑出作品的誕生，背後往往有龐大的「傳統」在支撐。請問對您而言，戲曲創作的「傳統」是甚麼？

劇詩／詩劇。不僅是文辭要有詩的美感，而是整齣戲抒情才是主旨，讀詩不是在讀故事，抒情才是重點。一齣戲劇情要好看，但是劇情是要為抒情做支撐的。也就是說必須「在敘事架構之上，展現抒情的精神」。

十七、您有最喜歡或最不喜歡的作品嗎？

每一齣戲我都很喜歡。每一齣戲都是我的心肝。雖不一定都很圓滿，但我都很喜歡，都有我的情感在其中。

十八、您覺得自己的作品與時代的連結在哪裡？

所謂扣緊時代，不只是演一齣戲反映台灣當代的社會現象。我認為自己的作品可與台灣文化連結。大陸稱我們的戲為台灣京劇新美學，我們第一次到上海演出《金鎖記》時，大陸新華網下了一個標題叫：原來京劇可以這樣演。我認為台灣的文學深度與文化底蘊夠深厚，使我在看待京劇時，不僅將之視為演唱藝術。但正統的京劇是被視為演唱藝術的，視為人的演唱藝術，而不是文學，不是反映文化的。詩歌、散文、小說都與時代脈絡緊緊相連，唯獨戲曲，好像都跟時代無關；無論社會怎麼變，永遠在唱王寶釧。而我們做的事情是：彰顯京劇的文學性與文化底蘊，而讓它以文學及文化姿態跟時代連結。所以如《孟小冬》，雖是演唱藝術，但還可以看見人性，便是其中一例。京劇在當代不再只是純粹的演唱藝術，不再是個人的、明星的表演，而如同一場電影、一部小說一樣，具有洗滌心靈的作用。改變了京劇的質性，同時也是擴大了它的範疇。

十九、身為編劇如何彰顯主體性？

我想就是上面我所分享的。我其實並不想彰顯。很幸運也很感恩我們這個團隊從導演到演員及其他工作人員都互相信任，很有默契，才能共同創造出一齣齣好戲。而每個人在這當中也都展現了他們各自的主體性。他們都可以以我的文本為基礎，以及我所帶領的年輕學生，這是互相，各自從不同的專長及媒介切入，共同建構一齣戲。

二十、《水袖與胭脂》中楊妃死後靈魂尋尋覓覓愛情及生命的解答，與《閻羅夢》中項王與虞姬的靈魂在陰間擦身而過，兩者間有沒有甚麼關連或影響？

我沒有這樣想過。我曾編過一齣小劇場的戲叫《消失的午後》（後定名為《霸王別姬──尋找失落的午後》），2011 年 9 月在荷蘭演出，但我自己沒有看過。劇本要求希望有一匹馬、有兩個丑角、以及霸王別姬故事的元素。我於是想：虞姬自刎後霸王到烏江，在陔下被圍困後才死，等於霸王比虞姬晚了一個下午才死。那個下午就是消失的午後。我們就把它演成在陰間，虞姬死後在找霸王，找不到心中很慌，但又很安心，因為那代表霸王還活著；一個午後過去了，虞姬見到了那匹馬，就知道霸王也死了。那個重逢，該感覺高興嗎？還是什麼？我想到了這樣的情感，自己就很感動，但我只寫了一部

份，後來就交給林建華、吳明倫這些年輕人去做，而我只寫了霸王燒阿房宮那一幕，火花在空中飛揚，好似一匹烏騅馬。所以後來我滿喜歡寫意象。我想講的是：虞姬與霸王二人之間的愛情是和諧的，虞姬自刎是成全，沒有一絲的勉強；但貴妃與唐明皇之間不是；貴妃死時心中是有怨的。

二十一、台灣京劇從曾經的邊緣、劣勢走到今天斐然有成，您接下去的期許或方向是什麼？

京劇曾經很邊緣，京劇絕對不是大眾，但透過我們的努力後已經不是那麼邊緣了，但絕對一點都不能放鬆地要繼續努力，雖然京劇也真的不可能成為主流。過去我選擇從邊緣的邊緣中出發：逆向操作／以小搏大。下一步主要會以年輕演員的氣質／特色來看適合演出什麼新戲。畢竟傳承是很重要的。在題材方面，京劇因為演的多半古人古事，要反映時代比較難，不可能像現代劇場或相聲表演，一齣《那一夜，我們說相聲》就可以直接針砭當代，拿時事做文章。戲曲以古鑑今感覺隔了一層，所以我還是比較喜歡寫一些譬如像《十八羅漢圖》，用書畫來看何者為真／何者為假的這種隱喻、內涵。何者為真、何者為假，不也是當代人關心的議題嗎？

附錄三　魏海敏訪談紀錄（一）

訪　談　人：林黛琿
記　錄　人：林黛琿
訪談對象：魏海敏女士
時　　　間：104 年 12 月 29 日上午 9：30～12：00
地　　　點：台北市魏海敏京劇藝術文教基金會

一、演員在編導的部分參與程度如何？

　　一般來說，演員需透過導演先將編劇想法吃透，讓整個戲成形後再與演員說戲。安祈老師只寫劇本，劇本要達成演出劇成形，必須靠導演的想法，端視導演如何構思將文字變成舞台效果，導演需較多著墨。

　　演員若不透過導演而是直接從劇本處來演出，會花費太長時間。因為演員一般只要負責塑造自己的人物，而對於整體的考量不夠全面，因此必要藉助導演的想法。導演會與編劇有較長時間一起工作，再由導演向演員說戲。導演先有想法、構思，關於舞台、走位等，都有基本想法了，再跟演員從「讀劇」開始，讓演員知道自己的角色。透過一、二次讀劇的過程，即可提前發現可能的問題而做出修改，特別是語言文辭的部分。

　　舞台上的念白很重要，有時照本宣科會太生硬，有些文字語調化了，就要適時加入一些附加字。譬如《金鎖記》的背景是民初的家庭，北方話味道比較重，但編劇之一趙雪君是台灣人，又年輕，比較抓不住這方面的特色，而我的北方話還可以，這幾年又與大陸有很多接觸，比較掌握得住，所以花了很多時間修正，而且不只我扮演的曹七巧得修正，同在一個家庭裡與我有對手戲的角色都得修正，也要幫他們想到才行。語言在台上是很重要的，塑

造角色的手段若無法與時代結合，角色便很難確立，所以一定要針對每齣戲的背景做出不同的念白設計。

　　幾乎每一齣戲都會隨著每次的演出做一些調整改變。譬如《金鎖記》DVD是 2006 年錄製的，但後來做了一些刪減修正，到 2014 年演出的版本已經少了 15～20 分鐘長了。你看見的劇本書內容也不完全等同於演出台本，因為每次演都會不太一樣。

二、排戲的過程中會有意見不合或衝突發生嗎？

　　比較少。編劇是一度創作，導演是二度創作，演員就是三度創作了。演員的創作基本上根據導演的構思，看導演對整齣戲的場次、過渡、表演如何安排？每位劇團的成員都會因戲而成長，但成長程度不一。在我的觀察中，小平導《金鎖記》時，還不是非常成熟的導演，但因這戲的戲核夠，濃度夠，東西很多，又講述七巧的一生，因此安排了許多意象、並置卻切割的舞台等等，可以很有表現。有趣的是這齣戲一次一次演出，卻是越演越減，因為濃度夠不適宜再增加，反而是減少一些部分，更能呈現它的韻味，導演與演員也在這個過程中一直成長。

　　在《金鎖記》中，因為我飾演的七巧戲份很重，我也看了書，很喜歡這個角色，所以與導演的配合大致上是由他安排場次，大概的走位，但表演的部分譬如表情、動作等由我來構思，而演員之間也必須互相商量。譬如說這齣戲裡最難表現的應在七巧與三爺之間的感情戲。七巧喜歡三爺，但三爺卻是逗她的，要如何在舞台上演出二人間那種「情愫」呢？我們就想了很多方法，主要由我來想如何呈現。排了幾個版本，都不太理想，每天每天想，東西就慢慢出現、成形了。後來就想到可以由我（七巧）主動去抓三爺的手（第一幕打完麻將後），這是比較現代感的處理方式。她為何會去抓三爺的手？這其中有許多的心理層面。我的思考是：七巧風華正茂，又憧憬愛情，而三爺是健康的身體，她的老公卻是殘廢，她碰都不想碰的，像殭屍、死人一樣的肉軀。因此她應該會很渴望去感受碰觸一個「健康的、活生生」的人的感覺，何況這個人又是她愛的，她一定要告訴他「我是愛你的」，所以她主動去抓了三爺的手，牢牢握著。這三爺倒是有點兒怕，嚇了一跳，但三爺本是油滑的人，送上門的好事哪有放手的理？所以也不宜一驚一乍，表現太強烈，而只是慢慢慢慢將手抽回、推開，轉而稱讚七巧的耳環。在設計這個動作時，我必須同時想到唐文華（飾三爺）的反應及動作，才能有起承轉合。

舞台上若少了這個動作，那個曖昧的情就很難捉摸，光靠表情和眼神不夠，我認為真實的肢體接觸才有辦法讓觀眾感受到他們之間的情。然而觀眾是不會想到「你為何這麼做」的，這就是演員必須用心之處，演員若在台上表現得很做作、不自然不行，若太淡，沒戲、搔不到癢處，也不行，分寸拿捏需要一再地思考、揣摩。

同樣《金鎖記》後來有一場就刪掉了。第一場麻將戲打完，七巧與三爺開始吊膀子，三爺轉著手上玉佩（這也是我幫唐文華想的），七巧忍不住向三爺訴說心中的積怨，但又不好太明講，而三爺想閃躲，就把話題轉到七巧的小腳上。一方面是想轉移話題，二方面承接上面七巧與三爺已有手部的接觸了，七巧可說已經完全開放了，而三爺若願意，是可以趁虛而入的。但此時三爺對七巧還是一種試探，甚至是在享受二人之間曖昧的過程，因此他彎下身去摸七巧的小腳，而七巧則說著她的丈夫是軟的、重的，根本不像個人……這一段若真演出來其實很情慾，但後來沒有演，因為唐文華始終演不出摸小腳的這個動作，他覺得很難，因此就取消了。我認為若能加進去這段調情的過程，對於七巧對男人的渴望、對身體的渴望可以更深入的詮釋，並且後面的傷害也就會更大了。

三、有人說曹七巧這個角色包含了青衣、花旦、刀馬旦、潑辣旦等旦門不同的特質，您如何看待角色的分類？

這些旦門分類屬於過去劇校的傳統。過去都是乾旦，所以分別比較大，真正由女性演員扮飾女性人物後，其實已經打破其中的界線了。而且現在的角色往往都不是單一性格，純青衣、純花旦的分類已經沒有意義了。

過去乾旦時代，戲多以老生為主角，女性人物的戲份少，多只是陪襯，因此就會走向完全唱工、完全做工或完全刀馬的類型。但後來女性角色越來越重要，從四大名旦時期開始，就已經不是那麼嚴格區分了。如此一來，表演的特質可以更為全面地展現女性，而不再分門別類某一種女性。畢竟女性原本就是立體化的人物，何必硬要將之變成方的？圓的或扁的？

小時候在劇校受教育，功夫都是一起練的，大家都一樣，開始學戲時才依個人特質分科。但在台灣的劇團並沒有流派的真正傳承，因此我們學戲時沒有這樣的規範。老師教什麼我們學什麼，什麼戲受歡迎我們就學什麼戲，哪一個學生學得快、聰明，老師就多教一點，我一個月可以學二、三齣，有的同學可能兩個月才學一齣。主要還是當時的大環境影響，我學得快，青衣、

刀馬旦、花旦戲都學，也比較有機會多演多歷練。反而是畢業後透過一些票友指導，及從錄老師身上學，才開始慢慢對流派有些感受。我直到 1982 年看到梅老師的戲，才想從頭開始學梅派的戲。

四、在台灣沒有流派的傳承會不會反而是另一種沒有包袱的好處？

我認為流派的特質是精緻化的，它創造出一種風格，而且有別於傳統老戲，它將京劇變成某一種風格。觀眾喜歡的，就形成流派了。流派也不是自己說了算，它要戲夠好看，乾旦要祖師爺賞飯吃，還要能演很久才能將流派傳下去。流派當然是好的發展，但之前沒有流派時，也是百花齊放，演員的表現更為全面。台灣以前教戲的老師不見得對每齣戲都很瞭解，也許也只是看過，然後就憑印象教給我們，告訴我們哪裡做一個什麼動作，但並不會告訴我們為什麼要這樣。以前年紀小也體會不出，所以台灣戲曲演員在傳統技藝的部分就不是那麼紮實，要求也沒有那麼高，因為沒有太多典範可以學習。

五、詮釋《孟小冬》時是否將您個人生命經歷加諸、體現其中？

對我而言，每個角色都會有我的人生閱歷在其中，不只是孟小冬。《孟小冬》呈現的方式與以往的戲很不一樣，有大樂隊伴奏，一開始定位即已不同。又唱歌、又穿旗袍，又演繹她比較隱私的部分。但這個隱私又不全然是寫實的，而是以想像孟小冬對聲音的追尋為脈絡鋪陳開來，當然這也是根據孟小冬生命中的事件而來的靈感。她可以不唱戲，但她一定要去學戲，這部分我認為是沒有別的演員可以做得到的。那表示她的追求與別人不同，她追求的是一種高度、境界，而不是名與利。安祈老師由此角度切入編劇。這劇非常難編，延誤了很久，後來鍾耀光老師編腔也非常辛苦，因為完全沒有前例可循。鍾老師學西樂，但編唱腔的經驗較少，這齣戲又不完全像傳統京劇，又要演一個比較現代的人，因此我們兩人常常開會討論，他編一段唱給我聽或請人用鋼琴彈出旋律，我再一段一段學。後來我建議鍾老師，我覺得這戲不能從頭到尾用相同的唱法，因為敘述人物的角度不同，不能全部用京劇唱腔，一定要有內在的聲音，內在就是歌曲的聲音。所以鍾老師編了幾種不同的感覺，剛開始結合了京劇的唱腔，第二段回想自己年輕時，就用一種類似香港連續劇的唱法。每一段都有不同的設計。但剛開始由於時間緊迫，也很難鑑定是否適合我？好不好聽？而且編出來的唱段與京劇板腔體是不同的，拍子不一樣，因此又要記腔又要記拍子，非常辛苦。那也是我第一次上舞台戴耳麥。《孟小冬》還有一個難的地方，就是她到底要用什麼方式講話？她從頭到

尾穿著旗袍，好像接受採訪似，但又不能讓她一直像接受採訪似的講話。她還有一些回憶、要把她不同年紀的感覺呈現出來，因此要如何、用什麼方式呈現她的說話才不會覺得做作？當時我很本能地用自己對於詞句的瞭解做了一些設計，但沒有太特別太誇張的東西。

六、《歐蘭朵》之後對您演出《孟小冬》的幫助？

當然有幫助，一定有成長的。而且我想安祈老師編了《歐蘭朵》後再編《孟小冬》，應該也是更能掌握獨腳戲的編法的。

七、您對於自己演過的戲都會回頭再看嗎？

當然，看是為了下一次的演出能更好；而不看則是為了避免讓自己在那個角色的情境中太久。不看就不會去想它，萬一還有別的戲要準備，沒有時間反芻上一齣戲，就乾脆不看了。

八、小平導演說 2010 年《孟小冬》首演，您似乎可以找到聲線了，但內心好像有某些東西還出不來，直到經過 2 次、3 次、4 次，2014 年 3 月的某場演出，您找到一種本能聲音的辨識、情感的傳遞方式，從此游刃有餘。能否談談用聲音詮釋孟小冬的經驗？（以上描述實在有點抽象）

從上海演出回來後我請了聲樂老師學習，調整我的唱腔，後來這部分我自己就比較有信心了，本來一直不太有信心，覺得好像掌握不住歌唱劇的唱法，畢竟與京劇有很大不同。雖然是歌唱劇，但在舞台上不能完全沒有戲劇性效果，但也不能唱聲樂唱法、流行歌曲或民族唱法（小調兒），可是又要有激昂、高亢的感覺，真的很難。這個戲中有京劇，若歌唱用另一種唱法（如聲樂或民族唱法），那就變成二個人，孟小冬就精神分裂了。所以當她回歸本人時，不應該再用歌劇或小調兒這種太戲劇性的唱法，而應該是一種內在的聲音的體現。內在聲音的體現在舞台上要以流暢的方式唱出來，又沒有前例可循，真的不太容易。演出孟小冬也算是一個試煉，並且是很特別的一種表演方式。我個人對這齣戲很肯定，是很有份量的一齣戲，並且我想其他演員可能也無法勝任。

這戲大約到 2014 去香港演出，以及去港前在國家音樂廳的演出時就感覺很順了。過程也挺有趣。一開始這戲做比較大的布景、比較多的道具，但感覺好像不太有凝聚感。因為這戲演員少，又一直在意識流中，一直在孟小冬

的思想中轉，劇情少，都是在講話，在回憶與昔日的景象中跳來跳去。因此戲做大了，反而不太對。在音樂廳時，導演就將布景縮小了，留給孟小冬一塊小紅毯，二把椅子，反而感覺對了。跳進跳出很容易，觀眾也很好理解。有時場面做大了，變成了實景，演員在台上顯得疲於奔命，一下要走位，還得上樓梯，反而味道不對，感覺不到力量、散掉了。所以音樂廳那場演出，大家都覺得好像找到了最好的方式。是一種安靜、凝聚、專注地看待孟小冬的方式，感受她對於藝術的執著與追求，無形中也呼應了不驚擾其靈魂本質的編劇初衷。

九、安祈老師認為孟小冬的經歷與您拜梅葆玖為師，鑽研梅派藝術有異曲同工之處，您如何看待？

我想求好是每個演員都在追求的方向，只是你有沒有機會？當機會來時你有沒有把握？有沒有毅然去做？對我而言，有些事僅止於想像而沒有付諸行動，但學戲這件事我卻一直放在心上，從1982年看到梅老師演出，到1991年開放了，我就趕緊付諸行動了。前後十年我都沒有動搖過我的想法。我在這個戲裡面很明顯感受到安祈老師想要做的詮釋就是：孟小冬雖然從小就是一個很紅的演員，但他對於名利場，比較不屑一顧。到了抗戰的時候，他心裡著急，覺得必須要在年輕的時候，或者說必須要在趁老師還年輕的時候，我要去向他詢問：如何能唱好戲？這個問題我相信在每個演員心中或多或少都有這樣的理想，就是：我一定要唱好戲。你要有好的老師，你自己要有好的領悟力，你要有很好的條件，站在舞台上面你能夠把潛力發揮出來。你也要能碰到一個對的時機，你能不能在舞台上讓觀眾喜歡你？而你還能唱很久的戲？那絕不是個人的條件，或我的優點多、缺點少便可以做到，每個人的命運是不一樣的。

孟小冬一生不追求繁華似錦的生活，卻專心想去研究一個更高的層次的藝術呈現，戲最後就講到這一點，她發現到她找到自己聲音中最理想的狀態，她也找到戲曲舞台上感覺到一種藝術呈現最高的境界。

十、您曾說服裝的設計對於演員形塑角色有很大的影響，談談「伶人三部曲」、《探春》這幾齣戲的服裝設計，如此影響您在身段、手勢上的設計？

服裝是改變京劇表演一個很獨特而好的方式。傳統京劇多演比較古典、歷史中的人物，但新戲中就可以透過服裝展現不同時代的人物特色。這個情

形從《慾望城國》就開始了。譬如敖叔征夫人的衣服很重、好幾層，又有長長的拖襬，因此我一定要設計怎麼走位，只能往前，不能倒著走，否則會跌倒。我也利用轉身時裙襬的揮動來加強敖叔征夫人對權力慾望的掌控感。又譬如《樓蘭女》，她手上握著有二隻很重的木棒，當她有邪惡的念頭時就可以將木棒拿起來，那個力度就出來了。我的強項之一就是趕場換衣服，動作快，很穩，從小就受過鍛鍊的。

像孟小冬穿旗袍，就不會有太誇張的動作，但還是可以有一些設計的。我就在她幾段念白時，例如：《孟小冬》劇一開始，她回憶自己自十二歲就紅遍上海，說：「我怎麼做到的？功在身上，從小練的，拿起來就是，安在哪兒是哪兒。」當口中念白時，就配上京劇傳統動作，讓孟小冬在自言自語時，不至於太一致太平淡，而又增加一些戲劇的動作在裡面，效果很不錯。

又譬如演曹七巧時，小平導演提點我要表現出「華麗的蒼涼」，於是我想到可以用手絹兒。曹七巧右手拿手絹兒，搭到左手上，然後再由左手手心中慢慢扯出手帕（往右邊拉出）。那感覺彷彿在說：好像要抓到什麼、想抓到什麼，但事實上卻抓不到，所以用手絹慢慢離開了你的手、離開了你的身體、離開了你的生命。用這個意象表現出七巧渴望感情卻抓不到感情，想掌握許多東西，許多東西卻都從其生命中流逝掉了那種蒼涼的感覺。

十一、您曾提到當年在香港生活時，比較有機會接觸到大陸演員及表演資訊；年輕時也有過從收音機中聽到杜近芳唱斷橋的經驗，這些經驗對於您演出茹月涵一角有沒有幫助？

茹月涵的表演在我而言難的並不在唱〈斷橋〉、《白蛇》等，因為很早我們就可以聽到她的戲，從小劇團裡也教唱《白蛇》，所以對我而言在《百年戲樓》裡唱《白蛇》是不困難的。我很喜歡杜近芳年輕時的聲音，我的聲音確實也有些像她，是比較柔的，但我想演出這個戲重點並不在要唱得跟杜近芳一樣。我也看了章詒和的書，描寫文革荒謬的歷史，我覺得詮釋茹月涵比較掙扎的部分是在這一句：「就是他，我就要他。別的許仙我都不要，就要他。」到現在我都還在想若再演這戲，我要怎麼說這句話。茹月涵一上場，是到內蒙古一個小劇團去找到了華長鋒，說了這句話。那已經不是一種對話式的語言，而是把一種多年來累積的事件擺在一起的感覺。所以我覺得這句話不能像一般的說話，一定要有設計感，因此每次演出我都在變。譬如，我一進來，東看西看，看到華長鋒，馬上說了這句話，那代表什麼？這句話是在跟小精

靈講嗎？這句話不應是平常講話的模式，它是一種昭告，在台上，對觀眾的昭告。我一開始用比較寫實的方式，手指著華長鋒說：「就是他，我就要他。別的許仙我都不要，就要他。」但我覺得一點力量都沒有；後來試了幾次，現在我用的方式是先背對觀眾，說：就是他。（停頓）先讓觀眾有一種特別的感覺：那人不是背對著我們嗎？怎麼發出了聲音來？然後緊接著才說出下面的內容。也許是一種疏離感吧，也是一種大的昭告，不只講給小精靈聽、講給華長鋒聽、講給觀眾聽，也是講給自己聽。其中蘊含一種「我的力量與動機」：我就要找到他，我就要讓他如何如何……。連這樣一句短短的話我也是再三琢磨，即使到了現在，只要我想到這個角色，我就會想這句話還能「怎麼說」會更好？舞台上重要的不是他講了什麼，而是「如何表現他講了什麼」？舞台上重要的就是「怎麼表現」？要「怎麼講」這句話？我們看到的文字只是文字，但演時已經不只是文字了，背後還包含了太多的東西。表演最難的地方就在於此。因為每個人都有每個人的背景故事，詮釋人物時一定要考慮到人物背景，此外，當他講這句話時他的年齡多大？年輕、中年、老年時講話的年齡感又是不同的。而這就是我們演員可以塑造、設計的部分。

譬如王寶釧，她是大家閨秀，又勇於追求自己的愛情，所以她絕對是有個性的，不唯唯諾諾的。但薛平貴很早就離開了，她等了十八年，可能一開始還沒想等這麼久，沒想到就等下去了，到後來也許也習慣了，再回頭也會被人笑，也沒有太多願望了，只是活著而已。所以我覺得後面要演出他很深很深的無奈，直到聽說有丈夫的消息了，她才一點一點被激活了。換言之，面對角色一定要有這些想法，若沒有這些想法，那只是做動作而已，沒有內在。而我認為身為演員，不能不認同自己扮演的角色。即使其行為有些不合理之處，我都覺得一定要設法認同之。新戲可以自己創造，比較能改，老戲比較難以動搖，但無論如何都要盡量讓它合理化。若不能說服自己認同角色，我會排斥，演不下去，但若覺得還有可能去挖掘、創造、再挖掘、再創造時，就會有前進的機會。

十二、過去雅音郭小莊女士頗為排斥演出負面的角色，您有這方面的顧慮嗎？您會擔心演的角色觀眾不喜歡嗎？

郭小莊的年代還是比較傳統的。當時她對戲劇的理解可能就是將一些歷史故事或老戲重新修編，然後上台演主角，當她對戲劇內涵的觀念依然傳統保守時，就會覺得不能演負面的角色。但我們這個時代不同了。我從與不同

劇團跨界的演出合作開始，許多外來的刺激都讓我觀察到，現在不管是詩歌、小說、電影、戲劇、舞蹈，都在研究女人，若還將之擺在過去的觀念中，根本就行不通。以前梅蘭芳時代乾旦塑造女性，就很難又演貴妃、又演潘金蓮，我認為乾旦的限制比較大；但女性演員就沒有這種限制。當然也沒有這種顧慮了，現實中的女人本是多種多樣的，哪裡都一定好或一定不好？

十三、請老師談談對跨界的看法。

跨界在台灣行之有年，大陸就缺這一塊。跨界機會可遇不可求。跨界，未必是自己想要的，但參與其中，是不是能夠充分展現自己？身為現代的演員，已經沒有過去的舞台、環境，如果不跨界，等於死守在這個地方。如果具備跨界的實力，何樂而不為呢？跨界不是抹煞你從小學的東西，反而可以增加其他的東西。做為一個演員，如果不去嘗試，就少了很多打磨的機會。只是在選擇角色，以及角色要如何展現，是跨界比較難掌握的一件事。表演要到什麼樣的程度才象徵跨界？原本的東西要保留多少，才不會失去身為京劇演員的特點？這些都是必須思考、琢磨、拿捏的地方。

十四、您接戲與否的考量為何？

主要還是劇本、角色的問題。有些戲是為你量身打造，有些戲只是希望你去參加之，通常後者我就會拒絕。為你量身打造的戲比較有修正、溝通的空間，也可以為你凸顯、設計你的強項、優點。若不是以我為主的戲，我也希望它是有份量的戲，亦即角色在戲中所發表的言論是足以影響某些事的，譬如比較有個性的角色，舉足輕重的，戲份少無所謂，但要在戲中有關鍵的影響力。否則用別人也可以演的角色就未必需要我，有些時候配角反而搶了主角風采，那就不好了。

我有過幾次經驗。譬如曾老師編《鄭成功》，邀我演鄭夫人，特意為我寫了大段唱詞，但我感覺鄭夫人的形象不太鮮明，她沒有對她丈夫發揮任何影響力；所以若讓我唱那一大段，其實意義不大，還搶了時間。我覺得好的演員上了台就應該有表現，若沒有表現還不如不上台，也免得搶了別人風采。這也是一種演員的職業道德。

像《探春》，原本安祈老師屬意我演趙姨娘一角，但我覺得趙姨娘不適合我。她沒有身份。我覺得魏海敏在台上已是很有力度、份量的演員，不適合演一個沒有身份而且性格較鄙俗低下的角色，尤其我詮釋過曹七巧、王熙鳳這樣有份量的人物了。再者《探春》是由年輕的演員黃宇琳飾演，假如我

跟她對手戲太多，二人的表現懸殊就會特別明顯，對年輕演員而言並不好
（會讓觀眾較看不到她的好），對整齣戲的質感、平衡感也不好。一齣戲是大
家的，每一個角色都要好才是好。國光的戲中只要有我在，戲就有品質，因
爲我會把關，我會提出糾正。即使不是我的詞，我都會幫忙調整、修正。有
人說《探春》還是我出來了才好看，這也是沒辦法的事，王熙鳳就這麼吸
睛、就這麼有架勢，她若沒有份量就不是王熙鳳了。演員與演員之間若沒有
相同的份量，演起來就會很累。相同的，演員與演員之間若份量相當，演起
來就會很過癮。

十五、您在揣摩梨園仙山上的楊妃與醉酒的楊妃、釵鈿情中的楊妃時，有沒有相異之處？

最大不同就是，《水袖》中的楊妃並不知道她是楊妃。

以前的戲曲中對楊妃已經著墨很多了。她的嬌、她的美，她在唐明皇心
中的樣子，崑曲中也很多。楊妃給人的感覺多是開心的、嬌貴的、美貌的、
受寵的，但很少演不好的楊妃。而我個人覺得受寵這件事在戲裡不易討好，
就像我們的人生一樣，一個人如果又漂亮又有錢又有人愛，就可能被人嫉妒
啊，戲曲中的楊妃形象都太好了，所以反而不怎麼可愛。她除了會撒嬌、吃
醋外，好像就沒有什麼了，有點俗，比較情慾，不夠有靈性。而且她的美好
是從唐明皇的角度來看來說的，假如沒有了唐明皇的愛，她還有自我嗎？在
唐明皇的愛中，楊妃已經到達頂點了，反而沒趣。

但在《水袖》中的楊妃卻是摔落谷底再爬起的楊妃，甚至比谷底還慘。
因爲戲中的楊妃已經死了，而最慘莫過於死亡吧？從神仙的角度慢慢找回人
的感覺，劇本本身眞有想像力，但也很難掌握，很難演。戲劇還是具有俗的
特質，當楊妃一點一點去挖掘過往的事件時，她才開始慢慢找到自己的價值。
神仙理應很快樂不是？但楊妃卻很不快樂，爲什麼？可見人世間的一切對她
而言影響很大，她拋不開，即便她已成仙。於是透過戲班的演出，她慢慢找
回自己苦惱的原因，慢慢知道自己是誰，再從唐明皇的魂魄中確認唐明皇對
自己的愛是眞實的，到了那一刻楊妃才眞正踏實。在這之前，在楊妃活著的
時候，唐明皇對楊妃的好總還有一種虛的感覺。譬如他也可以去找梅妃啊、
找別的宮女啊，妳並不一定是他的唯一；更何況還有馬嵬坡事件。但死後，
唐明皇的魂魄仍對這件事有許多苦痛、後悔、思念，彷彿靈魂也在重生一樣。
而這個發現就讓楊妃重新找到了價值：即使當年唐明皇沒有救她，但他確實

是愛她的。這點非常重要。對其他任何人都一樣，因為那是人最核心的內在價值，被認同、被肯定的感覺。假如一個人總是被厭惡、被討厭、被排斥，他的生命將很快消亡。價值說起來很空幻，但卻是每個人都在追求的。當你有一種對生命價值的追求與嚮往時，你就會有幸福感。《水袖》的內在可以深入到這個層面。看似一齣戲，看似琳瑯滿目，但我看到的卻是很單純的每一個人生命的重要性。

十六、假如書寫是女性發聲的一種方式，那麼作為一名演員，表演就是另一種展現自我的方法。戲曲舞台上演的雖是「別人」，但在演別人的過程中，無形中也表露了自我。請問您有意識於演出中表現「魏海敏」嗎？

沒有。

感情是相通的。每個人的情緒都是相通的，我魏海敏跟別人也是一樣。演出時我只是將情緒的部分做了一定程度的梳理，再還原其現況，讓觀眾得到共鳴、感動。我不是在演出「結果」，而是在演一個「過程」，把許多角色的生命價值用戲劇做一個體現。體現的方法是藉由某一個人、某一個故事來體現這個精神。我（魏海敏）的感情是什麼不重要，重要的是你有沒有看到劇中人的感情跟變化？

演員的最高境界就是：你已經沒有你自己了。就像佛法說的「空無」。我是空無的，但我同時又是包含萬有的。若我是一個執著的人，我就不可能包含萬有，我在任何情感上不執著的話，我就可能演出、掌握各種不同的角色。當我不執著於某種情緒時，我就能演任何情緒。我就能完全開放地認識、理解、憐憫，而後呈現。

十七、有典範可循的老戲跟毫無框框侷限的新戲何者較難？

對我而言，老戲跟新戲一樣難，但也一樣簡單。因為我詮釋角色的方法與手段並不因老戲或新戲而有差別。不是說演老戲已有典範就毫無創意，我仍然會重新理解角色，將老戲人物當新戲來設計，讓角色個性立體化。創造角色，對唱老戲很有幫助，演老戲或者再進修，則是唱新戲的基礎。兩者相輔相成，一樣重要。

十八、演員如何體現主體性？

戲曲的唱念做打既可以是利器，也可能是包袱，端視演員如何看待。當

你不要一直抖包袱時，你就有機會跨越至利器的層次。瞭解角色是必須的，要設想其遭遇（由角色背景入手）、舞台戲劇性語言的運用，以及開放的心。有開放的心才能拋除界線，才能演什麼像什麼。演員個人的條件及師承也是重要的。好演員都是有好師承的，這代表十分重要的意義──傳統技藝的重要與意義、演員為何要從小這樣訓練的意義。這是不容抹煞的。

　　補充：每一齣戲，我都很享受戲的環境、永遠在戲的氛圍中，不會因為沒有我的台詞、沒有我的動作，我就像木頭兒似的杵在那兒不動，那是不行的。既然在台上就要有戲，眼神、表情，即使只有一點點也很重要。

附錄四　魏海敏訪談紀錄（二）

訪　談　人：林黛琿
記　錄　人：林黛琿
訪談對象：魏海敏女士
時　　　間：105 年 4 月 8 日晚上 8：00～8：40
地　　　點：金門—台灣電話連線

一、談談您對《十八羅漢圖》淨禾女尼角色的詮釋與塑造。

　　我在演淨禾這個角色時，刻意避開從「男女之情」的角度詮釋（我在拿到劇本時便決定不朝愛情的方向走）。我認為淨禾和宇青之間的關係，並不是愛情，若以情而言，反而親情的成分多一些。宇青是一個棄嬰，從小被淨禾收養，她把他當成親人，但宇青慢慢長大，從男孩變成了一個男人。嚴格說起來，這個男人並不是她的弟弟或孩子，跟她並沒有血緣關係，所以很難再以「親人」的形式繼續互動，畢竟他們有性別上的差異，何況淨禾是個修行之人。把宇青當成親人，是淨禾心底對他的方式，但「孤男寡女」在古代本來就是一種禁忌；淨禾是修行之人，除了自己心境上會有所隔閡外，也要考慮別人的眼光。同樣的，我認為宇青對淨禾也是一種類似於孺慕之情的尊重，百分之二百是親情，並沒有愛情的欲望存在。

　　淨禾從小修行，宇青也自小在山林田野中長大，他們都沒有談過戀愛，對於男女之情沒有經驗與體會，不會去想到這一層。當淨禾意識到宇青長大了，心中有一種說不清的微妙的激盪，同時她很快警覺到自己的內在已有所罣礙時，等於所謂的情愫還沒有機會發芽，淨禾就當機立斷將之斬除了。我以為這是出家人必須忍耐的寂寞，是必然的結果，而淨禾的修行很夠，因此

她很清楚。對於人世間的種種情感，她是能捨的；就像弘一大師出家前種種精彩，但當他決定出家，就能斬斷所有塵世俗緣。所以當淨禾要宇青下山時，她已心如止水，對宇青只有類似親人般的「不捨」（畢竟二人相依爲命多年），而非「遺憾」。二人相約日夜分開修畫時，好像表現出某些期待、猜測，我認爲那是當下的一種情緒，也許連淨禾自己也說不上那是一種什麼心情，很微妙，但卻又是可以理解的。畢竟他們朝夕相處那麼久，一旦決定不見面、不說話，當然只能透過修畫傳達某些隱微的情思，但那個情思並不是世俗的愛情之思。

因此我在詮釋淨禾一角時，就刻意用一種比較「壓抑」的方式呈現（也有人說比較「淡」、「節制」）。所謂的「壓抑」指的是唱腔、念白上情緒的表達不是矯揉造作、不是嬌羞的，而是很正常、大器的，因爲淨禾是非常自覺、自制地關上自己的情感，唯有如此，這齣戲才能把藝術性提升起來，若將之詮釋爲愛情，反而落入了俗套，後面的結局將會不知如何收拾，難道叫淨禾還俗，眞談場姐弟戀嗎？

而我發覺許多觀眾對我這樣的詮釋反應也很好，他們覺得宇青和淨禾之間淡淡的、很淨化的一種關係，很美好。那是屬於精神層面的一種體會。

二、這齣戲在舞台的布景設計上幾無實景，貫穿整部戲的「畫」也是虛的，必須仰賴演員透過唱段與表演傳述，請您分享這部分表演的特殊處。

這齣戲倒不完全像傳統戲只有一桌二椅那麼簡單，雖然景相對於其他的戲少一些，不過還是很有特色的，甚至可以說很另類。譬如劇中淨禾、宇青要日夜分開作畫，場上就有一張很大的桌子當作畫檯，演員表演時必須要顧到整個畫檯。畫檯上也有一些筆筒啊、捲軸的，我們就要對著捲軸想像畫中之景，搭配唱詞，設計一些畫畫的動作，好像用墨、石青等修畫。我自己表演時是有做這樣的想像。

這齣戲很有意思很特別的地方是淨禾和宇青同在場上，但卻是「同在一室，互不相見」的狀態，僅能通過畫中殘筆臆想對方心思。譬如淨禾白天進畫室，見昨晚的畫好像一筆未添、一點未補，就想說：「啊，想是他（宇青）不敢作主，要留待與我……」，然後又一想，覺得不對，宇青處處爲我分憂，哪有將之反推給我的道理？啊，應該是「他意欲主筆，又不敢逕自做主，故爾停滯在此」，是要問淨禾是否放心交託給他的意思。明明兩個人都在台上，

同時都在做相同的動作，但彼此不能說話，靠唱詞及念白自問自答，「同一環境、不同時空」的表演，非常寫意有趣。

這齣戲用淨禾讀信的方式敘事，我認為也很特別，尤其呼應人生。透過信的內容，可以看到宇青的成長，看到人生的真相。宇青下山後遇到的挫折，那些曲折的經歷，是他下山前完全沒有料想到的；被關了十五年，他的心情從原來的激憤、慢慢轉而釋懷、淡然，淨禾看到他的轉變，也感到欣慰，因為宇青已經成長了，變成了頂天立地，可以獨當一面的男子漢了。這其實就是人生。

三、延續您對劇中角色的認知，這齣戲給您的體會又是什麼？

我認為這戲就是在講「人生」。人生可以有許多追求，華衣美食、肉體之欲都是比較物質性的，而物質性的欲望即使得到了也不一定會快樂；精神上的得道與高度，往往才會令人心靈真正感到滿足。

我自己這些年也有這種傾向與體悟。對我而言，物質生活不是那麼重要了，現代社會所謂五子登科，有車有房有錢的人很多，但真正快樂的人多嗎？真正的快樂是什麼？這才是現代人應該去反思，自我面對與覺察的問題。

十八羅漢的暗喻，說的未必只是淨禾，還有劇中其他的角色。像宇青入世後遭逢冤獄，從憤怒到淡然的過程是一種掙扎；赫飛鵬明明有才，卻以「高仿」為樂，為的就是名利追逐，他雖然夸夸其辭，其實只不過是自欺欺人，那不也是一種掙扎？羅漢是離人間最近的神，由人往神的修行之路，掙扎自然是必經的歷程，重點是最後能不能自覺？超越？那就是個人的選擇了。

藝術品的真偽說的其實就是人與人相處的真偽。一個人不可能在這一部分真，那一部分假，那這人豈不是要精神分裂？人，一定是一個整體的，人必得要能真誠面對自己，才能見其高度。

參考書目

一、**書籍**（含專書、期刊論文、學位論文）

1. 子宛玉編，《風起雲湧的女性主義批評》，台北：谷風出版社，1988 年。

2. 王友輝，〈華麗也蒼涼的現代京劇：評國光劇團《金鎖記》〉，《台灣戲專學刊》，2006 年第 13 期，頁 179～181。

3. 王文伶，《國光劇團新編京劇的女性意識研究》，台北：台北教育大學中文所碩論，2011 年。

4. 王安祈，《國劇新編：王安祈劇集》，台北：行政院文建會，1991 年。

5. 王安祈，《曲話戲作：王安祈劇作劇論集》，新竹：新竹市立文化中心，1993 年。

6. 王安祈，《傳統戲曲的現代表現》，台北：里仁出版社，1996 年。

7. 王安祈，〈讓我迷戀了三十年的悠忽嗓音——杜近芳與臺灣京劇〉，《表演藝術》，2001 年第 98 期，頁 18～20。

8. 王安祈，《當代戲曲》，台北：三民書局，2002 年。

9. 王安祈，《台灣京劇五十年（上）（下）》，宜蘭：國立傳統藝術中心，2002 年。

10. 王安祈，〈紅樓戲曲知多少〉，《文訊》，2003 年第 216 期，頁 98～100。

11. 王安祈，〈性別、表演、文本：京劇藝術研究的一個方向〉，《婦研縱橫》，2004 年第 72 期，頁 1～8。

12. 王安祈，《為京劇表演體系發聲》，台北：國家出版社，2006 年。

13. 王安祈，〈嬌嬈嫵媚差可擬——談京劇的乾旦藝術〉，《表演藝術》，2006 年第 95 期，頁 33～35。

14. 王安祈，〈水仙花缸底的黑石子——京劇《金鎖記》劇場設計〉，《聯合文學》，2006 年第 259 期，頁 63～66。

15. 王安祈，〈顫抖的哀音《金鎖記》與《關公走麥城》〉，《聯合文學》，2007年第 269 期，頁 145～147。

16. 王安祈，《光照雅音：郭小莊開創台灣京劇新紀元》，台北：相映文化事業公司，2008年。

17. 王安祈，《絳唇珠袖兩寂寞——京劇‧女書》，台北：印刻文學出版社，2008年。

18. 王安祈，〈「戲曲小劇場」的獨特性——從創作與觀賞經驗談起〉，《戲劇學刊》，2009年第 9 期，頁 103～124。

19. 王安祈，〈版本比較——踩著修改的足跡，探尋編劇之道〉，《戲曲學報》，2009年第 6 期，頁 267～295。

20. 王安祈，〈京崑女性塑造比較初探〉，《名家論崑曲》，洪惟助主編，台北：國家出版社，2010年，頁 441～483。

21. 王安祈，《性別、政治與京劇表演文化》，台北：台大出版中心，2011年。

22. 王安祈，〈作家身影——潛入內心，走出京劇？〉，《中國文哲研究通訊》，2011年第 21 卷第 1 期，頁 61～77。

23. 王安祈，〈我的戲劇探索之路〉，《一場追尋文學的旅程——我的探索／文學系列講座》，羅聿倫主編，台南：國立台灣文學館，2012年。

24. 王安祈，〈邊緣與主流的抗衡——打造台灣京劇文學劇場〉，《漢學研究通訊》，2012年第 121 期，頁 16～22。

25. 王安祈，《尋路——台北市京劇發展史（1990～2010）》，台北：台北市文化局，2012年。

26. 王安祈，《水袖‧畫魂‧胭脂——劇本集》，台北：獨立作家出版社，2013年。

27. 王安祈，〈揣想角色心事——《水袖與胭脂》〉，《印刻文學生活誌》，2013年第 114 期，頁 202～205。

28. 王安祈，〈國軍新文藝運動與台灣京劇發展〉，《文訊》，2015 年第 352 期，頁 81～84。

29. 王安祈，〈紅樓夢中人：探春〉，《戲劇學刊》，2015年第 21 期，頁 299～328。

30. 王安祈、李元皓，〈京劇表演與性別意識——戲劇史考察的一個視角〉，《漢學研究》，2011年第 29 卷第 2 期，頁 153～183。

31. 王鈺婷，《身體、性別、政治與歷史》，台南：台南市立圖書館，2008年。

32. 王德威，《如何現代，怎樣文學？十九、二十世紀中文小說新論》，台北：麥田出版社，1998年。

33. 王德威，〈美麗蒼涼的手勢：從京劇版《金鎖記》看張愛玲〉，《聯合文

學》，2006 年第 259 期，頁 47～52。

34. 王德威，〈新世紀，新京劇——國光京劇十五年〉，《中國文哲研究通訊》，2011 年第 21 卷第 1 期，頁 7～10。

35. 王瓊玲，〈「經典性」與「現代性」——論當代台灣京劇發展之美學新視野與其文化意涵〉，《中國文哲研究通訊》，2011 年第 21 卷第 1 期，頁 21～30。

36. 尤麗雯，〈幽微的聲音——論王安祈四部新編女戲的藝術價值〉，《劇說・戲言》，2010 年第 7 期，頁 63～79。

37. 石之瑜、權湘，《女性主義的政治批判：誰的知識？誰的國家？》，台北：正中書局，1994 年。

38. 丘慧瑩，〈京劇《金鎖記》對傳統戲曲的繼承與創新〉，《民俗曲藝》，2008 年第 159 期，頁 171～203。

39. 衣若芬，〈「出塞」或「歸漢」——王昭君與蔡文姬圖像的重疊與交錯〉，《婦研縱橫》，2005 年第 74 期，頁 1～16。

40. 朱崇儀，《伊瑞葛來——堅持性別差異的哲學》，台北：台大出版中心，2014 年。

41. 朱嘉雯，〈機關算盡，嘆人世——王熙鳳與探春〉，《文訊》，2014 年第 342 期，頁 160～163。

42. 吳岳霖，《鏡象・回眸——國光二十劇目篇》，宜蘭：國立傳統藝術中心，2016 年。

43. 李小江、朱虹、董秀玉主編，《性別與中國》，北京：三聯書店，1994 年。

44. 李根芳，《不安於是：西洋女性文學十二家》，台北：書林出版社，2011 年。

45. 李祥林，《性別文化學視野中的東方戲曲》，香港：天馬圖書出版社，2001 年。

46. 李祥林，《戲曲文化中的性別研究與原型分析》，台北：國家出版社，2006 年。

47. 李銀荷主編，《婦女：最漫長的革命——當代西方女權主義理論精選》，北京：三聯書店，1997 年。

48. 李銀荷主編，《女性主義》，台北：五南出版社，2004 年。

49. 李銀荷主編，《兩性關係》，台北：五南出版社，2008 年。

50. 李惠綿，〈情慾流動與性別越界〉，《戲劇學刊》，2005 年第 2 期，頁 307～344。

51. 李銀荷主編，〈古典敘事文類與當代戲曲之觀照——宮怨寄情與性別認

同〉，《第二屆中國小說戲曲國際學術研討會論文集》，嘉義大學中文系主編，台北：里仁書局，2006 年，頁 207～268。

52. 杜竹敏，〈在你心田播下一棵苗——訪國光劇團藝術總監王安祈〉，《上海戲劇》，2014 年第 6 期，頁 5～8。

53. 吳佩凌，〈試論實驗京劇《青塚前的對話》的女性意識〉，《台藝戲劇學刊》，2008 年第 4 期，頁 109～128。

54. 呂秀蓮，《新女性主義》，台北：聯合文學出版社，2008 年。

55. 何滿子，《中國愛情與兩性關係》，台北：商務印書館，1995 年。

56. 汪詩珮，〈戲曲狂飆年代的熱血：台灣最重要的戲曲劇作家——王安祈〉，《新觀念》，2001 年第 152 期，頁 72～73。

57. 汪詩珮，〈文人傳統與女性意識的對話：《青塚前的對話》中的兩種聲音〉，《民俗曲藝》，2008 年第 159 期，頁 205～247。

58. 沈惠如，〈議題的開拓與主題的聚焦——《金鎖記》的舞台再現〉，《傳藝》，2006 年第 63 期，頁 68～71。

59. 易中天，《中國的男人和女人》，上海：上海文藝出版社，1999 年。

60. 孟悅、戴錦華，《浮出歷史地表》，台北：時報文化出版社，1993 年。

61. 周蕾，《婦女與中國現代性：東西方之間閱讀記》，台北：麥田出版社，1995 年。

62. 林孜郁，《謎樣吳爾芙》，台北：秀威資訊科技有限公司，2012 年。

63. 林芳玫，《女性與媒體再現》，台北：巨流出版社，1996 年。

64. 林幸謙，《張愛玲論述——女性主體與去勢模擬書寫》，台北：洪葉文化出版社，2000 年。

65. 林幸謙，《荒野中的女體：張愛玲女性主義批評》，桂林：廣西師範大學出版社，2003 年。

66. 林幸謙編，《張愛玲：文學、電影、舞台》，英國：牛津大學出版社，2007 年。

67. 林幸謙編，《張愛玲：傳奇、性別、系譜》，台北：聯經出版社，2012 年。

68. 林俐慈，《從現代小說改編的台灣京劇研究（1990～2008 年）》，國立台灣師範大學國文所碩論，2009 年。

69. 林盈志，《當代臺灣後設劇場研究》，成功大學藝術研究所碩士論文，2002 年。

70. 林胤華，《台灣新編京劇女性形象研究》，國立中央大學中文所碩論，2009 年。

71. 林淑薰，《台灣新編京劇的主題、敘事技法與舞台呈現之探討》，國立政治大中文所博論，2009 年。

72. 林樹明，《女性主義文學批評在中國》，貴州：貴州人民出版社，1995年。

73. 林麗珊，《女性主義與性別關係》，台北：五南出版社，2014年。

74. 邱貴芬，《仲介台灣、女人：後殖民女性觀點的台灣閱讀》，台北：元尊文化出版社，1997年。

75. 柳天依，《郭小莊雅音繚繞》，台北：台視文化公司，1998年。

76. 胡迎節，〈桂子月中落，天香雲外飄——台灣青年劇作家王安祈側記〉，《中國戲劇》，1990年第12期，頁54～55。

77. 胡衍南，〈打從娘胎就開始看戲——專訪王安祈教授〉，《文訊》，2001年第192期，頁93～97。

78. 侯雲舒，〈案頭場上兩得兼——王安祈教授的戲曲志業（創作篇）〉，《國文天地》，2015年第362期，頁101～111。

79. 洪淑苓、鄭毓瑜、蔡瑜等，《古典文學與性別研究》，台北：里仁書局，1997年。

80. 柯慶明，《中國文學的美感》，台北：麥田出版社，2000年。

81. 唐荷，《女性主義文學理論》，台北：揚智文化，2003年。

82. 貢敏，〈新編京劇面面觀——以國光劇團之創作群為例〉，《美育》，2006年第152期，頁27～29。

83. 耿一偉等，《喚醒東方歐蘭朵——橫跨四世紀與東西方文化戲劇之路》，台北：國立中正文化中心，2009年。

84. 段馨君，《西方經典在台灣劇場：改編與轉化》，新竹：國立交通大學出版社，2012年。

85. 高全之，《張愛玲學》，台北：麥田出版社，2011年。

86. 高宣揚，《後現代論》，台北：五南出版社，1999年。

87. 孫康宜，《古典與現代的女性闡釋》，台北：聯合文學出版社，1998年。

88. 張小虹，《後現代／女人：權力、慾望與性別表演》，台北：時報文化出版社，1993年。

89. 張小虹，《性別越界：女性主義文學理論與批評》，台北：聯合文學出版社，1995年。

90. 張小虹，《慾望新地圖：性別‧同志學》，台北：聯合文學出版社，1996年。

91. 張小虹，《慾望新地圖》，台北：聯合文學出版社，1996年。

92. 張小虹，《自戀女人》，台北：聯合文學出版社，1996年。

93. 張京媛主編，《當代女性主義文學批評》，北京：北京大學出版社，1992年。

94. 莊宜文，〈百年傳奇的現代演繹──《金鎖記》小說改寫與影劇改編的跨文本性〉，《台灣文學學報》，2006 年第 9 期，頁 181～212。

95. 張芳菱，〈實與驗──王安祈嘗試的實驗與檢驗：從《王有道休妻》說起〉，《戲曲研究通訊》，2010 年第 6 期，頁 128～152。

96. 梅家玲編，《性別論述與台灣小說》，台北：麥田出版社，2000 年。

97. 梅家玲，〈微微噲人的金灰──張愛玲看戲〉，《聯合文學》，2006 年第 259 期，頁 59～62。

98. 梅家玲，〈女性主體與抒情精神──國光新編京劇的文學特質與文學史意義〉，《中國文哲研究通訊》，2011 年第 21 卷第 1 期，頁 43～50。

99. 張芳菱，《論王安祈與台灣京劇發展》，逢甲大學中文所碩論，2009 年。

100. 張愛玲，《怨女》，台北：皇冠出版社，1988 年。

101. 張愛玲，《張愛玲典藏全集：散文卷》，台北：皇冠出版社，2001 年。

102. 張愛玲，《張愛玲典藏全集：短篇小說卷》，台北：皇冠出版社，2001 年。

103. 倪雅慧，《台灣新編京劇中現代劇場方法運用之研究──以「國立台灣戲專國劇團」爲例》，成功大學藝術研究所碩論，1999 年。

104. 康韻梅，〈有道休妻、無路傳情：試析《王有道休妻》中男／女／人的困境〉，《婦研縱橫》，2004 年第 72 期，頁 25～34。

105. 陳世驤，《陳世驤文存》，台北：志文出版社，1972 年。

106. 陳芳明，《很慢的果子──閱讀與文學批評》，台北：麥田出版社，2015 年。

107. 陳芳英，《戲曲論集：抒情與敘事的對話》，台北：台北藝術大學，2009 年。

108. 陳芳英，〈深雪初融──論新世紀新編京劇的女性書寫〉，《戲劇學刊》，2011 年第 13 期，頁 35～64。

109. 陳明柔編，《遠走到他方──台灣當代女性文學論集（上）（下）》，台北：女書文化，2010 年。

110. 陳俐婷，〈倩影乍現──論《絳唇珠袖兩寂寞》新編京劇中女性角色〉，《雲漢學刊》，2011 年第 23 期，頁 215～239。

111. 陳淑英、游岳婷、林建華編，《光譜・交映──國光二十光譜篇》，宜蘭：國立傳統藝術中心，2015 年。

112. 陳翠英，〈殘夢寂寂：張愛玲《怨女》書寫的前世今生──爲京劇《金鎖記》演出而寫〉，《文訊》，2006 年第 247 期，頁 16～18。

113. 陳靜宜，《張愛玲長篇小說的女性書寫》，台北：文津出版社，2005 年。

114. 曾永義編著，《中國古典戲劇選注》，台北：國家出版社，1991 年。

115. 曾永義，《參軍戲與元雜劇》，台北：聯經出版社，1992 年。

116. 黃逸民，〈法國女性主義的貢獻與盲點〉，《中外文學》，1993 年第 21 卷第 9 期，頁 4～21。

117. 黃淑文，《骷顱與金鎖——魏海敏的戲與人生》，台北：典藏藝術家庭，2012 年。

118. 楊澤編，《閱讀張愛玲——張愛玲國際研討會論文集》，台北：麥田出版社，1999 年。

119. 鄒元江，《傳統京劇的韻味與新京劇的意味張力——台灣國光劇團「新京劇」評議》，《中國文哲研究通訊》，2011 年第 21 卷第 1 期，頁 31～42。

120. 劉思謙、屈雅君等著，《性別研究：理論背景與文學文化闡釋》，天津：南開大學出版社，2010 年。

121. 劉浩君，《90 年代台灣京劇新作及其社會文化意涵研究》，清華大學中文所碩論，2000 年。

122. 鄭明俐主編，《當代台灣女性文學論》，台北：時報文化出版社，1993 年。

123. 鄭培凱，《戲曲創新與審美轉化：新京劇的逆向思考》，《中國文哲研究通訊》，2011 年第 21 卷第 1 期，頁 11～20。

124. 蔡玫姿，《從性別觀點閱讀類型文學》，台北：巨流出版社，2009 年。

125. 蔡欣欣，〈諦觀新世紀初（2000 年）台灣戲曲劇壇的「女性」書寫〉，《美育》，2000 年第 117 期，頁 14～19。

126. 蔡明玲，〈從文姬歸漢看五部戲曲的情感與形式〉，《戲曲學報》，2009 年第 5 期，頁 107～130。

127. 蔡振興，〈法國女性主義：伊莉佳萊論他者〉，《中外文學》，1993 年第 21 卷第 9 期，頁 47～65。

128. 錢虹，《文學與性別研究》，上海：同濟大學出版社，2008 年。

129. 鮑曉蘭主編，《西方女性主義研究評介》，北京：三聯書店，1995 年。

130. 謝筱玫，〈跨文化之後：從《歐蘭朵》到《孟小冬》〉，《戲劇研究》，2012 年第 10 期，頁 139～162。

131. 謝筱玫，〈展演後設：國光劇團的《豔后》與《水袖》〉，《清華學報》，2015 年第 45 卷第 2 期，頁 315～342。

132. 鍾慧玲主編，《女性主義與中國文學》，台北：里仁書局，1997 年。

133. 簡瑛瑛，《何處是女兒家：女性主義與中西方比較文學／文化研究》，台北：聯合文學出版社，1998 年。

134. 簡瑛瑛，《女兒的儀典——台灣女性心靈與文學藝術表現》，台北：女書文化，2000 年。

135. 簡瑛瑛，《女性心／靈之旅——女族傷痕與邊界書寫》，台北：女書文化，

2003 年。

136. 蕭嫣嫣，〈論法國女性主義的文化空間〉，《中外文學》，1993 年第 21 卷第 9 期，頁 22～34。

137. 簡瑛瑛，〈我書故我在——論西蘇的陰性書寫〉，《中外文學》，1996 年第 24 卷第 11 期，頁 56～68。

138. 張必瑜，《水袖與胭脂——魏海敏的舞台生涯》，台北：商周出版社，1996 年。

139. 陳慶佑，《女伶——魏海敏的影像自述》，台北：積木文化，2006 年。

140. 韓仁先，《台灣當代新編京劇劇作藝術之研究（1949～2005）》，文化大學中文所博論，2005 年。

141. 譚正璧，《中國女性文學史話》，天津：百花文藝出版社，1984 年。

142. 羅婷，《克里斯多娃》，台北：生智出版社，2002 年。

143. 顧燕翎主編，《女性主義理論與流派》，台北：女書文化，1996 年。

144. 顧燕翎、鄭至慧主編，《女性主義經典：十八世紀歐洲啟蒙，二十世紀本土反思》，台北：女書文化，1999 年。

145. Abbott, Pamela（艾伯特）/ Wallace, Claire（華萊士）著，俞智敏等譯，《女性主義觀點的社會學》，台北：巨流出版社，1995 年。

146. Allan, G Johnson（亞倫）著，成令方等譯，《性別打結：拆除父權違建》，台北：群學出版社，2008 年。

147. Barker, Chris（巴克）著，國立編譯館 / 吳沛嶸譯，《文化研究核心議題與關鍵爭辯》，台北：韋伯文化出版社，2009 年。

148. Beauvoir, Simone de（波娃）著，歐陽子 / 楊美惠 / 楊翠屏譯，《第二性》，台北：志文出版社，1992 年。

149. Greene, Gayle（格林）/ Coppelia, Kahn（考比里亞）編，陳引馳譯，《女性主義文學批評》，台北：駱駝出版社，1995 年。

150. Irigaray, Luce（伊瑞葛來）著，李金梅譯，《此性非一》，台北：桂冠出版社，2005 年。

151. Lehmann, John（雷曼）著，余光照譯，《吳爾芙》，台北：城邦出版社，2000 年。

152. Moi, Toril（莫伊）著，國立編譯館主譯 / 王奕婷譯，《性 / 文本政治：女性主義文學理論》，台北：巨流出版社，2005 年。

153. Schwarzer, Alice（史瓦茲）著，婦女新知編譯組譯，《拒絕做第二性的女人：西蒙波娃訪問錄》，台北：女書文化，2001 年。

154. Smith, Philip（史密斯）著，林宗德譯，《文化理論面貌導論》，台北：韋伯文化出版社，2008 年。

155. Woolf, Virginia（吳爾芙）著，王葳真譯，《三枚金幣》，台北：天啓出版社，2001 年。

156. Woolf, Virginia（吳爾芙）著，宋偉航譯，《自己的房間》，台北：布波出版社，2005 年。

157. Woolf, Virginia（吳爾芙）著，張琰譯，《歐蘭朵》，台北：遊目族出版，2008 年。

158. Wyatt, Jean.1990. *Reconstructing Desire: The Role of the Unconscious in Womens' Reading and Writing*. University of North Carolina Press.

二、影像資料

1. 《三個人兒兩盞燈》DVD，國光劇團，2005 年。

2. 《金鎖記》DVD，國光劇團，2006 年。

3. 《王有道休妻》DVD，國光劇團，2008 年。

4. 《青塚前的對話》DVD，國光劇團，2009 年。

5. 《歐蘭朵》DVD，國光劇團，2009 年。

6. 《孟小冬》DVD，國光劇團，2011 年。

7. 《百年戲樓》DVD，國光劇團，2011 年。

8. 《水袖與胭脂》DVD，國光劇團，2014 年。

9. 《紅樓夢中人——探春》DVD，國光劇團，2015 年。

三、網路資源

1. 王安祈、李小平，「台灣月：回眸與追尋——從《金鎖記》到《孟小冬》談女性視角新京劇」座談內容，https://www.youtube.com/watch?v=eHTBPjiolms，2014 年 10 月 30 日，查詢時間：2015 年 5 月 20 日。

2. 王瓊玲主持，王安祈主講，「談《百年戲樓》——當年真是戲，今日戲如真」，https://www.youtube.com/watch?v=NMaObbtLEPA，2013 年 12 月 10 日，香港中文大學崑曲研究推廣計劃、戲曲資料中心主辦，查詢時間：2015 年 5 月 10 日。